Hermes
the origin of messages and media

DAWN OF THE NEW EVERYTHING

ENCOUNTERS WITH REALITY AND VIRTUAL REALITY

一窺圍繞虛擬實境之父的誘惑、謊言與真相

Jaron Lanier
傑容‧藍尼爾

洪慧芳 譯

謹獻給書中提到的每個人，
以及更多我希望能提及的人：
謝謝你們成就我這一生。

目 錄

序言：虛擬實境的重要時刻

　　那是一九八〇年代末期，一只大信封剛塞進加州紅木城某家科技新創企業大門的投信口，信封上大大貼著「**勿以 X 光掃描**」，裡頭有張磁片，存放著整座城市的首份數位模型。我們殷殷期盼一個上午了。「傑容，來了來了！快進實驗室！」一位工程師搶在大夥兒之前拿到信封，拆開後立刻衝進實驗室，把磁片塞進電腦插槽裡。

　　我進入全新虛擬世界的時候到了！

　　我瞇著眼，看著我那隻舉向湛藍天際的手。那隻手大得嚇人，聳立在西雅圖市區之上，從手腕到指尖大概有一千英尺長（譯按：約三百公尺）。

　　這很明顯是個 bug（錯誤）。手掌的大小應該要剛剛好可以抓住蘋果或棒球，而不是比摩天大樓還大。手掌的衡量單位不該是英尺，更何況是上千英尺。

　　這是座抽象之城。當時虛擬實境（VR）才剛誕生不久，多數的建築都還是以五彩繽紛的塑膠模塊來呈現，那些亂糟糟的色彩對西雅圖來說太花俏了些。而且，雲霧全都是單調的乳白色，看起來也很假。[1]

　　當下我腦中閃過的第一個念頭是，我該停下來修正 bug，但我還是

1　這個虛擬版本是由西雅圖的在地人根據西雅圖的真實樣貌設計的。這些研究人員後來加入華盛頓大學的 HIT 實驗室。那是曾經研究軍事模擬器的 VR 先驅湯姆・弗內斯（Tom Furness）所創立的早期 VR 研究部門。

耐著性子，再花了點時間實驗一下。我飛向波光粼粼的普吉特海灣
（Puget Sound），試著輕輕推動一艘停在灣內的渡輪，結果渡輪真的動
了！沒想到我竟然可以操控自如！即使那隻手大得誇張，我還是可以操
控那隻手。

　　VR 中的 bug 三不五時就會有些新花樣，讓人以新奇的方式接觸世
界及彼此，那些瞬間真是棒透了。每次遇到這種時刻，我總是把握機會
沉浸其中，好好享受那種快感。

　　體驗過幾次這些 bug 後，會不禁自問：「那個暫時存在虛無之中、
體驗那些活動的人到底是誰？」那是你，但又不全然是你。當你的身
體、甚至是全世界都可以透過虛擬實境來改變時，你還剩下什麼？

　　數條電線穿過懸掛在天花板上的掛環，把我的「眼機」（EyePhone）
連向一整排大如冰箱的電腦，那些電腦的風扇轟隆隆地運轉，為電腦降
溫。我手上戴著「資料手套」（DataGlove），光滑的黑色網布上交織
著光纖感應器，還有幾條更粗的電線從手腕連向天花板上的圓環。光點
此起彼落，螢幕閃個不停，眼機的橡膠環在我的眼周留下了兩圈濕漉漉
的紅色凹痕。

　　剛剛我所在的世界是如此神奇，令人驚歎，但現在我又回到了實驗
室的現實中。從前矽谷的辦公室常鋪著壁毯，使用廉價的仿木紋太空
桌，室內隱約散發著鋁合金和髒水的氣味。

　　一群科技怪咖湊了過來，等不及想試試那個玩意兒。查克推著輪椅
過來，他壯得跟伐木工人似的，留著鬍子。湯姆一臉專業深思的模樣，
雖然幾分鐘前他才向我吹噓著自己徹夜探索舊金山的瘋狂冒險。安則似
乎又在納悶：「為什麼我又成了這間辦公室裡唯一的大人！」

　　「感覺像西雅圖嗎？」

　　「有點像，」我說，「很……很奇妙。」所有的人都擠向那個裝置。
每次的修改調校，不論大小，都能讓產品變得更好。「有個 bug。那隻
虛擬的手太大了──大了好幾千倍。」

　　在虛擬實境中，光是「用手操作」這個簡單的動作，都能令我樂此
不疲。當人可以全身進入虛擬實境時，就不再只是觀察者，更是當事

者。然而，每個功能的微小細節（例如要怎麼樣讓虛擬的手抓住虛擬的東西）都比我們想像的還要困難。

你原先可能只是想讓虛擬的指尖正常抓東西，不要變成穿透過去，卻在修改程式時，不小心把手變得超大。在虛擬世界裡，物物相連，環環相扣。隨便一個對新世界規則的微調，都可能觸發跟現實相差十萬八千里的嚇人 bug。

那些 bug 是虛擬實境中的夢境，它們會改造你。

稍微體驗過那隻巨手後，不僅改變了我對虛擬實境的感受，也改變了我對現實世界的感受。現在，辦公室裡的夥伴看起來像脈動的半透明生命體，他們透明的眼裡充滿了意義。這不是幻覺，而是觀感的進化。

實體世界以新的樣貌呈現出來。

一九八〇年代末期，作者在虛擬實境「外」及虛擬實境「內」的樣子。

簡介

何謂虛擬實境（VR）

　　VR 就是那些讓人從外界看來十分滑稽的大型頭戴裝置，穿戴它的人對於自己在頭盔裡經歷的一切，感到無比驚喜。它是科幻小說中最常出現的道具之一，也是退伍軍人用來克服「創傷後壓力症候群」（PTSD）的方法。VR 是數百萬人深夜在意識與現實之間神遊的動力來源。目前，VR 也是少數不必靠收集個資，就能在矽谷迅速募集到數十億美元的募資方法。

　　VR 是當代最前衛的科學、哲學和技術發明，可以打造出包羅萬象的幻影，讓人置身全然不同的世界。可能是在一個夢幻陌生的環境中，或是換了一副非人類的軀體。然而，在人類的認知與觀感方面，VR 又是研究「人」究竟是什麼的終極裝置，影響力無遠弗屆。

　　從來沒有一種媒體能如此讓人體悟到美好的潛力無窮，卻又逼真得令人毛骨悚然。它將會考驗我們，也比之前的任何媒體都更能突顯出我們的特質。

　　以上描述的都是 VR，但它遠不止於此。

　　一九八四年，我和朋友創立了世上第一家 VR 新創公司：VPL 研究公司（VPL Research, Inc.）。這本書講述我們的故事，也探索 VR 對人

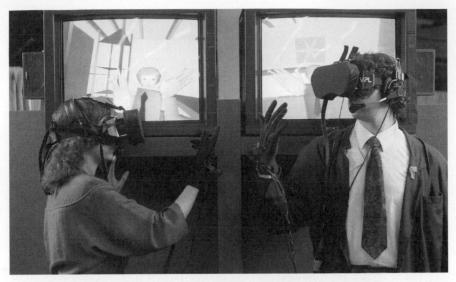

根據最初的定義,第一個 VR 系統是多人共存於同一個虛擬世界中。這是 VPL 的 RB2,或稱「雙人實境」(Reality Built for Two)。在每個人背後的螢幕上,可以看到他們在彼此眼中的虛擬化身。這張照片取自一九八〇年代末期的商展。

類未來的可能意義。

　　如今的 VR 狂粉可能會驚呼:「一九八四年?不可能吧!」但事實就是如此。

　　你可能聽過,以前的 VR 花了數十年,也搞不出什麼名堂,但那個說法只適合套用在熱賣的廉價大眾娛樂版 VR 裝置上。過去二十年間,你搭過的各種交通工具,無論是路上走的、海上漂的、或是天上飛的,其原型都是用 VR 設計的。如今以 VR 做手術訓練也變得相當普遍,普遍到有人開始擔心手術訓練過度依賴 VR。(但沒有人會建議完全不用 VR,這方面的應用非常成功!)

什麼是書本能辦到,但 VR 辦不到的,或至少目前還辦不到的?

　　一直以來,大家對 VR 抱持的浪漫理想有增無減。跟現實中的 VR

不同，理想中的 VR，是科技把高深的技術和嬉皮般的神祕特質結合在一起：那是夢幻般的高科技，也是提供無窮體驗的萬靈丹。

我希望我能充分傳達早年的 VR 是什麼樣子，那感覺像是打開一個全新的體驗境界。那是有史以來第一次，我們變成虛擬化身，也看到別人變成虛擬化身；我們首度以非現實的化身來體驗自己的身體。這些經驗令我們目瞪口呆，歎為觀止，覺得科技界的其他一切都相形失色。

我無法利用 VR 來跟你分享當時的新奇感受，至少目前還不行。VR 雖然功能強大，但它還不是一種傳達內心狀態的媒介。隨著大家對 VR 日益熟悉，我愈來愈不需要再強調這點，但我還是需要經常釐清這個狀況。

偶爾有人會把 VR 講得好像即將進化成心靈感應的魔法，能隨心所欲把現實和我們的大腦連起來。然而，正因為 VR 並非無所不能，VR 的美妙之處很難清楚說個明白。

未來可能會出現一種新文化，當整個 VR 產業趨向墨守成規、充斥各種老套玩意兒的時候，那個文化也許可以讓我運用 VR 衍生的技術，來充分傳達早期體驗 VR 的感覺。我花很多時間幻想過，成熟的表達文化在 VR 中會是什麼樣子。過去我總認為，那可能是融合電影、爵士樂、程式設計的跨界組合。

第一個 VR 定義：一種二十一世紀的藝術形式，融合二十世紀的三大藝術：電影、爵士樂、程式設計。[1]

即使沒有人知道 VR 的表達能力最終能達到什麼程度，但 VR 的本質總是令人血脈賁張，它是隨心所欲的體驗，可與他人分享，一切隨性自在，盡在掌控之中。那是一種全面的表達形式、共有的清醒夢（lucid

---

1　本書收錄了數十種 VR 定義，這是第一種。

dreaming）、擺脫現實世界單調一致性的方式。我們所追求的，是一種不只綁在世上既定環境中的存在方式。

我無法不帶感情講述 VR 的故事。VR 之所以值得我投入，是因為它與人息息相關。我只能藉由自身故事來告訴你 VR 在我心中的意義。

如何閱讀本書

多數章節的故事是始於一九六〇年代我還小的時候，結束在一九九二年我離開 VPL 的時候。

書中也穿插了一些章節以說明或評述 VR 的各個面向，例如有一章談到 VR 的頭戴裝置。這類「解說」章節包含些許的基本介紹、大量的犀利評論，以及一些不按順序排列的軼事。如果你比較想聽故事，而不是瞭解專業知識或評論，大可直接略過那些部分。或者，你不想聽故事，只想知道我對 VR 科技的看法，也可以直接翻到那些章節閱讀。

有些故事和個人見解收錄在冗長的附註中。要是你有時間讀一讀那些註解，保證會有收穫，但不妨留待以後再讀。另外，本書最後也收錄三篇附錄，詳細闡述我當時的想法，雖然歸根結柢這些想法更關注的是未來，而非過去。如果你想知道具備頗有見識的世界觀是什麼感覺，而不是動不動就覺得人工智慧隨時都有可能毀滅人類，可以讀一讀那三篇附錄。

為了配合敘事涵蓋的時期，我會談到較多的經典 VR（classical VR），而不是混合實境（mixed reality），[2] 雖然我最近做的是混合實境。（混合實境是指虛擬世界不完全掩蓋真實世界，你可以看到虛擬事物存在真實世界中，就像最近使用 HoloLens 的體驗那樣。）

2　一九八〇年代我用過「混合實境」（mixed reality）這個詞，底下是一例："Virtual Reality: An Interview with Jaron Lanier" (Kevin Kelly, Adam Heilbrun, and Barbara Stacks, *Whole Earth Review*. Fall 1989, no. 64, p. 108[12])。

遇見年輕的自己

從來沒想過我會再見到你。

　　這就是我老是擔心的，我怕你老了以後，回過頭來吃老本，跟其他作家一樣。

你誤會了，不見你我反而樂得輕鬆。最近我更懂得與自己相處，看到你，反而讓我想起那些糟糕的老毛病，讓我既不安又沮喪。你只會誘使我重蹈覆轍。我之所以找你談，是因為覺得讓其他人瞭解你，可能會有些幫助。

　　現在 VR 發展得如何？那玩意兒還叫 VR 嗎？

對，現在多數人都叫它 VR 了。

　　你是說我們贏了術語之爭嗎？

根本沒有人記得、也沒有人在乎那場爭論，那只是些用詞罷了。

　　但 VR 有搞頭嗎？

這個嘛，我們就快知道了。這本書出版時，可能正好是 VR 普及的時候。

　　媽啊！希望他們別搞砸了。

是呀，天曉得……你也知道，要把 VR 做好有多難。

　　我希望 VR 不像以前那樣……怎麼說來著？……被那群瘋子打壓了。

喔，你會懷念他們還在的日子。說來你可能不相信，但那些相信奇點
（singularity）的怪胎後來和自由主義者雜交，他們繁衍出來的狂熱後代，
正是驅動當代科技文化的主要動力。

哇！太鳥了，比我想像的還糟。

沒想到你居然會期待有個完美的世界，真是丟臉斃了。

你是不是因為學會接受那些鬼扯，就以為自己比較懂或是開悟了？
你這樣想，我才覺得丟臉咧！

拜託，別吵了。外面要跟你吵的人已經夠多了。

好吧，那你講一下現在上市的那些便宜 VR 吧。現在大家會建構自己
的 VR 世界嗎？

這個嘛，他們身處在 VR 裡時，通常不會自己建構世界，但以後確實可
能會有很多人有辦法自己打造 VR 世界。

但是，如果你不能在 VR 裡即興構建世界，那有什麼意義呢？就只不
過是製造更多的現象來阻礙感官罷了，而且那些人造現象甚至比自
然的世界還不如。都沒人在乎嗎？你得想辦法阻止大家製造垃圾。
你到底是怎麼回事？

嘿，老弟，我又不是 VR 糾察隊，這個圈子又不是歸我管的。

為什麼不歸你管？你應該站出來掌管一切啊！

其實看小朋友重新創造 VR 挺好的。現在很多大公司在內部成立小型的

VR 新創企業和團隊。有些單位甚至讓我想起你和 VPL，不過現在的模式比以前直截了當多了。

如果那些只會把 VR 跟頭戴式目鏡聯想到一塊的人會讓你想起我，那真是對我的侮辱。他們難道不知道那玩意兒很快就會鳥掉嗎？即興現實（improvising reality）的夢想後來怎麼了？還有，共有的清醒夢呢？我是說，如果 VR 只是用來製作比較酷炫的電影或電玩，那有什麼意義？

聽著，如果你覺得自己高人一等，你就不可能努力服務他人。VR 可能會鳥掉，但也有可能會愈來愈棒。它會持續進化，希望有天真的可以變得很棒。你不要那麼苛刻，好好享受那個過程，尊重別人。

真是胡扯，你自己都不覺得很扯嗎？

呃……我想……這本書……

好吧，那現在是誰在生產便宜的 VR ？是 VPL 嗎？

不是，VPL 早就消失了。微軟推出一款獨立的「混合實境」頭戴裝置，不需要搭配基地台，可以攜帶到任何地方。你看了那玩意兒後，應該會覺得很厲害。

微軟？我的天……

嗯，最近我也在微軟實驗室工作。

你被體制化了嗎？等等，你剛剛的說法，表示你確實已經體制化了。

別大驚小怪。現在連經典的 VR 裝置都上市了，跟我們以前賣的東西沒什麼兩樣。某社群媒體公司還以二十億美元買下一家叫 Oculus 的小公司。

什麼？！你說什麼？花二十億美元買一家還沒有成果的 VR 公司？哇！未來聽起來簡直跟天堂一樣。你剛說那個社群媒體是啥？

喔，大家用那家公司的系統來溝通和保存回憶。他們用演算法來建構用戶模型，以便精準地推送內容。這種公司只要調整一下演算法，就能讓用戶心情不好或願意去投票，它們是很多人的生活重心。

喔不！把那個東西和 VR 結合起來，可能會產生類似菲利普·狄克（Philip K. Dick）的科幻小說所描述的情景。天哪，未來聽起來跟地獄沒什麼兩樣。

未來既是天堂，也是地獄。

但聰明又叛逆的年輕人不會想要透過企業的電腦來生活……

怪的是，現在的新代溝反而是年輕人更習慣讓企業來主導數位社會。

你說得好像那只不過是你接受的另一個事實罷了。我是說，他們不會變得像奴隸一樣嗎？難道現在年輕人更常跟父母一起住嗎？這個世界簡直是瘋了，一切都顛倒了。

但對世界來說，這很正常，這就是與時俱進。

我真想甩你一巴掌。

我想也是。

1 一九六〇年代：伊甸園驚魂

邊境

我一出生，父母便逃離了大城市。四處遊蕩了一陣子，最後落腳在當時仍鮮為人知的荒涼地帶。那是在德州的最西角，在艾爾帕索市（El Paso）之外，正巧位於新墨西哥州和墨西哥的交匯處，偏僻到幾乎稱不上是美國。那裡非常貧困，治安較糟，差不多是全國最鳥不生蛋的地方了。

為什麼會在那裡落腳呢？我從來沒聽過明確的答案，可能是因為我父母當時正在逃亡吧。我母親是維也納人，也是集中營的倖存者；我父親的家族在烏克蘭大屠殺中幾乎慘遭滅門。我確實記得他們曾說，我們必須盡可能低調生活，但又不能住得離好大學太遠。所以，他們選了那個折衷的地方，因為新墨西哥州附近有一所好大學。

我記得母親說過，墨西哥的學校更像歐洲的學校，它們的課程比當時德州鄉下學校的課程更高階一些。墨西哥學童的數學能力也比美國的學童領先兩三年。

「但歐洲人想殺光我們，歐洲有什麼好？」她回答我說，任何地方都有美好的一面，就算是歐洲也一樣。而且我得學習開放心態，不能因世上的邪惡而自我封閉，更何況，墨西哥絕對不是歐洲。

　　所以，每天早上我越過美墨邊界，到墨西哥華瑞茲城（Ciudad Juarez）的一所蒙特梭利學校上學。如今聽起來可能很怪，因為現在的美墨邊境可說是全球最受矚目的監獄，但是當時沒什麼人關注那裡，管制也鬆，破舊的校車天天穿梭其間。

　　我就讀的學校跟我原本該去的德州學校有如天壤之別。我們的課本封面上印著阿茲特克神話裡的奇妙圖案。老師會為各種節慶變裝打扮，披著五顏六色的鮮豔布料，展現一九六〇年代的嬉皮風格，把活生生、色彩豔麗的大甲蟲綁在銀鏈子上，讓牠們在肩上爬來爬去。每隔一小時左右，他們就用點眼藥水的滴管餵那些甲蟲喝色彩鮮豔的糖水。

　　由於那是蒙特梭利學校，學生也可以像甲蟲那樣自由遊蕩，我因此發現了一個很妙的東西。在冷清的校舍裡，我從低矮的書架上，取下一本破舊的藝術書。就這樣，我看到了耶羅尼米斯·波希（Hieronymus Bosch）的三聯畫〈人間樂園〉（The Garden of Earthly Delights）。

窗口

　　我還記得在那所小學校裡，我曾因上課心不在焉而挨罵。我老是凝視著窗外，彷彿被催眠似的，但我不是放空發呆，那是一種專注的沉思。

　　「¡Atención!」（西語：專心點！）

　　〈人間樂園〉深深震撼了我，我幻想自己在那個樂園裡遊蕩，撫摸那些絲絨色澤的巨鳥，在那個由透明球體構成的遊樂場上穿梭，撥彈及吹奏那些龐大的樂器，它們的聲音相互交錯，終將打動我心。我想像那會是什麼感覺，可能是一股強烈的悸動，使人通體舒暢。

　　波希的那幅畫中，有些人物從畫布裡望向外面的世界。如果我也是畫中的人物，我會怎麼想呢？我凝視窗外時，我也是從畫中望向我們這個理當正常的世界。那可不是什麼簡單的瑣事，我一看就是好幾個小時，這可把老師氣炸了。

　　「¿Qué es lo que estás mirando?」（西語：你看半天到底看什麼？）

　　有時我看到赤裸的小孩跳進小沙坑裡，在裡面蹦蹦跳跳，直到被逮

住，像畫裡那樣。但我也望向校園那片枯黃草地之外，我的目光穿過了那片鐵絲網的圍欄，落在城裡那條塵土飛揚又雜亂無章的街道上。

頭髮斑白的男人戴著破舊的草帽，坐在裝有玻璃窗的大卡車車頭內，車身漆成嘉年華會的顏色，急速呼嘯而過，車後噴出黑色濃煙；色澤黯淡的老舊鄰里融入遠處沙漠山坡的扭曲紋路；載滿乘客的銀色飛機劃過天際；校園對街有一幅兩層樓高的宏偉壁畫，畫中的羽蛇神爬上了停車場的牆面。

「Estoy viendo maravilla.」（西語：我在看奇跡。）

視線拉近一點，就在鐵絲網圍欄的後方，我可以看到更多的細節：乞丐捲曲的胸毛；小兒麻痺症患者步履蹣跚地送著剛印好的報紙；少年身上那件綠色襯衫的衣擺有汙垢，他騎著搖搖晃晃的單車，單車的車把上掛著修剪成金字塔狀的鮮綠色仙人掌。有回一輛墨西哥警車飛駛而過，短短的一瞬，在炫目警車燈光轉動掃射下，我瞥見煙霧彌漫的後座有個犯人，他愁眉不展的臉上帶著傷痕。

連中三元

難道我那所小學校裡的人都瞎了或聾了嗎？為何他們對那一切情景無動於衷？為什麼其他人都沒有震撼的感覺？我實在不懂他們。

我沉迷於毫無意義的浮想聯翩中無法自拔。想像如果我是過河去德州那所學校上學，會是什麼樣子？德州的學校肯定比較井然有序。如果把〈人間樂園〉那幅畫帶去德州的學校，畫中那些赤裸裸的小小人往外看時，他們會覺得看到一個很奇怪的世界嗎？還是他們會說：「哇，我們不知道竟然有地方那麼無聊！」嗎？

有沒有可能宇宙中的每個地方都令人驚歎，只是大家早已觀感疲乏，見怪不怪了？難道這**就**是其他孩子乖乖坐在那裡、假裝一切都很正常的原因嗎？

當然，那時的我不可能清楚表達這些想法，我的年紀太小了。

我把那幅畫看了一遍又一遍，然後望向窗外，接著又把目光移回那

幅畫上。每一次，我都感到自己內在的色彩變了，就像血液不斷進出大腦一樣。為什麼那幅畫那麼動感誘人呢？它有什麼魅力深深吸引著我？

尤其，一邊聽著巴哈的音樂、一邊凝視著那幅畫時，那感覺更棒。教室裡有一台老舊的唱機，還有兩張唱片。一張是鮑爾‧比格斯（E. Power Biggs）演奏的巴哈管風琴曲，另一張是顧爾德（Glenn Gould）演奏的鋼琴曲。

我最喜歡一邊聽著大聲播放的〈D 小調觸技曲與賦格〉（Toccata and Fugue in D minor），一邊凝視著〈人間樂園〉，一邊享用肉桂調味的墨西哥巧克力，但老師很少准許我那樣做。

心情

強烈的主觀印象占據了我最早的兒時記憶。那時的一切記憶都很鮮明、情緒化，有滋有味。每個小地方、每個片刻都像是某個龐大香料櫃裡的一種新鮮香料，也像一部無盡字典中的生字。

我覺得把自己的某種心境傳達給無法立即理解的人非常難，那難度之高，始終令我訝異。想像一下，午夜時分，你就著滿月的月光，攀爬著新墨西哥州的高大山脊，俯瞰著剛鋪上新雪而閃閃發亮的山谷。接著，再想像一下，你聽到兩位同行的旅人交談的聲音，一人感性浪漫，另一人理性，不苟言笑。浪漫的那個人可能說：「這是不是很神奇？」另一人可能回應：「滿月時，本來能見度就高啊。」

小時候，我是個極度浪漫的孩子，甚至無法理解「能見度」那樣務實的概念，因為「神奇」的體驗實在太震撼了，讓我幾乎沒有別的感受。我的兒時體驗總是風格凌駕了形式，感受凌駕了詮釋。

不過，隨著年紀增長，我逐漸變得比較正常，或者說，變得比較無聊。以前我無法忍受從一個地方飛往另一個地方的改變，因為心情和質感的轉變太大，大到令我難以承受。每次從紐約飛往舊金山，飛機著陸時的感覺總是令我震驚，儘管我已飛過數百次了。舊金山的空氣清新，帶點汽油味，又有點海洋的味道，感覺比較稀薄，不像紐約的空氣那樣

飽滿濃郁。光是習慣這種感覺的轉變，往往就要花好幾個小時。

多年來，我努力壓抑那種主觀心情所造成的強大負擔，後來到了坐三望四的年紀，終於有了進步。如今我可以輕輕鬆鬆就從一地飛往另一地，我終於開始覺得各地的機場都很像了。

天旋地轉

我對父母都是直呼其名。我母親莉莉（Lilly）出生於維也納的猶太望族，兒時是鋼琴神童。我外公是教授兼猶太拉比，知名的猶太哲學家馬丁・布伯（Martin Buber）是他的同事。他們住豪宅，生活優渥。當時我的外公外婆決心死守家園，撐到政治威脅結束為止。他們堅信，人性再怎麼卑劣，還是有個限度。

莉莉是個聰明早慧的少女。她有著一頭金髮和格外白皙的皮膚，一般人見到這樣的外貌通常不會多想，但外表卻在最後成為關鍵，讓她得以自稱是雅利安人，躲過被送往臨時集中營的劫難。之後，她偽造文書，在我外公遭到謀害以前，及時把他營救出來。

遺憾的是，這幾招只在納粹大屠殺的初期有效，後來種族滅絕愈演愈烈。最後，我母親的娘家幾乎慘遭納粹滅門。

少數人得以死裡逃生，輾轉來到紐約市。剛開始，莉莉是做裁縫維生，不久便開發出自己的內衣品牌。她也學畫，而且因為年紀尚輕，也習舞成了舞者。她自力更生以追尋那些夢想，照片中的她看起來像電影明星一樣。

我倆非常親密，我甚至覺得她幾乎跟我是一體的。我還記得我為她和她的朋友彈奏貝多芬的奏鳴曲，那感覺像我們母子倆合為一體，一起彈奏。我的彈奏有點散漫，帶點炫耀的成分。

後來，父母幫我轉學到德州一家公立小學就讀。那裡沒有藝術書可看，窗外也沒有有趣的東西可瞧。他們擔心以前我在墨西哥學校裡沒學到該學的東西，無法融入美國社會。

唉，他們還真是料事如神。為了去新的學校上學，我需要行經鄰里

惡霸的地盤，那些不良少年穿著髒兮兮的靴子，講起話來還故意學牛仔那樣拉長聲調。父母因此決定送我去學空手道防身，我超傻眼的。

除了服裝有點酷以外，我痛恨空手道的一切。我媽來德州那家唬人的道館看我訓練時，我僵硬地站在原地不動，任憑另一個男孩揍我、踢我、劈我。我不記得自己感到害怕或膽怯，只覺得跟對方在那裡比畫很愚蠢，是不對的。總之，我覺得很糟。況且，那個孩子根本不知道要怎麼打，他再怎麼打我，我也不覺得痛。但我媽嚇壞了，我第一次在她眼裡看到她對我的失望，我還記得那個感覺像天塌下來了一樣。

翌日早上，我穿過我家院子那片硬實的土地和短粗發黃的野草，準備去上學。那群好鬥的小流氓把我團團圍住。當時我隨身帶著細管上低音號（baritone horn），它的形狀類似迷你的低音大喇叭。但是對當時九歲的我來說，它比低音大喇叭小不了多少。我靈機一動，腦中馬上想出一個對策。

我開始像直升機那樣旋轉，手裡的樂器變成了盾牌，但我看起來更像一隻準備衝撞的公羊。那些流氓不太懂旋轉的動力有多大，朝我攻擊了兩三次，都被我撞倒在地上。他們也沒想到要停下來重新思考戰略，我記得當時他們有三人，一下子就被我撞得鼻青眼腫，落荒而逃。我覺得暈頭轉向，但樂器救了我。

突然間，一聲尖叫粉碎了我的志得意滿。莉莉站在我家前門後方，只開啟一小道門縫，大哭大嚷得彷彿納粹要來抓我似的。她當時尚未梳妝，所以沒有出來。多年後我才意識到，那可能讓她又回到了維也納的創傷情境中。

當時，我被她的反應嚇到了。我在道館裡任人踢打的舉動令她失望，但這次我卯起來打了一架，卻又讓她徹底失控。突然間，我覺得我們之間的緊密聯繫斷了，整個人陷入迷惘，難過極了，不知所措。我拔腿就跑，衝到學校。那也是我最後一次見到莉莉。

無可挽回

一個五官深邃的男人，穿著燙熨平整的軍服，一臉愁容地來到教室。他敲了敲教室的門，說要找我。那時課堂上正在講無聊的阿拉莫戰役（Alamo），我很高興能離開教室，但感覺情況很不對勁。

不久，我看到校長也在外頭等我。那個男人以我從未聽過的正式語氣，叫我跟著他們去校長的辦公室。我從來沒去過校長的辦公室，裡面有一面旗子，還有裱框的詹森總統玉照。難道是我拿樂器教訓那些流氓害我惹上麻煩了嗎？

接著，那個陌生人告訴我，我母親過世了，父親在醫院裡。

那天正好是莉莉第一次進城考駕照的日子。監理所離我家約一小時的車程，就在艾爾帕索市中心附近。我父親艾勒里（Ellery）開車載她去那裡，她通過了考試。

回程由莉莉開車，車子開到寬廣的高速公路時突然失控，從高架路面翻落於地──剛出爐的新聞報導是這麼說的，校長把剪報遞給我，彷彿那有助於我理解似的。

多年來我一直擔心，那天早上創傷情境的無預警重演，是否害莉莉在開車上路後心神不寧？我內疚不已，害怕自己也是車禍的元兇。

幾十年後，一位工程師朋友讀到資料上說當年的那款車型可能有瑕疵，這樣一來為什麼會發生事故就說得通了。若想依法追究車廠的責任為時已晚，但我不禁納悶，為什麼我的父母會買福斯？雖然不是希特勒催生的「金龜車」，但依然是德國生產的啊。

他們之所以會挑選那款車，肯定是因為我母親想從歐洲的事物中尋找良善吧，不管在哪裡找到都好。

後來我得知那名軍人是個遠親，是警方在事故發生後設法找到的。母親在遺囑中提到了他，而且當時他正好駐紮在布利斯堡（Fort Bliss）。布利斯堡是個軍事基地，幾乎占據了艾爾帕索市的大部分地區。我從來沒聽過他的名字。

父親清醒後，他們帶我去醫院見他。他全身瘀青，到處纏著繃帶。

我們父子倆抱頭痛哭，哭得不能自已，我幾乎喘不過氣來。

這段記憶就像一堵牆。我幾乎完全忘了母親過世之前的種種。頓時間，我的過往記憶被抹得一乾二淨。

聲音

從此以後，我與世隔絕了很久。我感染了致命的傳染病，被隔離了起來，幾乎不知道外界狀況。我待在同一家醫院裡一整年，幾乎沒動過。

艾勒里睡在我病床邊的帆布床上，全心全意照顧我。春去秋來，我終於恢復了意識。我還記得我第一次注意到周遭新環境的感覺。

那家醫院很擁擠、悶熱又吵雜。牆壁上貼了半牆的青豆色磁磚，磁磚上已有裂痕。油膩的窗上裝著細長的鐵絲網，窗框也都裂了，暗綠色的外漆也開始剝落。空氣中瀰漫著藥味和尿味。粗壯的護士在布滿皺紋的脖子上戴著小小的十字架，她們走動時像坦克一樣橫衝直撞，對其他的人大多視若無睹。

我開始閱讀，把書本架在皺巴巴的被單上。

後來，我閱讀時，遇到兩次正能量爆發的體驗，終身受用。

一次是本談猶太文化的童書，當中有句叫人「選擇人生」的猶太勸世警語。那句話很有道理，因為無論如何，死亡遲早會來，所以選擇自己想要的人生至少是種合理的賭注。就像「帕斯卡的賭注」（Pascal's Wager）[1]那樣，只不過是賭這一生。（不過，我小時候還沒聽過帕斯卡或他的賭注。）當時我仔細思考那句話，發現「選擇人生」不只是字面上的意思而已。

那個道理如此顯而易見，以致於我們往往忽略了它的深意，但那句

---

1 〔編註〕法國哲學家帕斯卡（Blaise Pascal, 1623-1662）推論，上帝存在的機率大概是五五波：如果上帝存在而我們不信，我們會下地獄，但如果上帝不存在而我們信了，頂多是生活規矩一點，沒什麼損失，因此最理性的選擇就是賭上帝存在，此理論稱為「帕斯卡的賭注」（Pascal's Wager）。

話是在告訴你：人生是種選擇。此外，它也顯示，一旦你留意到自己選擇活著，你可能也會發現，自己還可以做更多的選擇。我需要聽到這個道理，因為在那之前，我壓根兒不知道自己竟然有選擇。在讀到那句話之前，我能做的，就只是躺在那裡，等著看接下來可能發生什麼。

但那句話的含義不僅於此，它還有更深的意涵。即使你永遠不知道自己的選擇意味著什麼，你還是有所選擇。我們之所以存在這個物質世界裡，是因為我們和未知打了個瘋狂的賭。也許幸福安寧就存在於「不確定」中，別無其他的地方可求。

親愛的讀者，我猜你可能正在懷疑，我現在是不是刻意把成人的想法塞進我自己的童年回憶裡？但我真的清楚記得那句話。當時我對一般所謂的哲學相當沉迷，那對我很有幫助。

第二次正能量爆發是因為席尼‧畢雪（Sidney Bechet）的傳記，他是早期紐奧良最出色的管樂大師。傳記中提到，吹奏單簧管替他解決了童年呼吸道的問題。啊哈，我正好被肺炎折磨了好幾個月，還有其他的呼吸障礙，所以我要艾勒里幫我買了支單簧管。那支單簧管不僅是惹惱護士的法寶，也使我的肺病逐漸好轉。

這個故事愈講愈像老掉牙的療癒勵志故事，但你還需要知道一點：我和父親後來再也沒談過我母親了。

沉默不表示我們內心深處已經遺忘，事實正好相反。我們還是會在她的忌日點蠟燭，也哭了好幾年。

數十年後，我才明白，大多時候我的父母別無選擇，他們只能刻意不去想那些過世的親人。唯有如此，才能為生活騰出空間，因為有太多人死得太慘。

艾勒里有個瘖啞的阿姨，但她不是天生如此。大屠殺期間，還是小女孩的她緊挨著大姊躲在床下，她因為默不吭聲而逃過一劫，但大姊命喪刀下。

對艾勒里來說，莉莉不幸喪生只是眾多的亡者之一。治療師、日間電視節目的主持人、社交網路都建議我們這種喪失摯親的人應該多談談。但是對我們來說，那是難以承擔的奢望。

擺脫殘酷的命運

經過長期臥床、一再患病的折磨後，等我終於恢復正常生活時，我已胖了一圈卻不自覺。當時我整個人處於麻木狀態，直到重返校園時，同學無情的譏笑才讓我突然意識到自己的狀況。

孩童的譏笑往往導致心靈受創，但傷害不止於此。那些喜歡模仿牛仔的不良少年還會吹噓，他們在附近的游泳池裡，溺死了一個矮小的墨裔小孩。成人只把這種事視為意外，雖然大家都知道那究竟是怎麼回事。

那些小流氓放話說我是下一個目標。我相信他們確實盯上我了，因為這裡的墨裔孩童不多，他們的身上要不裹著石膏，就是疤痕累累，從來不敢跟人目光相接。

有位老師在課堂上刻意提醒我們，猶太人殺了耶穌，他們現在仍為此付出代價。她又說，這個古老的滔天人罪與我母親意外身亡有關，她說我母親難逃劫數。

我現在才明白，那位老師其實已經竭盡所能地展現善意。她只是想告訴我，生為猶太人不是我能選擇的。同理，她也希望那些白人小孩更有同情心，因為墨西哥人沒那麼聰明，也不是他們能選擇的。

從此以後，他們一直要我改宗，簡直就是疲勞轟炸。我對那所學校的記憶就是無盡的傷害、種族歧視和暴力；就算大人也沒有比小孩好到哪裡去。

我比同年級的孩子小了幾歲，所以個頭比他們矮，很容易成為箭靶。有個知名的惡霸找上我，一群人在他的身邊起鬨，要他對我動手。他有刻意打扮過，還穿了件黑色的西部牛仔風襯衫。我突然想起在道館學到的空手道，去道館學空手道彷彿已經是上輩子的事了，想來很不真實。我匯集全身的力量，畢其功於一拳，把惡霸打得仰臥在地。

這裡如果可以像好萊塢電影那樣發展就好了。我是不是突然成為英雄，被大家高高舉起，廣受愛戴呢？沒有，我反而比以前更孤立了，還經常遭到偷襲及毆打。

　　只要一想到要與人接觸，哪怕只是交個朋友，就讓我心生恐懼，覺得陌生人很危險。我也不知道這種恐懼有多少比例是源自於後天的環境，又有多少比例是先天遺傳自父母。

　　現實狀況瞬息萬變。當地零零散散的人口變動最終還是讓我不得不接觸到各色人群，我慢慢學會和偶然遇到的怪咖和平相處。有一次，我走進商業大街上的連鎖電器行睿俠（Radio Shack），遇到一位來自布利斯堡的軍人，他很客氣有禮，穿著有點舊的米色制服。

　　他看起來不太俐落，一直低著頭走路，宛如地板會晃動似的。他發現我一臉渴望地望著那些裝著電子零件的抽屜，便跟我打了個招呼。

　　就算是跟我比，他看起來還是很年輕，好像連鬍子都沒長齊。除了說自己是做雷達設備的，其他就不願再多說了。

　　是什麼原因讓人慷慨？讓陌生人願意冒險善待他人？這個傢伙開始主動教我電子學的基礎知識。幾天後，他帶了一些零件來我們的小窩，包括電阻器、電容器、電線、銲接劑、電晶體、電位器、電池等等，還有一個小喇叭。我們就這麼做出了一台收音機。

第一次實驗

　　睿俠電器行的旁邊是家兼售雜誌的藥妝店。在網際網路出現以前，雜誌攤是門大生意。你只要上門瀏覽封面，碰都不用碰雜誌一下，就可以看到展示犬、豪華遊艇等等。

　　那個雜誌架是由粗大捲曲的閃亮鐵絲網做成的，看來既顯眼又廉價。不過，去那裡瀏覽封面還得挑時間，因為一到下午，沙漠的陽光會直直射進大窗，從鐵絲網架上反射出強光，讓人難以直視封面。

　　雜誌架總是可以讓我學到新知。雜誌在強光下曝曬一週後，封面的油墨就不再鮮明，開始轉藍，所以光看封面，就能判斷那本雜誌出刊多久了。理論上，藥妝店後面應該有個房間擺放色情雜誌，但我從未見過。

　　有幾本雜誌是鎖定業餘的電子愛好者，多數文章是談收音機的製作，但我讀到一篇文章是介紹一種早期的電子樂器，名叫「特雷門」

（Theremin），便開始學習自製那種樂器。它的彈奏方式是把雙手懸在天線附近的空氣中移動，不需要接觸任何東西，彈起來很像和虛擬世界接觸的感覺。

「利薩茹曲線」（Lissajous）精緻、滑順、波動的圖像也讓我十分著迷，只要撥弄音樂訊號和示波器，就可以做出來。我從垃圾箱撿回一台舊電視機，把它改裝成簡易的利薩茹曲線顯示器，再把它接上特雷門。一般來說，特雷門琴的特色是會發出鬼魅般的駭人顫音，但我是拿它來做鬼魅般的顫動圖。

由於萬聖節即將來臨，我開始構思一個計畫：我可以用這些電子裝置來打造一座奇幻鬼屋，吸引值得結識的夥伴！這一區肯定還有像那位軍人一樣的好人四處遊蕩，只是他們出沒無常，像沙漠中的烏龜一樣，我只需要想辦法吸引他們上門就好。

我用床單把狹窄的門廊圍起來，再安裝一個老舊的放大鏡，以便把電視上的利薩茹曲線投影到床單上。

太陽下山後，圖案變得很鮮明，我的周遭環繞著曼妙舞動的圖形，好玩得要命。附近只要出現任何人，他們的一舉一動都會透過特雷門的神奇天線來改變圖案，彷彿是由木偶的無形提線拉動的。

我很想知道有沒有女孩對這玩意兒感興趣，女孩對我來說是很神祕難懂的生物。我想，應該沒有人會對這個東西不感興趣吧？

我的自製鬼屋令我興奮極了，但沒有吸引到半個訪客。我坐在那座想像與自由的宮殿裡往外看，看到孩子一個接一個走過，每一個都躲得遠遠的。當時，我沒有想過他們可能是嚇壞了——他們以前肯定沒見過那種東西。

萬聖節過後，那些小流氓就不再找我麻煩了，因為我把自己變成不好惹的可怕人物，這也算是一種進步。

付之一炬

另一個關於我母親的驚人事蹟是，她是我們家的經濟來源，至少我

們搬到美國西部時是如此。在那個年代,賺錢養家**都是**男人負責。

在我母親生前及死後,有一卡車的人為此指責我父親。「男孩子需要看到自己的父親賺錢養家,自立自強,你根本沒做好榜樣。你再這樣下去,他長大以後會變成**怪人**。」那些立意良善的人總是那麼自以為是,他們根本不在乎我是否在場,聽到那些話。

我母親靠打電話攢錢,買賣在紐約證交所上市的股票,那個年代沒有人像她那麼前衛。但她還稱不上是股市大戶,根本連邊都搆不上。我們家算中產階級,但還不到中產階級的上緣,大概每週吃一次漢堡店的得來速這樣。

在華爾街或其他完全開放的交易平台,投資者通常分兩類:要不是很富有,就是想要投資致富。但我母親只是發現一個獲利不錯的小利基罷了。她能做得更好嗎?也許她只是不希望做得太好而引人注意。

除了目前為止透露的事情以外,我確實還記得一些其他的事情。我記得有天我媽掛掉電話後,興高采烈地說她剛剛賺了一大筆錢,不是賺幾百美元而已,而是**幾千**美元。我之所以記得那件事,是因為她用那筆錢買了後來害死她的那台車。隔天早上我們就去買車了,而且他們還讓我選顏色。

母親過世後,我們經歷了第二次危機,因為艾勒里和我頓時斷了經濟來源。

我住院時,艾勒里加入一項培訓計畫,取得小學教師的資格,我們的收入問題因而得以解決,但隨後家裡又出現新的狀況。

我們本來就知道,房子租約到期後就得搬家。我們已經搬過好幾次了,所以我父母後來決定買房子,這樣一來就不必被迫搬家了。

莉莉恩・藍尼爾(Lillian Lanier),作者的母親。

那是一棟興建中的住宅區房屋，位於艾爾帕索市邊緣的開發區，很陽春，但比我們以前住過的房子高檔一些，還有停車棚！我只看過一次，當時房子還在興建，但我深受藍圖的吸引，很仔細地鑽研了一番。我因此就我能理解的範圍學到了草圖和建築的知識，等不及想搬進去住。

我還在住院時，房子建好了，但翌日即遭到焚燬。艾勒里告訴我這個噩耗，但新聞沒有報導。我心想，那肯定是一場惡夢吧。出院時，我還不太確定真假。

警方告訴艾勒里，那場火災是人為縱火，但沒有證人，也沒有嫌疑犯。艾勒里喃喃地說，我們可能被有心人盯上了，但嫌犯也可能是隨機縱火，那一帶隨時都有倒楣事發生。

另外，銀行和保險方面也砸鍋了。那間房子是我母親投資的房產，但火災發生後，我們拿不到半毛錢的賠償。艾勒里對於他還必須花一筆錢清理廢墟，感到特別不滿。

這件事發生在我做那個鬼屋實驗後不久。於是，我們又得搬家，但這次無處可去了。

2 救援太空船

落腳

艾勒里突發奇想，做了件令人難以置信的事情。我母親過世、新房子又付之一炬後，我們破產了，我的情緒常在恐懼和孤寂之間擺盪。後來，艾勒里在新墨西哥州買了一英畝的荒地。

那塊地很便宜，他用所剩不多的現金買下那裡，**而且**在同一區找到了教職。

那塊地位於沙漠的邊角，尚未開發。我們已經沒錢挖井了，更遑論蓋房子，所以一開始只能搭帳篷。我們的家當都裹在塑膠布裡，露天堆放在棧板上，任憑沙漠的風沙吹打，連我母親的小平台鋼琴也不例外。

艾勒里在新墨西哥州拉斯克魯塞斯市（Las Cruces）較貧困的西語區教導六年級的孩子，彷彿把此視為一種藝術形式。他讓學生用紙板搭造太空船，整天待在裡面。他們也製作火箭模型，並用沙子來探索微積分背後的概念。學生叫他「pelón」（禿頭），因為他的頭光禿禿的，像顆拋光的寶石。

每次我回到拉斯克魯塞斯市，總是有人主動走過來，操著獨特的新墨西哥州墨裔口音對我說：「你父親艾勒里改變了我的**一生**。我哥正在坐牢，但我是太空總署（NASA）的工程師。」

我們父子倆在帳篷裡住了兩年多，比預計還久。艾勒里的教師薪水入帳後，首要考量就是趕快弄個可以遮風避雨的小棚屋，以便接通電力和電話，再挖口水井，蓋間屋外廁所。

高地沙漠的氣溫一降，可能冷得刺骨。我還記得以前冬天早上凍得直發抖，宛如裝了彈簧的提線木偶。在我們周遭買地的人大多是住在拖車或移動房屋裡。我們討論過那個選擇，也可以跟著做，但那樣做會動用到「大計畫」的資金，不太值得。

我們也自己種菜及養雞。

其實住帳篷也沒有那麼糟，可以讓你清楚知道該為自己的生存做哪些事情，我們父子倆都很需要這點。況且，那些移動房屋實在**太醜了**。

在宇宙的何方？

我們居住的新墨西哥州一帶，社會組成不太尋常：美國最大的軍事設施白沙飛彈靶場（White Sands Missile Range）雇用了一群一流的工程師和科學家。在這裡發現有科技人活動，令我鬆了一口氣，他們的文化作風讓我這種不善交際的孩子備感溫馨。

我家附近有個身形瘦小的和藹老人，名叫克萊德・湯博（Clyde Tombaugh），年輕時發現了冥王星。我認識他時，他在白沙飛彈靶場領導光學感應的研究。

他教我怎麼打磨鏡片和鏡子，如今我在研究 VR 頭戴裝置的光學技術時，依然會想起他。他在自家後院架設了令人驚歎的望遠鏡，並放手讓我操作。我永遠忘不了他向我展示的球狀星團——那是鮮明的 3D 模式，是像我一樣的實體，跟我同類。球狀星團在我面前的樣子，跟世上任何東西一樣真實。我頓時在宇宙中找到了歸屬感。[1]

---

1 最近有一項活動主張把冥王星從九大行星中降級成古柏帶天體（Kuiper Belt object），我不喜歡那項活動。對每個格格不入的孩子來說，冥王星的奇怪軌道是一種鼓舞。難道我們也是不夠格的行星嗎？一定要順應主流才夠格嗎？讓冥王星永遠保留行星的資格吧！你們那些主張把冥王

我在新墨西哥洲就讀公立學校，我對它沒什麼印象，這可能表示學校生活還過得去，最起碼我沒有經歷恐懼。

在我們剛搬去、還沒認識當地的小孩之前，發生一件奇妙的事。某天晚上，當地的電話系統突然出現大故障。只要拿起話筒，都可以同時聽到線上所有人的聲音。

那時有數百個聲音在電話裡，有些聲音聽起來很遠，有些很近，那是我第一次體會到社群虛擬空間。一群孩子突然形成了一個社交圈，他們比我以前接觸過的孩子優秀多了。

線上的孩子對彼此都很好奇，也很友善。在電話上跟陌生人聊天比現實生活輕鬆，有個小男孩的聲音說：「我抱過世界上每個女人，像抱枕頭那樣。」他說這話時，線上那些真實的女孩也聽得到。

那是個深夜，我們這些小孩子早該就寢。但我可能是唯一住在膠合板小棚屋裡的孩子，只有一個掛鎖守門。

翌日早上，沒有人提起前一晚發生的事。我環顧四周，心想昨晚可能跟誰說過話。當連結我們的媒體改變時，我們有可能突然進步嗎？

從此之後，我一再嘗試，想重新找出那個連線方式。或許只是偶然異常產生的一次性效果。無論那是什麼原因造成的，很久以前大家就知道，設計一個虛擬空間讓人變壞比較容易。

我家附近有很多人看過幻象。放學後，我常沿著灌溉渠道走路回家，所以會遇到正在田邊休息的農民，他們常聊到天氣或棉花價格，但也常聊到奇蹟。

「艾麗西亞住院時差點掛了，但巫醫說，瑪利亞會來看她，結果瑪利亞真的來了，散發出落日般的光芒，艾麗西亞也真的好了很多。現在她每天嘮叨我，彷彿我幹活不夠努力似的。」

他們聊個不停，我想趁他們停下來的空檔跟他們道別，但始終等不到。你只能逕自離開，也許把頭稍微揚起來，彷彿用下巴拋出一顆隱形

星降級的人如果真的想對世界做更嚴謹的分類，為什麼不主張歐洲不是洲呢？那還比較有用。

球。

　　邊境地區充滿了形形色色的江湖術士，有福音派教徒、印第安人、天主教徒，還有嬉皮。這種人一多，也很麻煩。有一次某個來自墨西哥銅谷地區的巫醫激怒我了。他有顆瑪瑙做的義眼，身上披掛著彩帶，聲稱他聯繫了我的母親，並跟我要錢。我猜，他可能已經從艾勒里那兒騙到一些錢。當時我們父子倆還很脆弱，霉運不斷，經常吃虧上當。

　　凶惡的校園小流氓至少還算是真小人，友善的人反而可能背地使壞，實在是個深刻的教訓。

　　這裡也有些世俗的幻象，飛碟文化是其一。學童有時會帶墜落的外星飛行物殘骸到學校，當成說話課的題材，沒有人質疑那些東西的真實性，至少老師絕對不會質疑。我們就住在全球最大的飛彈測試場附近，隨時都會有奇特的碎片從天上掉下來，我還保留著我在山上發現的衛星碎片，做工精美。

　　我從來不相信真的有外星人，但我跟當地人一樣，對於「我們的」飛碟文化深感自豪。每次我們的競爭對手新墨西哥州的羅斯威爾鎮（Roswell），又因一九五○年代的次級飛碟墜落案引起關注時，我到現在還是會不自覺憤慨起來。我們這裡墜落的飛碟比你們的好多了！

根源

　　艾勒里肯定覺得，多年來，他一直在為新墨西哥州的生活做準備。

　　我出生以前，他身兼數職，跟我現在一樣。他在紐約的柯柏聯盟學院（Cooper Union）讀建築，與同樣當建築師的父親一起建造摩天樓。他也為梅西百貨（Macy's）設計櫥窗，並與莉莉一起在幾個知名的畫展上展出立體派畫作。

　　艾勒里有神祕傾向，曾和神祕學大師葛吉夫（Gurdjieff）一起住在

巴黎，曾和作家赫胥黎（Aldous Huxley）[2] 一起住在加州，也曾追隨多位印度教和佛教的導師。

艾勒里雖然對神祕主義感興趣，但他認為神祕主義和迷信是不同的，所以他喜歡揭穿騙人的噱頭。一九五〇年代，他在廣播圈小有名氣，不定期會上美國廣播史上第一個叩應節目當座談嘉賓。主持人是廣播界的先驅隆恩・約翰・內貝爾（Long John Nebel），眾所皆知他對超自然現象很感興趣。

他們常在廣播節目裡調侃那些動不動就墜毀的飛碟，以及超自然現象的狂熱者，後來也揭穿了一些騙子。艾勒里甚至還模仿廣播劇《世界大戰》（War of the Worlds）的風格，[3] 把那些胡說八道的東西製成搞笑的鬧劇。

有一次他在現場直播的廣播節目中驚呼，某個據傳是反重力的裝置剛剛好像升起了一點。等到聽眾信以為真，他才連忙解釋只是玩笑話。但無論他怎麼解釋，聽眾都對那個玩笑深信不疑。[4]

一九五〇年代，艾勒里也為雨果・根斯巴克（Hugo Gernsback）的科幻雜誌撰寫專欄。有段時間，他也是《驚奇》（Amazing）、《神奇》（Fantastic）、《驚異》（Astounding）等雜誌的科學事實編輯，負責解釋跟每期故事相關的科學知識。例如，以撒・艾西莫夫（Isaac Asimov）把故事的背景設在火星時，艾勒里就會解說最新的火星研究。

他有次在專欄談「製造自己的宇宙」，說明可以自己動手在大玻璃罐中調製的混濁液體配方，只要攪拌一下，裡頭便會形成貌似星系的構

2　〔編註〕赫胥黎（Aldous Huxley, 1894-1963），英格蘭小說家，中年移居美國直到去世，除以《美麗新世界》（Brave New World）聞名於世外，晚年以自身對神祕主義的體驗寫成的《眾妙之門》（Doors of Perception）亦為人稱道。

3　《世界大戰》是奧森・威爾斯（Orson Welles）於一九三八年推出的知名廣播劇。該劇模擬外星人入侵，但因為裝得夠逼真，導致民眾信以為真而引起恐慌。

4　一九七〇年代末的某天，我要艾勒里打電話到內貝爾的廣播節目。沒想到，講到最後，他和科幻作家萊斯特・德爾・雷伊（Lester del Rey）、內貝爾開始互相羞辱謾罵，於是我終於明白個節目為什麼會那麼紅了。

造。

艾勒里是紐約科幻作家圈的一員，這幫人很愛惡作劇，還曾經集資下注，看誰能以最荒謬的方式賺錢。[5]

艾西莫夫的方式再簡單不過，就刊了則廣告：「快！寄一美元到這個郵政信箱。」毫無說明，但美元就像雪片般飛來。

艾勒里和萊斯特·德爾·雷伊（Lester del Rey）刊登了一則服務廣告：把嬰兒的第一片髒尿布鍍銅。顧客需要先付款，再把嬰兒「精心準備」的尿布寄到另一個地址，這個地址其實是美國納粹黨的黨址。

許可

我們的「大計畫」很瘋狂，也是我們唯一能想到的出路。艾勒里放手讓我自己設計房子，我必須交出設計稿，並獲得當地主管機關的核准。我們打算慢慢添購建材，賺多少，買多少。我們也打算靠自己的雙手蓋房子，不管那需要花多少時間，等蓋好再搬進去。

艾勒里以前讀建築系，也幫他父親做過一些工程，例如替紐約市一棟摩天樓增高。但他知道，為了讓我重新振作起來，必須給我一個夠大的目標，讓我沉迷其中。

一開始，他給我一本他小時候很喜歡的舊書，名叫《植物也是發明家》（*Plants as Inventors*）。裡面有植物的精美插圖，我看得欲罷不能，其中有些植物看起來很適合生長在波希的〈人間樂園〉裡。

球體設計特別吸引我。想要均分一個球體，只有五種方法，這是古代就知道的知識。這五種分法的平面版本稱為「柏拉圖立體」（Platonic Solids）。植物別無選擇，必須在這些形狀的限制內生長。

我開始堅信，我們家應該採用類似植物生長環境的球體結構。艾勒里一聽，說如果我真的那麼想，可能會喜歡另一本書。

---

5 山達基教（Scientology）的創始人羅恩·賀伯特（L. Ron Hubbard）是那個圈子的早期成員，他把自己的點子拿出來下注，並到處宣傳他的點子，後來他把學到的技巧發揚光大。

那是一本超厚的雜誌，版面設計很陽春，名叫《穹頂書》（*Domebook*），那是史都華・布蘭德（Stewart Brand）的《全球概覽》（*Whole Earth Catalog*）[6]另外發行的別冊。巴克敏斯特・富勒（Buckminster Fuller）一直在推廣網格圓頂，他認為那是理想的結構，體現了當代的科技烏托邦精神。

一開始，我對於採用網格圓頂的架構感到懷疑。我抱怨道：「我不希望我們的房子跟其他的房子很像，其他人都在建造網格圓頂。」艾勒里指出，我的設計必須先取得有關當局的核准才能興建，而當地的嬉皮聚集區內，已經有幾個蓋好的網格圓頂建築了。把那種反主流文化的老套風格融入設計中，我的設計才比較不會引起恐慌。

我開始以麥稈製造模型，接著計算角度和負載。我必須聲明，我的計算不盡然正確。

我的設計策略是混合「傳統」的網格圓頂與一些很詭異又不規則的連接元素。整個建築是一個一個中型圓頂和一個直徑約五十英尺（編按：約十五點二四公尺）的大型圓頂，中間以一個奇怪的通道相連起來。那個通道將作為廚房，由兩個傾斜相交的九面金字塔構成。另外，還有兩個二十面體，以另一種複雜的形狀去連接大圓頂。這兩個二十面體是臥室，連接大球體的地方則是衛浴。

另外，還有一個懸臂式、刀刃般的七面金字塔，它是從主體凸出來，在特定時刻是指向特定的天體，但我已經不記得是哪些天體了！畢竟，年代過於久遠。那個突出結構的側邊有一扇門，那裡是建築的入口。我們把那個突出結構稱為「針」。

我覺得整體結構看起來有點像《星艦迷航記》（*Star Trek*）裡的「企業號」飛船（Enterprise）。企業號有兩個引擎連接主體，前方有個突出

---

6 《全球概覽》是史都華・布蘭德主編的超大雜誌，一本可以翻閱好幾個小時，裡面描述一些人做的有趣事情，以及你可以向他們購買的有趣東西。它暗示著一種籠統安穩的烏托邦原則，認為人們應該回歸土地，但也十分未來主義。有些人回想起《全球概覽》時，覺得那是早年的紙本版 Google，以紙本形式體現了 Google 最豐富的面向，至少賈伯斯（Steven Jobs, 1955-2011）後來是這樣想的。

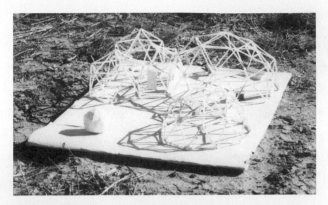

我用麥桿做成的模型，放在真正的建築即將搭建的所在地。

的圓盤。只要把企業號的圓盤和引擎圓筒換成球體，就很像我的設計。我以前一直覺得企業號應該採用我那種設計，因為星艦是在深邃的太空中移動，而不是在行星上方的大氣裡移動。我在非球體的地方裝了很多懸臂式結構，試圖營造出這個飛行器尚未完全著陸的感覺。

這個設計也有點像女人的身體。你可以把那個大圓頂視為孕婦的肚子，把兩個二十面體視為乳房。

總之，那是我喜歡的結構，艾勒里也接受了。我為了申請建築許可，跟有關當局來來回回地交涉了好幾次。後來，艾勒里還是得要介入申請流程，以主張那個建案的合理性，但總之我們拿到建築許可了。

建造

我真希望艾勒里當初沒給我看那本《穹頂書》。那本書看似在提供解決方案，但其實只是在說明一種正在進行的實驗。《穹頂書》主張使用絲網混凝土（ferrocement）當建材，那是一種造船的材質。我應該先找個造船專家以瞭解那種材質，但我沒有，而是直接相信那本書的說法。

《穹頂書》寫道：「使用 C 型扣夾就對了！」那種扣夾本來是用來夾豬鼻子的，以免豬隻搞破壞。但作者突發奇想，用它來夾緊金屬板條，然後在板條之間填上混凝土。這實在是個餿主意，因為板條的密度

不一，容易出現龜裂。

　　約十年後，我第一次見到該書的作者史都華·布蘭德，劈頭就對他說：「我從小在網格圓頂建築裡長大。」他回我的第一句是：「會漏水嗎？」

　　「當然會漏水！」

　　一開始我們因財力不足，只能先蓋中型圓頂。我們剛從帳篷搬進圓頂建築時，感覺很奇特，彷彿重演了一次遠古人類史。

　　在圓頂的內層，我們把亮銀色墊子鋪在支柱之間，本來應該還要加蓋一層石膏板，但開銷遠超過我們的預算，在內部鋪石膏板的困難也實在超乎預期。所以室內天花板和牆壁看起來布滿了氣墊，閃著銀光，就像太空站一樣，太完美了！

　　又過了一年，我們終於有辦法添購更多的建材來完成房子的其他部分。我記得除了為大圓頂打地基、灌水泥，我們還忙著把春季沙漠裡的小青蛙及時趕出來，以免牠們被活埋在裡面。我們必須爬上奇怪的外開型三角形框架，才能把球體慢慢築高，那感覺像蜘蛛織網一樣。鄰居們說我們是「arañas en el cielo」（西語：空中的蜘蛛）。

　　最後，我們裝上凸出的半球形窗戶，增添了奇怪的幻覺效果。

居所

　　這個建築是一個龐大的居住空間。大圓頂如此宏大，以致於在屋內仰望著銀色天花板的凹凸曲線時，會感覺像凝視著浩瀚無垠的空間，營造出一種望向實體天空的錯覺，有點像在卡爾斯巴德洞窟國家公園（Carlsbad Caverns）的大洞穴裡。[7]

　　我們稱之為「圓頂」或「藍尼爾地球站」。所以，我們會說「回頂」（go dome），而不是「回家」（go home）。

　　圓頂裡收藏著各種稀奇古怪的東西，種類混雜，無奇不有。例如，

7　那是每個新墨西哥州長大的孩子夢寐以求的超大洞穴，那裡大到感覺連天空也是石頭做的。一位義大利朋友說，那裡比梵蒂岡更好。

作者，約十三歲。

有一只老舊的望遠鏡，據說是美國海軍准將培理（Commodore Perry）[8]首度看見日木時使用的。艾勒里寫了一篇有關培理家族的文章，因此獲贈那支望遠鏡。也許那是貨真價實的真品，我現在還留著。不過，我十二歲左右試圖把它安裝起來時，稍微弄壞了。

　　另外，還有一塊碎布，據說是出自耶羅尼米斯·波希的原始畫布；還有一些從維也納來的古董。二戰結束十年後，一位好心人偶然發現幾件我外公外婆被納粹沒收的東西，並主動表示願意寄來紐約給我父母。這些東西包括一個精緻的鬧鐘、一個高級的箱子。另外，家裡有一些色彩繽紛的大型幾何模型、生理回饋儀器、很多很多幅畫作、艾勒里以前做的實驗性彩色管風琴，以及堆得滿坑滿谷的書。

　　圓頂裡沒有一般的衛浴或廚房。由於管線路徑必須配合我設計的詭異形狀，浴缸、水槽、淋浴器具是配合管線路徑插入整個架構中。於是，

8　〔編註〕培理（Commodore Perry, 1794-1858），美國海軍將領，一八五四年率領艦隊威逼日本幕府結束鎖國、與美國通商，因船艦顏色為黑，史稱「黑船事件」。

艾勒里站在即將完工的「地球站」前面。

大圓頂內部。

我們家的水槽高得離譜，使用時還需要踏在凳子上。至於個人隱私、睡眠規律或讀書之類的傳統設計考量都無法顧及。

我很喜歡這個地方。連在裡面睡覺時，也會夢到它。

多年後我才意識到，艾勒里讓我設計我們的房子是豁出了多大的勇氣。他大可介入更多，但我覺得他是想讓我學習冒險和犯錯。

如果他當初真的是那樣想，那他確實太成功了。我搬走後，艾勒里決定繼續住在那裡。他住了三十年，直到圓頂有些地方開始坍壞。有一次，他剛走出門，大圓頂最底部那一圈突然轟一聲坍塌。整個半球缺了一截，高度矮了一段，但裡面沒有東西受損，彷彿是卡通裡的房子，架在氣動升降機上頭似的。等我回去看時，他已經換了一個新圓頂。

不過，新圓頂的門口就沒有裝那根「針」了，也少了一些我設計的奇怪形狀。

艾勒里教書教到自己不能教了為止，因為他把教職當成天職。他從幾間新墨西哥州的公立學校退休後，又到白沙飛彈靶場的小學任教。他在圓頂裡住到了近九十歲，直到生活無法自理為止。

對我來說，我雖然搬走了，卻不曾完全離開。從小在這樣奇怪的環境中成長，使我覺得住在正常的房子裡生活很不容易。我難以適應直角的牆壁和正常作息。三十幾歲時，大多時候我必須強迫自己適應比較整齊、沒有凌亂雜物的傳統生活方式。後來我認識我妻子，她的母親有潔癖，她正好和母親互補，喜歡雜亂。我們把住家擴建，加入一個類似那根「針」的結構。所以，多多少少，我們好像又搬回了圓頂。

3 批次處理

從原子到位元，又回歸原子

　　我剛滿十四歲不久，便參加了新墨西哥州立大學所舉辦的化學夏令營。整個營隊共有數百個孩子，來自全美各地。不過，也有可能只有數十人，畢竟記憶很不可靠。

　　營隊期間，我們常搭著巴士四處移動。車子駛上山路時，我從傾斜的鉻合金車窗往外看，看到遠方的沙漠和仙人掌微微旋動。我想像自己是一顆光子，沙漠的熱氣干擾著我的路徑。

　　我已經很習慣窗外的景色，但強烈的陽光投射在巴士裡的圖案依然令我著迷。孩子的臉蛋在陽光的照射下似乎變成了半透明，好像生氣勃勃的瑪瑙薄片。

　　車子在砂土路上顛簸前進，廢氣混合著鼠尾草的味道。我們先去龜殼狀的山頂上看望遠鏡，接著實地走訪白沙區，然後再到以那些白沙命名的白沙飛彈靶場。我是整個營隊中唯一的本地小孩，這是我唯一一次，也是僅此一次，感到自己比其他人多懂一些東西。

　　我記得當時我認識了一對來自科羅拉多州的雙胞胎，兩姊妹都有雀斑，五官細緻。我比她們小了幾歲，但她們跟我講話時，把我當成一般人看待。她們說：「我們的爸媽都是化學家！」這感覺真奇怪，但也令

人開心。

對我來說，化學是種純粹的美，充滿了魅力。證明了我們的宇宙中特定幾群基本粒子，會藉由創造奇妙的形狀，也就是電子層，結合成有趣的原子。那些原子恰好可以形成有趣的分子，進而演化成我們。

當時，我和父親才剛用晶體對稱（crystal symmetry），打造出一個勉強可用的結構。那些晶體對稱與我們在自然的核心裡發現的晶體對稱一樣，所以我很清楚那樣的設計很容易崩解。整個現實世界的組成實在很不可思議，既然那些粒子本身沒有機會演化，要如何為人類這場盛大的演出完美組合起來呢？只要一起小小的改變，整個宇宙就會崩解。就好像一個位元錯了，就可以搞垮整個程式；或使用一個 C 型扣夾，就可以破壞整個網格圓頂那樣。

像這樣的問題，總是有答案存在。多年後，我認識物理學家李·斯莫林（Lee Smolin）。他主張宇宙可以從黑洞中生出新的宇宙，藉此演化，從而賦予粒子群一些有趣的特質。

我一直對化學抱著敬畏的態度。我學會製作多種化學物質，例如水果氣味、爆炸物等常見的東西。「藍尼爾同學，可不可以請你考慮一下，今天就結束在對街空地上做的實驗？」

那年夏天結束後，我根本沒想過要回頭念高中，就一直留在大學裡。

我沒有高中的同等學力證明，也沒辦理入學手續。我想辦法蒙混過關，選修課程，我自己也不太記得當初是怎麼辦到的。也許當我修讀大學課程時，就被設想成已經讀過高中了。但我修的大學課程夠多，足以成為全日制大學的學生，所以我從來沒上過高中。

我早就忘了當初到底是僥倖進入大學，還是靠作假。總之，我很快就變成全日制大學生。

機會

大學裡有很多奇妙的事物等著我去探索。

我可以去音樂系修作曲課，研究分類對位和管弦樂編曲。有陣子我對創作鋼琴小品很感興趣，類似薩提（Satie）或魏本（Webern）的迷你版。有位作曲老師一再要求我創作更長的曲子，我照做了。如此持續拉長曲子後，某天他突然對我說：「藍尼爾同學，這個作品令人驚豔，感覺天馬行空。」

音樂系有一個上鎖的房間，裡面擺了一些很少人使用的管弦樂器，等著偶爾受到垂愛。我取得了使用權，練習演奏倍低音管、鋼片琴，以及其他源自歐洲上流文化的奇妙樂器。

我母親過世後，單簧管或許救了我，但她也留給我一架演奏民俗音樂用的維也納齊特琴[1]（上面繪有花朵的圖案），還有一把小提琴和一架鋼琴。母親在世時，我本來很認真，全心全意地彈奏鋼琴，但母親過世後，我覺得我再也無法朝古典鋼琴家的方向邁進，開始做一些奇怪又激動的即興表演。

我把齊特琴視為實驗樂器，以調音棒的握柄背面敲擊它，製造出一種充滿英雄氣概的音效，我覺得很適合作為超人電影的配樂。母親在世時，我只上過幾堂基礎的小提琴課。她過世後的數十年，我一直保留她的小提琴，但我連看那把琴的勇氣都沒有。如今我五十好幾了，很高興能以初學者之姿，享受初學那把樂器的樂趣。

學校裡還有一個電子音樂實驗室，裡面有一台穆格牌（Moog）的模組式電子合成器，以及其他的寶物。（我發現美國的大學都很喜歡買昂貴的設備，後來我創業後，也讓大學買了很多昂貴的 VR 系統。）

合成器之父鮑伯・穆格（Bob Moog）以簡單的合成器模組，創造出一種歷久不衰的技術語言。電子合成器帶給我很大的樂趣，也幫我創作出一些奇怪的音樂，錄製在磁帶上。你可以設置一個回饋路徑，讓合成器進入極其敏感的平衡狀態，只要在附近懸空拍手，就會產生震動。

在數學系裡，幾個留著大鬍子的怪人花好幾天的時間，證明阿貝爾

---

1 〔編註〕齊特琴（zither）的外型曲線有點類似吉他，但沒有突出的琴頸，和古箏一樣是平放彈奏的樂器。

群（Abelian group）的相關定理。我以前還不懂那些東西時，在數學大樓裡目睹了那些過程，彷彿自己取得了踏進聖殿密室的資格，身處在夢寐以求的地方。我第一次理解為什麼 e 的 i π 次方等於負 1（$e^{i\pi} = -1$）時，整晚高興得睡不著。艾勒里曾教我背後的原理，但我非要自己搞懂來龍去脈後，才肯相信那東西。

麻煩的位元

新墨西哥州立大學因為離飛彈靶場很近，很早就成立卓越的資工系。

一開始，資工系的地位不像數學系或化學系那般崇高。研究電腦程式之類的人類發明，感覺比研究至高無上的真理矮了一截。

儘管如此，我覺得電腦可以幫我排解焦慮，因為那些焦慮令我疲於因應。當時我才十四歲，卻很擔心地球軌道，覺得地球的運行充滿了變數，岌岌可危。我覺得地球只是在太空中旋轉，任何碰巧飛過來的重物都有可能把我們撞向太陽。這種事在過去數十億年間未曾發生，但我擔心萬一真的發生了，我們是否有什麼裝置可以保護地球的軌道——我們應該要有一個自動調節系統，那個系統必須是由電腦控制的，所以我決定研究電腦。

當時，學生使用電腦的常見方式，是拿一疊打孔卡片到服務窗口，交給技術人員。技術人員會把你的卡片交給另一個更高階的技術人員，他會把卡片插入一台精密的機器，一般的大學生根本沒機會看到那台機器。然後，他們會跟你預約下次來看結果的時間，程式運算出來的結果是以更多的卡片呈現。

沙漠的風沙，吹來刺骨。走路時，你必須傾身才能前進。風衣被吹得來回搖擺，像急速運轉的馬達。大風把打孔卡片吹到半空中打轉的景象十分常見，有些卡片像松鼠一樣飛躍。學生遇到這種事時，驚聲尖叫，追著飛走的卡片跑，但我很懷疑有誰能把完整的卡片追回來。我遇過那種狀況一次，但我後來乾脆自己「跑程式」運算，而不是坦承卡片弄丟了。

　　某天，我在窗口前排隊。我的打孔卡片是放在牆邊那一長排布滿凹痕的木架上，由老舊的《萬有引力之虹》（*Gravity's Rainbow*）壓著。木架上方貼著牛仔競技和美式足球的海報。

　　《萬有引力之虹》是美國作家湯瑪斯・品瓊（Thomas Pynchon）的後現代主義小說，他從未公開露面，沒有人知道他長什麼樣子。

　　排我後面的人喃喃自語說：「那傢伙真是混蛋。」

　　誰是混蛋？我嗎？

　　我轉過身，看到一個軍人，穿著軍服，戴著宅男眼鏡，目光犀利，金髮修剪得整齊俐落，似乎很聰明的樣子。

　　我問道：「嗯，你是指誰？」

　　「品瓊！他死不露面！這是資訊不對稱！他可以看到我們，但我們看不到他，那是一種權力炫耀。」他怎麼會對一個那麼卓越的作家說這種話呢？

　　「小說家沒什麼權力吧？」我說，「我的意思是說，他可能只是不想被打擾罷了。他又沒有飛彈，對我們沒什麼威脅。」

　　「你根本沒搞懂，真是天真。」

　　我最後一次表達立場：「一個作家想要遠離大眾的目光，是會造成什麼傷害？那只是隔了一層紗，就像在舊的雕塑上增添一片無花果葉，我們又沒有少看什麼重要的東西。」

　　「無花果葉是終極的資訊武器。小子，你顯然還沒搞懂。」

　　終於輪到我取卡片了。

　　「好吧，幸會，請問貴姓大名？」

　　「你永遠不會知道。」

　　我很好奇他後來怎麼了。

山羊

　　大學的學費很低——那個年代，學費低是生活中單純又簡單的事實，沒想到如今低學費竟像道無解的數學題——不過，學費再低，我還

是得自己付。艾勒里的教職收入不多，上大學是我自己胡搞出來的事情，而解答是一群山羊。

我和圓頂附近的一隻山羊變成了朋友。她是可愛的吐根堡羊（Toggenburg），狀似小鹿，性情溫順大方。

養了一隻羊後，很難不接著養第二隻。羊群通常都有名稱，我的羊群註冊名稱為「地球站羊群」。

下一步是學習製作乳酪，接著是搞懂如何賣出去。這門生意有需求，但競爭不多。美東的人搬來沙漠居住，大多是為了健康。他們有時比較喜歡攝取更容易消化吸收的羊乳製品。

我的主要客戶是當地一家嬉皮風格的「食品合作社」，外加一些散客。我靠自製乳酪存夠了大學學費，也盡量把開銷壓低。

為了支付大學學費而自創乳酪生意，聽起來可能很怪，但沿著格蘭河（Rio Grande）[2] 就是農業帶。新墨西哥州立大學也有很大的農學院（該校的美式足球隊叫「農校人」〔Aggies〕[3]），當時大家覺得我做的生意很稀鬆平常。

不過，每天早晚擠羊奶還是很費工的事。此外，我也需要定期修剪羊蹄，餵牠們吃乾草，但我依然很愛那些山羊。

信不信由你，我的山羊真的都知道自己的名字，牠們已經被訓練得服服貼貼的。許多山羊是以昴宿星團（Pleiades）的星星命名，例如昴宿六（Alcyone）、昴宿五（Merope）⋯⋯我學會呼叫山羊，跟牠們說話。牠們是奴比亞山羊（Nubian），所以叫聲哀淒，近乎慘叫，類似亞美尼亞「杜讀管」（duduk）[4] 的聲音，而不是一般的咩咩叫。我可以用英語和仿羊聲一一呼叫牠們，牠們會衝進圓頂內，站上擠奶台，讓我擠奶。相較於其他的酪農，我的擠奶環境比較乾淨，也可以更迅速地冷藏羊

---

2 〔譯註〕格蘭河（Rio Grande）貫穿新墨西哥州，把該州分成兩半。
3 〔譯註〕「農校人」（Aggie）是 agricultural 的暱稱，許多學校、校隊或校刊以此為名，尤其是美國。
4 〔編註〕杜讀管（duduk），源自亞美尼亞的雙簧風鳴樂器，亞美尼亞人認為杜讀管是最善於表現溫馨、喜悅和歷史的樂器。

奶。

我也常為羊群吹笛子，像牧神潘恩那樣。我為「地球站羊群」感到自豪，一想到要殺掉小羊，內心就糾結不已。唉，多數公羊除了供應肉食，沒有其他的經濟價值。所以，我深入研究民間山羊養殖的各種無稽之談，想辦法減少公羊的數量。我調配奇怪的酸東西給牠們吃，鼓勵牠們跳上圓頂。雖然我的實驗樣本太小，無法公開發表，但那些招數竟然奏效了！我養的羊群幾乎不產公羊。順道一提，我有一隻羊，名叫安力斯（Onyx），牠在某年的新墨西哥州市集上贏得最佳乳房獎──我分享這些資訊是不是扯太多了？

大學要求學生選修一項運動或家政課。我不可能跟年紀大我許多的學生一起上體育課，大型農業學校的男學生通常體型粗獷，於是我變成縫紉課裡唯一的男生。我的年紀比那些女同學小很多，她們覺得我很可愛──我要是年紀跟她們一樣大，可能會被當成笑柄。有陣子為了省錢，我自己縫製衣服。我還記得我做了一件類似羅賓漢的斗篷。

我上大學時，年紀比多數的大學生還小，但是就讀大學兩年後，我開始融入大學生活。我終於開始過「小大人」的生活了，雖然不全然是正常的形式。

艾勒里教我開車，但學習過程中，我幾乎都在尖叫。艾勒里說：「你必須準備好隨時因應任何突發狀況，路上可能遇到酒駕或殺人犯，你的車子也可能突然爆炸。」

對我來說，大學反而是一個比較平靜安全的地方，正是我需要的。如今，我為研究工作面試了一些聰明的年輕人，有些人歷經多年的激烈競爭，看起來極其緊繃，難以放鬆下來發揮創意。除非是出生富貴家庭，否則他們的人生早已經註定了，因為他們必須拚命工作來償還驚人的學貸。他們要等到拿到終身職位，或是把自己一手打造的事業出售以後，才有空去學習如何生活。

我搬離新墨西哥州很久之後，艾勒里於八十幾歲重返校園，在我的母校拿到博士學位。他的博士論文是探討女性運動員的生理學。

現實生活中的像素

我現在還記得當年教授教我「像素」（pixel）這個字的情況。那個深奧的詞彙連他都覺得很奇怪，也很新鮮。當時，那個字已經用了十幾年了，主要是用於來自衛星的資料，但幾乎沒有電腦實際支援互動像素。

後來，學校收到一台像素繪製電腦的原型機，名叫「泰拉克」（Terak）。我熬夜為它寫程式，讓它在黑暗中可以顯示有迷幻效果的曼陀羅。當時要想出一種演算法，讓數學函式快到畫出動畫很難。我曾帶過一票女生偷偷溜進數學系大樓的地下室，感受曼陀羅的魔力直到天亮。用這一招，不需花言巧語就能令人印象深刻。

我習慣從內心接觸媒體。穆格合成器中的振盪器和濾波器以一種獨特的方式打動了我，你可以感受到它們。實驗室的音箱喇叭也是如此，那個喇叭有美麗的柚木外殼及羊毛編織盆。這些材質不會改變音質，或者該說至少不會造成明顯的改變，但喇叭不只是傳播聲音而已。每個喇叭都是一個整體，你可以看到它、感覺它，你不會被迫把聲音想像成脫離現實的抽象東西。

世上任何東西都有其存在感，高科技的東西亦然，但這台有螢幕的互動式電腦截然不同。

玻璃螢幕上顯示的像素看起來硬邦邦的，也很遙遠。第一次啟動泰拉克時，我的眼睛緊盯著那些像素好一段時間，什麼也不做，努力想要感受它們。它們不是因為顯示在玻璃上才感覺硬邦邦的或有隔閡，而是因為它們很抽象。像素沒什麼特別之處，我不知道怎麼對這種沒有特色的人造原子發揮創意，但我還是決定好好探究一番。

有位教授要求我用國家科學基金會（National Science Foundation）的補助金，為數學開發互動式教學軟體。這實在太令人振奮了，那筆補助金比養山羊、做乳酪的生意提供了更多的資助，我也可以去大型會議上展現研究成果。我編寫程式，讓泰拉克的螢幕可以顯示小煙火，以獎勵那些通過課程的學生。

書庫

　　新墨西哥州立大學的圖書館採用醜陋的金屬書架,書架靠著煤渣磚砌成的牆面,書架在棕褐色的地磚上留下了溝紋和刮痕。圖書館內只要稍稍出點聲音,就會產生回音,所以你會注意到周遭其他人的存在。那是藏身的好地方,我常窩在裡面,我還記得裡面一些最酷、最沒人關注的區域。

　　圖書館的一角放著來自紐約的奇怪藝術期刊,裡面有一些裸體表演藝術家的模糊照片,那些照片若是清晰一點,會更有挑逗性。期刊裡也有一些排版很糟的詩篇,但因為語意難以解讀,讀起來還挺迷人的。一九七〇年代概念藝術的出版品有一種肆無忌憚的粗獷感,感覺很酷。想到紐約或舊金山的圖書館可以比我們早半年看到同樣的刊物,就令人生氣。

　　不過,大體上我還是抱著敬畏的心態踏入圖書館。那裡收藏了古樂譜和有關奇怪幾何的期刊。科學區和數學區是圖書館中藏書最豐富的地方,讓我接觸到最前衛的知識(我曾是考克斯特迷)。[5]

　　早年出版的非技術性電算書籍,主要分成兩部分。一部分是以系統化的方式,談論現實與人類未來,這部分比較專業無趣一點。另一部分是談個人的電算經驗,充滿了令人意想不到的橋段,讓我著迷不已。

　　史都華·布蘭德撰寫的《兩個模控學尖端領域》(*II Cybernetic Frontiers*)就是一例。該書的前半部是訪問葛雷格里·貝特森(Gregory Bateson),[6]暢談模控學將如何改變社會及我們的世界觀。後半部專門

5　哈羅德·史科特·麥唐納·考克斯特(Harold Scott MacDonald "Donald" Coxeter)是二十世紀的幾何學家。他探索「對稱形式」這個宏大的領域,網格圓頂只是其中的一小部分。考克斯特除了在數學領域地位卓絕,網格圓頂的建築師巴克敏斯特·富勒和藝術家艾雪(M. C. Escher)都直接受到他的啟發。

6　貝特森是人類學家,也是最知名的模控學家之一。我無法在此大略說明他的研究,但我認為他從魏納(Norbert Wiener)揭露的可怕未來中,開闢了一條出路。他提出一種接觸科技的謙卑方法:人類不是把自己視為萬物之靈,而是把自己視為更大體系的一部分。

探討世上第一個網路電玩《太空戰爭》（*Spacewar!*）以及此遊戲所啟發的狂熱投入。

另一個例子彷彿是對印刷技藝的反擊，像那些紐約的概念藝術雜誌一樣。我說的正是泰德・尼爾森（Ted Nelson）的《電腦自由／夢想機器》（*Computer Lib / Dream Machines*）。有些單元的字體極小，令人難以閱讀，如同透過迷霧，一窺那片應許之地，吸引力十足。該書有兩個封面，一個封面顯示這是本有關電腦如何啟發烏托邦政治的書，但當中的細節既沒有說明清楚，字跡也難以辨認。把書翻過來，上下顛倒，會看到由故事和圖片剪輯而成的組合，暗示著數位迷幻的命運。此設計確實達到誘人的效果，但令人困惑不解。[7] 為什麼要以這種令人費解的包裝來宣傳文化和社會的大眾革命呢？[8]

這些書籍顯示出電算文化早期的分裂，這種分裂至今未曾消失。電算有兩種思考方式，一種是看整體大局，一種是看個人思維。

我比較喜歡個人思維，那比較有趣。從整體大局來思考電算，很容易產生烏托邦式的幻想，所以很危險。

窩在圖書館的深處鑽研那些書籍，讓我回想起小時候在墨西哥華瑞茲城的小學校裡探索書架和唱片的情景。我很好奇，我會不會找到媲美〈人間樂園〉的新樂趣。

獎勵

它就潛藏在看似無聊透頂的學術期刊中，我終於在無意間發現了伊凡・蘇澤蘭（Ivan Sutherland）的驚人研究。

如今，偶爾會有人稱我是「VR之父」。對此，我常回嘴說，那要

7　數十年後，泰德可能會說，他最大的遺憾是那本書的字體太小。

8　好吧，酸民，我就幫你說吧。我收到一些讀者來信，抱怨我的書很難讀，因為我明明是在質疑數位菁英主義（digital elitism），用字遣詞卻還那麼艱澀。對於這類批評，我沒有完美的回應，我只是寫出真實的想法罷了。

看你是否相信有「VR 之母」而定。VR 其實是由一長串科學家和企業家催生出來的東西。

伊凡一九六三年的博士論文以「繪圖板」（Sketchpad）為主題，開創了「電腦繪圖」這個新領域，有史以來第一次展示了如何在螢幕上使用電腦生成圖像。

現在你可能是在平板裝置上閱讀本書，但繪圖板跟你用的平板不一樣。例如，它沒有像素，像素是後來才開始廣泛應用的。

繪圖板是操縱電子束，而不是像素。一般的電子束是來回掃描畫線，構成傳統映像管（CRT）電視上的圖案。繪圖板則是在螢幕上引導電子束直接畫線，就像我們用手操作鉛筆那樣，直接畫出火柴人或其他圖案的輪廓（類似我那個鬼屋的顯示方式）。

伊凡以這個淺薄的根基為基礎，不僅發明了新領域，也開創出當代人類體驗的一大途徑：螢幕上的互動。其影響非常遠大，後人常說那是史上最棒的電腦演示（computer demo）。[9]

不久之後，一九六五年，伊凡提出頭戴式顯示器（head-mounted display）的概念，他稱之為「終極顯示器」。一九六九年，他確實製造出一個實體，亦即如今所謂的「達摩克里斯之劍」（The Sword of Damocles），但那個名稱其實是指從天花板上垂掛下來用來支撐目鏡的支架。[10] 透過這些裝置，就能一窺電腦程式建構的世界，伊凡把戴上裝置後所看到的地方稱為「虛擬世界」（virtual world）──那是藝術理論

---

9 另一個知名的電腦演示實例，是一九六八年道格拉斯‧英格巴（Douglas Engelbart）第一次示範生產力軟體。當時英格巴示範如何編輯文字、切換視窗、在螢幕上以滑鼠指引及選擇東西、進行協同編輯、把不同的版本歸檔、進行視訊會議，以及許多其他的設計。那些設計後來變成構成今日我們生活的基石。有時大家稱伊凡的演示是「有史以來最好的演示」，稱英格巴的演示為「一切演示之母」，雖然伊凡的演示要來得更早。

10 〔編註〕達摩克里斯之劍（The Sword of Damocles）是源自古希臘史的典故：大臣達摩克里斯讚頌其國王戴奧尼修斯（Dionysius）坐擁的財富與權力，國王便提議兩人互換身分一日，讓他體驗其中滋味；達摩克里斯在王位上享用美酒佳餚，但卻發現王座上方有一巨劍，僅以一根馬鬃繫住懸掛空中；他因此明白掌權者的生活令人稱羨，但實際上時時刻刻都如坐針氈，於是向國王求饒。

家蘇珊・蘭格（Susanne Langer）提出的術語。

我已經可以聽到 VR 專家抱怨了。在 VR 的故事中，其實任一個細節都涉及優先順序的爭議。VR 仍是一個巨大的未知領域，召喚著每個人內心的征服者。每個涉入 VR 的人都想自創術語或爭搶優先權來支持他們的記憶，所以難免會冒犯到一些人，連講述最初的歷史也有可能引發爭議。

第二個 VR 定義：一個模擬的新領域，可以喚起大航海時代或西部拓荒時代的宏大回憶。[11]

這本書是傳達我個人的觀點，不是為了提出一個鉅細靡遺的史觀或觀念概要。不過，我還是會盡量持平而論。

至於最早出現類似現今「VR 頭戴式顯示器」的例子，飛歌（Philco）確實在幾年前為了「遠程呈現」（或譯「遙現」，telepresence，意指先進的遙控機器人）打造過那樣的裝置。才華洋溢的莫頓・海利希（Morton Heilig）[12] 也為立體聲電影製作了觀看裝置——更遑論一九五〇年代有些極端的藝術家把電視放進頭盔內，藉此諷刺當時的社會太沉迷於新興的電視流行文化。

---

11 希望大家別介意我在這裡加入一個有點酸的定義。尖酸嘲諷這種特質比較適合出現在年輕人身上。年紀大了以後，大家會覺得你的酸言酸語很像「老頭講幹話」，即便你的酸度跟以前一樣。我正在做酸度自我評估，目前我只能期望這本書的酸度剛好。

12 海利希從一九六二年左右開始，為他所謂的「全傳感」（Sensorama）模擬遊戲機製作了一些原型。使用者投幣後，進入一台機器裡，眼睛對準立體觀看器。那個裝置不僅會播放立體電影，也會播放立體音軌。它會撼動你，對你吹風，其中一個體驗是模擬騎摩托車。不過，我最喜歡的體驗是「約會」，那是模擬你陪少女去遊樂園玩各種遊樂設施，那些影像掌握了一九六〇年代初期的純真感覺。全傳感遊戲機的核心，內建了投影機、答錄機、吹風機、電動機。海利希需要小心維護那些機器，才能讓整台遊戲機正常運作。他退休後，自己設計及製作踏板車，並拿到跳蚤市場販售。他告訴我，他很喜歡做生意。「我只為大家貢獻一點發明，但他們卻讓我收穫滿滿。」我女兒年紀大到可以玩踏板車時，海利希已經過世很久了，但當我想起他時，仍不禁流下淚來。

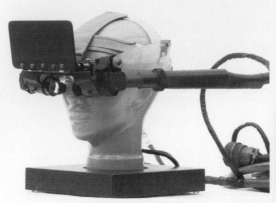

一九六〇年代後期，伊凡最早發明的 VR 頭戴裝置之一。

二〇一二年伊凡獲得京都獎（Kyoto Prize）。

　　這些發明都比伊凡的發明還早，但它們都沒有人工合成一個互動式的另類世界，並以無限變化來彌補頭部運動（以營造使用者之外的一切都是靜止的假象）。所以，我認為第一個 VR 裝置是伊凡發明的。

　　伊凡的發明並不起眼，他的個性也不像馬歇爾‧麥克魯漢（Marshall McLuhan）那麼張揚，但他對未來媒體的影響可能比一九六〇年代的其他人還多。你不能只看表面，因為他展現作品時，會刻意減少情感渲染。

　　我喜歡回憶電腦科學發展的早期階段，因為你會看到整體電算的發展其實是一個發明的過程。

　　電腦的一切並非必然的。然而，由於我們已花費心力實踐了那麼多事，讓一切運作得井然有序，以致於我們沒有心思去追想，如今身處於世界這棟宏大建築裡，一磚一瓦都只不過是很久以前某人沉迷的特殊事物罷了。

纏著陌生人談伊凡的發明

　　小時候，我幻想過一個思想實驗，但現在已經可以實現了：從〈人間樂園〉裡往外望向井然有序的德州，而不是戲劇化的墨西哥。閱讀伊

凡的發明對我來說充滿了挑戰性，因為每句話都令我震撼，我不時需要停下來平復心情，才能繼續讀下去。或許是因為我無從看到伊凡實際演示的影像，只能想像那些場景，所以震撼感特別強烈。

第三個 VR 定義：期待能夠傳達夢境的媒體。

我經常作夢，我常夢見自己變成山腰上的一朵雲，或夢見自己就是那個山腰，感受到幾百年來村莊在山腰的表面上蔓延開來，石砌教堂屹立在我的肉體上，農民為我搔癢。我也會夢見一些難以言喻的奇妙情境，在那個世界裡，還有其他的人，但感覺緩慢無力又僵化。我渴望看到其他人的腦子裡在想什麼，我也想讓別人看到我在夢裡探索的東西。我想像一個永遠不會枯燥乏味的虛擬世界，因為裡面的人會給彼此帶來驚喜。因為少了這種工具，我感到處處受限。我納悶，**為什麼**這種東西尚未出現呢？

當時，虛擬世界還是由輪廓、火柴人等簡單的線條構成的，就像伊凡的「繪圖板」那樣，只能畫出簡單的東西，例如以網格代表地板、簡單的幾何形狀。

直到最近，電腦才終於可以畫出3D立體物件填滿顏色的靜態圖像，而且一開始的 3D 電腦繪圖還不會移動或互動。即便如此，當時有一本電腦科學期刊，上面刊登了一張圖。那張圖顯示一個立方體，側面有陰影！當時的電腦就像一個出生不久的幼兒，正學習用蠟筆在線條之中著色。

雖然只是一個立方體，但那是電腦畫出來的。電腦會變得愈來愈強大，總有一天，它會畫出樹木和天空、生物和海洋。也就是說，總有一天，電腦不僅可以畫出〈人間樂園〉，而是任何樂園都難不倒它！

以後，你可以透過這台從天花板垂掛下來的裝置，創造出任何地方，並讓自己置身其中。此外，其他人也可以跟你一起待在那裡，就像史都華・布蘭德描寫的網路電玩那樣，但不只侷限在太空船裡。每次我

一想到這點，就覺得熱血沸騰，需要坐在地上冷靜一下。

我一看到這種「多人共享一個地方」的可能性，立刻為之著迷。為了實現這種新型態的「共識實境」（consensus reality），我覺得我應該把虛擬世界的「社群版本」稱為「虛擬實境」。這表示每個人的身體都必須出現在 VR 中，以便看到彼此，或做其他互動。但那一切必須等到電腦的功能變得更強大才能做到。

當時我十五歲，一想到這種可能性，就非常興奮。我心想，我一定要告訴別人這個想法，任何人都可以。於是，我衝出圖書館的大門，因為我再也按捺不住了，想要找人分享。我在新墨西哥州的豔陽下，衝向人行道上的陌生人。

我對陌生人說：「你一定要看一下這個！以後我們可以用電腦把彼此放入夢境中！任何想像的場景都可以！以後那些夢境就不會只存在我們的腦中了！」我對著那個隨機被我逮住的可憐傢伙，揮舞著手上那個立方體的圖案。那個人禮貌地繞過我，繼續前進。我則是在原地納悶，為什麼大家對世上發生的驚人事情如此盲目，彷彿事不關己，視而不見？

（別忘了，那是在網際網路出現以前，所以你想跟陌生人攀談時，只能親自走向他們。）

4 為什麼我愛 VR
（基礎入門）

還記得本書分成兩種章節嗎？一種是講故事，另一種是探索 VR 的主題。本章屬於第二種內容的第一章，我將介紹一些 VR 的一般知識。其他探索 VR 的章節將檢視 VR 系統的不同面向，例如影像顯示器。

鏡像顯示

即使 VR 的使用日益普及，很多 VR 的樂趣依然只存在想像中。

一種思考 VR 的方式，是透過超現實的思想實驗。想像一下，宇宙中有一個人形的空洞，我們要如何描述那個空洞周圍的表面？

第四個 VR 定義：
以模擬環境的介面來取代人與實體環境之間的介面。

不妨把理想的 VR 系統想像成一個感覺運動鏡（sensorimotor mirror），或是人體的反像。

例如，為了讓 VR 的影像部分發揮作用，你必須思考你環顧四周時，眼睛應該在虛擬世界中看到什麼。在眼睛四處張望時，VR 電腦必須不

斷推算,而且最好是立即推算你在虛擬世界中看到的圖像。你向右看時,虛擬世界必須向左轉作為代價,以營造出一種錯覺:你的外在是靜態的,與你無干。

早期我向從未聽過 VR 的人說明 VR 最基本的原則時,我會暢所欲言。等他們一聽懂,往往激動得不敢置信。

無論人體是眼睛還是耳朵,或是哪個部位佩戴感應器,VR 系統都必須對那個身體部位提供刺激,以營造出虛幻的世界。例如,眼睛需要影像顯示器,耳朵需要音響喇叭。但是與以前的媒體裝置不同的是,VR 的每個元件運作時,都必須密切反映人體的動作。

> **第五個 VR 定義:人類感官和運動器官的鏡像,**
> **也可以把它想成人體的反像。**

或者,更具體地說,

> **第六個 VR 定義:一套由愈來愈多的玩意兒所組成的系統,**
> **配合人類的感官或運動器官一起運作。**
> **目鏡、手套、滾動的地板等等……這類清單不勝枚舉,**
> **讓你即使站在原地不動,依然可以感覺你在虛擬世界裡走了很遠。**

終極的 VR 系統將會包含足夠的顯示器、致動器(actuator)、感應器等裝置,讓人體驗任何東西,例如變成**任何**動物或外星人,置身於**任何**環境,做**任何**事情,都有完美的逼真感。

在 VR 的定義中,經常出現「任何」(any)這樣的詞彙。但是用過 VR 以後,多數研究人員對於使用「任何」這個字眼會逐漸產生懷疑。這個看似無害的字眼,到底有什麼問題?

我的看法是,在任一年,無論我們能預測多遠的未來,最好的 VR

系統也無法完全涵蓋人類的所有觀感，或個人對萬物的權衡。無論 VR 是什麼，它總是在追尋一個可能永遠達不到的終極目標。不過，不是每個人都認同這個觀點。

有些 VR 狂人認為，VR 終究會變得比人類的神經系統「更好」，所以沒必要再想辦法改進了，反正它會變得跟人類的感知一樣好。

我不認同那種觀點。原因之一在於，人類的神經系統是數億年演化而成的，它已經可以自己調節，以適應特定狀況中現實的數量極限，例如視網膜可以對單一光子產生反應。當我們認為科技可以全面超越人體時，我們忘了自己對身體和現實世界的瞭解。宇宙沒有無限細小的顆粒，但人體已經可以在必要時以最細微的方式調整。

無論媒體科技有多麼精密，它呈現的幻象一定會比現實稍遜一些。人造出來的幻象總是比較粗糙、遲緩一些，略遜一籌。[1]

不過，那不是我覺得模擬不會超越人體的最佳理由。

使用優質的 VR 時，我們會自然而然變得更挑剔。VR 會訓練我們的觀感變得更細膩，直到我們覺得最新的 VR 沒那麼好為止。VR 不斷精益求精，就是為了持續推陳出新。

透過 VR，我們學會辨識讓「物理現實」感覺很真實的關鍵是什麼。我們學習利用身體和想法來做新的探測實驗，時時刻刻進行，但多數的探測是在無意間發生的。使用優質 VR 提升了我們的辨識能力，讓我們更能體會實體。我會在書中不斷回頭提起這個概念。

人類大腦不是固定不變的，大腦的可塑性和適應性很強。我們本身

---

1 一九八○年代，這個觀點所引發的爭論十分常見。事實上，當時吵得特別凶。無論是當時或是現在，反駁者總是主張，人類終究會透過一種假設的終極奈米技術，充分掌握實體世界的每個細節，以致於「虛擬實境」（virtual reality）和「物理現實」（physical reality）不再有區別。例如，「擴增人類解剖」（augmented human anatomy）的假設未來是什麼樣子？如果我們透過強化的感官更能看清世界，難道我們無法把模擬的資料直接傳給同樣的器官嗎？這類爭論持續不休，但我依然認為，人腦會愈來愈擅長偵測人造的幻象。切記，我們無法超越現實的**互動性**。假設我們哪天可以用超高解析度的人工視網膜來強化視力，讓眼睛看到更多的顏色——即便那個技術成真了，觀感的關鍵仍是互動性，是探測。即便到了那個時候，只要我們讓眼睛如實地環顧四周，VR 的影像還是不如我們透過新眼睛看到的實體世界那麼真實。

也不是固定的目標，而是創意的流程。如果真的有時光機，就有可能當下隨便抓一個人，然後放進非常精密的未來 VR 裝置中，那個人會信以為真。同理，如果我們能從過去抓幾個人來，把他們放進現在的 VR 系統中，**他們**也會信以為真。

套用林肯的名言加以改編：「你可以用當代的 VR 愚弄當代的一些人，也可以用未來的 VR 愚弄所有的人，但你無法用當代的 VR 愚弄所有的人。」

原因在於人類的認知是持續進步的，而且認知的進步通常超越了 VR 的進步。

第七個 VR 定義：較為粗糙的模擬實境，
可以促進我們對物理現實的深度體會。未來隨著 VR 的進步，
人類的觀感會變得更加細膩，
並學會在物理現實中找到更深的體會。

由於 VR 科技會持續進步，人類會變得愈來愈擅長偵測自然，並學會區別幻覺與現實的新技巧。

如今的天然視網膜和未來的人造視網膜都會有缺陷和錯覺，因為所有的傳感器永遠都是如此。大腦會不停地盤算及測試，並學會辨識那些錯覺。那種源源不絕的微小學習動力——手指壓在柔軟的素材上，皮膚的感應細胞刺激神經元，並把按壓的反應傳給大腦——是觀感的活力來源。

使用動詞，而非名詞

VR 研究人員描述人與現實的互動時，比較喜歡使用動詞，而不是名詞。人與宇宙其他部分之間的界限，比較像策略遊戲，而不是電影。

人體和大腦不斷探測及測試現實時，現實則予以回應。從大腦的角

度來看，現實是對下一刻的預期，不過那個預期必須持續調整。

在 VR 中，你可以明顯感受到認知的動感，那種時時刻刻的預期感。[2]

所以，我們如何為一個人模擬出一種另類的現實呢？其實 VR 不是為了模擬現實，而是為了刺激神經預期。

第八個 VR 定義：使大腦填補空白並掩蓋模擬器的錯誤，
好讓模擬的現實看起來比原本更好的技術。

VR 的可行定義永遠是指追求理想的流程，而不是實現理想。畢竟，追求理想、而不是達到理想，才能讓科學切合實際。（如果你不懂這種瞭解科學的方式，請見註釋。）[3]

2　有人說那跟「太極」中的「氣」很像，但我不懂太極，無法評論。
3　以下這個例子可以說明，為什麼科學是追求理想，而不是實現理想：二十世紀為我們帶來了兩種物理理論——量子場論和廣義相對論。這兩個理論都非常好，所以目前還沒有人設計出實驗來推翻它們的準確性。然而，在某些有關宇宙整體或黑洞的極端情況，這兩個理論又相互矛盾。
　　因此我們知道物理學尚未「完成」，但不表示物理學的進步是假的。相對論讓我們的 GPS 感應器得到精確的資料，量子場論則讓我們可以把得到的資料塞進海底的光纖電纜中。少了那些理論，我們就無法做到那些事情，但顯然還有更多的東西等著我們去發現。
　　科學的目的，不是為了得到最終結論（定論）的確定感，這點也許會讓人感到不滿。人腦會產生想法，所以它也希望現實跟想法一樣，立場鮮明，理論純粹。但科學的目的其實是為了追求逐漸的進步，在一片漆黑中點亮燭光。
　　大腦可能產生固執的想法，並預期「現實」以特定的方式呈現並維持不變。唉，我們從未完整、即時地體驗過永恆的現實。
　　由於科學並未「完成」，人們可能覺得科學欺騙了他們的情感。這就好像我們想要一個完美的國王，卻永遠只得到不完美的政客一樣。那感覺很糟。
　　我也有這種感覺。有時我也希望科學完美一點，但你必須習慣現實的運作方式。我們能夠進步，這本身已經是一個奇蹟、驚喜、難得的福分。我們可以理解的，比以前更多。即便如此，無法達到無所不知的境界，依然令人沮喪。
　　我們達不到無所不知，因此以批評政客的方式來批評科學。否定氣候變遷及反對疫苗的人士認為，既然科學尚未「完成」，就**沒有定論**。有時某些研究 AI 的人士認為，正因為我們已經知道大腦運作的一些知識，我們肯定已經瞭解大腦運作的**一切**關鍵資訊。
　　我可以理解這些誇張想法的背後所牽涉的情緒，但科學之所以值得信任，是因為它不保證一切，只有江湖郎中才會保證一切。科學已經確定了一些議題。當然，當你想要**一切**時，你很

科學進步的循序漸進是一種恢弘的歷程，需要一段時間才能適應。然而，一旦你看出它的進展，科學的逐步躍升會變成一種美感，一種信任的基礎。

VR 的完美、完整形式是莫測高深，虛無飄渺的。我抱持著觀察科學的敏感度來理解那種無限的縹緲。我們永遠無法充分地理解現實，也無法徹底瞭解虛擬實境。

> **第九個 VR 定義：VR 是一種探索，**
> **探索那個連結人與世界的感覺運動迴圈（sensorimotor**
> **loop），以及如何透過工程來調整那個迴圈。**
> **這種探索是永無止境的，**
> **因為人在探索中會不斷改變。**

應避免的惡習

我們習慣以常見的器具來比喻神經系統，但那些器具的運作原理跟大腦完全不同，因此反而造成了理解的障礙。例如，我們常把眼睛想成照相機，把耳朵想成麥克風，把大腦想成電腦。我們彷彿把自己想像成蛋頭先生（Mr. Potato Heads），好像器官可以拆下來重組似的。

我覺得比較貼切的比喻是：我們的頭部像間諜潛艇，用來進行大量的實驗任務，以辨識周遭有什麼東西。三腳架上的相機拍出來的照片，通常比手持相機拍出來的照片更清晰，但是換成眼睛的話，效果恰恰相反。

難只接受**一些**。

當你批評正派、但不完美的政客時，你只會得到更爛的政客偽裝成國王。當你批評合理、但不完整的科學時，你很容易就淪為騙子詐騙的目標。

如果你把頭部固定在台鉗上，不要動到眼眶中轉動眼珠的肌肉，那就可以模擬「眼睛放在三腳架」的狀況。這樣固定以後，你會暫時看到跟以前一樣的東西，彷彿在看電影一樣。但之後會發生可怕的狀況，你周圍的世界會開始褪色，變成一片灰暗，然後消失。

視覺得靠神經系統不斷進行實驗，那主要是透過頭部和眼睛的運動來實現。看看你的周圍，盡可能以最小的幅度來移動你的頭部，注意發生了什麼。我講真的，暫時放下這本書，看一下你的周遭，注意你看東西的方式。[4]

即使盡可能以最小的幅度移動頭部，還是會看到離你遠近不同的幾個物體出現變化：它們的邊緣會隨著你頭部的移動，以不同的方式排列起來。這個現象有個術語：「運動視差」（motion parallax），這也是3D 立體觀感的重要部分。

你也會看到很多東西的光感和質感出現細微的差異。你看另一人的皮膚時，會發現隨著你的頭部移動，你是在探測皮膚的內在（皮膚和眼睛一起促成這點）。你仔細看著另一人時，會發現多到不可思議的微小頭部動作訊息在你們之間來回傳動。人與人之間存在著一種祕密的視覺動感語言。

如果你不能感覺到這些東西，可以進入 VR 一段時間，然後離開VR，再嘗試上面的體驗。

視覺的運作靠的是追求變化及注意變化，而不是持續不變。所以，我們對於即將看到什麼，會有一種神經預期。神經系統的運作有點像科學界，它有極度的好奇心，不斷測試我們對外界的想法。VR 系統「暫時」說服神經系統相信某個替代假設時，它就算成功了。（如果 VR 能「永遠」成功，那表示我們進入一種政治失靈的新型態，那非常可怕。不過，每個人對「暫時成功」的 VR 體驗愈熟悉，愈不容易陷入那種悲慘的命運。）

4 如果你是盲人，這個原理也適用於聽覺。

一旦神經系統得到足夠的線索，足以把虛擬世界視為預期的基礎，你會開始覺得 VR 變得真實，甚至比該有的境界還要逼真，而這也是讓 VR 被一眼識破的原因。

神經系統是整體性的，所以它每次選定一個外在世界來當成相信的基礎。VR 系統的任務是讓神經系統超越某個閾值，使大腦暫時相信那個虛擬世界，而不是現實世界。

第十個 VR 定義：從認知的觀點來看，
現實是大腦對下一刻的預期。
在 VR 中，大腦暫時被說服去預期虛擬的東西，
而不是去預期真實的東西。

注意自我的科技

VR 是很難解釋的課題，因為它無邊無際，難以概括陳述。它與所有其他學科都直接相關，我曾獲聘擔任數學、醫學、物理、新聞、藝術、認知科學、政府、商學、電影等系所的客座講師，當然也包括資工系，全都是因為我在 VR 這個領域的研究。

第十一個 VR 定義：VR 是最核心的學科。

對我來說，VR 的最大價值在於感官淨化。

我們往往習慣了生活及世界中最基本的體驗，覺得那很理所當然。然而，神經系統一旦適應了虛擬世界，你再回歸現實時，會有機會體驗到在微觀宇宙中重生的感覺。即使是再平凡不過的表面，像是廉價的木材或普通的土壤，也會頓時呈現出無盡的精彩細節。這時直視他人的雙

眼時，甚至會覺得衝擊性太強了。

VR 從以前到現在一直帶給人一種大開眼界的體悟。不僅外在世界彷彿重新揭露在你眼前，有一刻你會注意到，即使一切都變了，你仍在那裡，處於核心，體驗當下的一切。

自從在 VR 中看到自己的手變得很巨大後，我自然想實驗看看變成其他動物，或是各種生物，甚至是變成有生命的雲。在對身體做了夠多的轉換後，會開始感到一種驚人的效果：你與你的世界都可以任意改變，但你仍在那裡，處於當下。

這種體驗非常簡單，簡單到難以傳達。在日常生活中，我們習慣了「活著」的狀態。活著是一種奇蹟，但我們卻感覺稀鬆平常，開始覺得整個世界，包括我們在內都只是一種機制。

機制是模組化的。如果把汽車的零件逐一以直升機的零件取代，最後會得到一架直升機，或是一個無法動彈的垃圾組合，但絕對不是一台汽車。

同理，在 VR 中，你可以逐一替換體驗的每個元素。你先以西雅圖來取代房間，接著以超大的身體來取代你的身體。即使所有的元素都消失了，你仍處於當下，仍在那裡體驗剩下的一切，所以你跟汽車和直升機是不同的。

即使身體變了、整個世界的剩餘部分也變了，但你的體驗中心依然不變。VR 剝離了現象，揭露出意識依然存在而且是真實的。VR 是一種讓你對自己揭露自我的技術。

體驗 VR 的人不見得會注意到這個最重要的觀點。我是在 VR 中發現像超大的手這種 bug 時，才注意到這個最基本的面向。我多希望我知道哪個元素閾值可以讓其他人瞭解到 VR 體驗中這個最基本、最深刻的本質。

第十二個 VR 定義：VR 是讓人注意到「體驗」本身的科技。

　　隨著科技改變一切，我們有機會意識到，只要盡可能推動科技的發展，我們就可以重新發現自己身上有些東西超越了科技。

　　VR 是以最人性的方式來接觸資訊。那是一種以內在為核心的生命觀、電算觀，幾乎和多數人熟悉的觀念相牴觸，[5] 那樣的反轉迴響深遠。

　　VR 研究人員必須確認內在生命的現實，因為要是少了它，VR 會變成一種荒謬的概念。一個人過世後，他的 Facebook 頁面仍會繼續存在，但他的 VR 體驗將不復存在。如果 VR 體驗不是為了你而存在，那是為了誰而存在？

　　VR 讓你感覺到純粹的意識。你存在當下、在系統中的某個固定點上，但系統中的其他一切都可能改變。

　　在 VR 裡，你可以體驗與朋友一起飛翔的感覺。你們一起轉變成散發著光芒的天使，飛到某個布滿黃金尖塔的外星球高空上。想想你飄浮在那些黃金尖塔的上方時，誰在那個世界裡？

　　大多數的科技讓人強烈感受到，現實只不過是大量的電子玩意兒所組成的東西。也就是說，你的大腦、手機、雲端運算服務融合成一個超級腦。你可以對 Siri 或 Cortana 這些智慧型個人助理說話，彷彿它們是真人。

　　但 VR 是讓你強烈感受到主觀體驗的科技，它證明你是真實的。

5　這是有些人覺得顯而易見的觀點，所以我要是詳盡闡述，他們會覺得很囉唆；但有些人對這個觀點困惑不解。如果你感到困惑不解，可以先翻閱本書後面談 AI 的章節（從第十九章的「宗教的誕生」單元開始看起）。

5 系統中的 bug
（VR 的黑暗面）

妄想症機器人

母親過世後，幾個字眼帶我脫離了醫院：「選擇人生」。如今我進入青春期，又有幾個字眼，差點把我送回了醫院。

我開始上大學並對電腦科學產生興趣時，艾勒里給了我數學家諾伯特・魏納（Norbert Wiener）寫的《人類的人性用途》（*The Human Use of Human Beings*）。那本書很可怕，因為超前時代太多，魏納連一些基本的術語都需要先定義一番。他在書中闡述了接觸電算未來的方法，並稱之為「模控學」（cybernetics）。

魏納認為，總有一天電腦會完全融入人類的事務中，到時候我們只能把人類和電腦理解成一個系統的一部分，那個系統同時包含了人類和電腦。如今看來，這個概念似乎顯而易見，但是在當時十分具有先見之明。[1]

在電算發展的初期，魏納不太受歡迎。許多批評者活得比他久，他

1　魏納的著作是電算「系統」的起點，但成書太早，不像《兩個模控學尖端領域》或《電腦自由／夢想機器》還有搭配的奇幻論述。

們對我描述他時，都沒說半句好話。我對他是什麼樣的人不予置評，重要的是他思維清晰，因此很容易率先領悟全新的概念。

「人工智慧」（artificial intelligence，簡稱 AI）一詞是一九五〇年代末期在達特茅斯（Dartmouth）舉行的一場會議上出現的，這個術語之所以會出現，原因之一是幾個同業已經受不了魏納。他們覺得有必要提出一個新的名稱來取代模控學，因為模控學那個字眼開始流行起來，而那個字眼又跟魏納有關。然而，他們提出來的替代語其實是另外一回事。

「人工智慧」是用來描述未來電腦的特質，並未提及人類。也就是說，即使人類都死光了，沒有人留下來關注電腦，電腦仍是獨立存在的實體。

相對的，「模控學」只是主張電腦和人類必須在彼此存在的情境中才能獲得理解，跟形上學無關。

魏納是對的，人工智慧那個詞只是把事情弄得更複雜。我將在本書的結尾回頭談我對人工智慧的看法，目前我們先來看魏納的想法對 VR 的意義。

恐怖方程式

底下這個方程式總結了魏納那本書之所以可怕的原因：

圖靈^{摩爾定律} ×（巴夫洛夫 , 華生 , 施金納）＝殭屍啟示錄

恐懼感在二戰後餘波盪漾，人們感到人類的能動性可能受到科技的威脅。納粹已經利用電影宣傳之類的新科技，號召一大群共犯，創造出工業化版本的種族滅絕。在那段陰沉的歷史中，我母親是裡面的一個微小像素，一個奇蹟的倖存者。

戰後，每個人都不解，為什麼會發生這種事？還會再發生嗎？我們有辦法在初期就看出端倪嗎？如果可以，又該怎麼做？

戰後，眾人對思想控制的畏懼，如夢魘般揮之不去。伊凡・巴夫洛

夫（Ivan Pavlov）、約翰・華生（John B. Watson）、施金納（B. F. Skinner）等心理學家證明，控制回饋可以用來修正行為。威廉・布洛斯（William Burroughs）、湯瑪斯・品瓊、菲利普・狄克、賽博龐克（cyberpunk）學派[2]的作品中，常有現代偏執狂的暗黑金屬風格，事實上多數現代科幻小說都有這個風格。它們的開頭不外乎是幾個科學家因權力在手而在實驗室裡耀武揚威，導致一般人行為異常。

一些早期的行為科學家狂妄自大，彷彿他們有權宣布如何在實驗室或社會中改造其他人。他們也主張極權主義，好像除了行為主義以外，其他研究人類的方法都不重要。

巴夫洛夫在狗吃東西時搖鈴，接著證明光是搖鈴就能讓狗流口水。華生做了殘忍的「小亞伯特」實驗（Little Albert experiment）。他故意在動物出現時驚嚇嬰兒，以證明他可以讓人永遠害怕動物。施金納設計了一個實驗箱，用來制約實驗室中動物的反應。

行為主義在大眾文化中淪為一些小把戲。你上 Twitter 發文，是為了立即獲得滿足，引人關注，即便你是總統亦然。這就好像你聽到「狗哨」，便開始「流口水」。施金納箱（Skinner Box）是典型的制約手法。一個人身處在施金納箱裡時，會有**自己掌控一切的錯覺**，但他其實是被箱子掌控了，或被箱子背後的人所掌控。

這裡必須指出一個關鍵區別，但是要區分正確並不容易。真正令我反感的，是行為主義者的**文化**，而不是行為主義。行為主義本身也可以是實用的科學。以前我覺得訓練山羊是行為主義的實用例子，但如今我可能會舉認知行為治療（cognitive behavioral therapy）為例。

大學時，我對於如何區分「實用科學」和令人不寒而慄的「權力炫耀」（power trip）深感興趣。我腦中常浮現出許多想法，並為此徹夜不

2 〔編註〕賽博龐克（cyberpunk），是模控學（Cybernetics）與龐克（Punk）的結合詞，源自一九六、七〇年代的新浪潮科幻運動（New Wave Sci-fi），和過往的科幻小說很不一樣，帶有強烈的反烏托邦色彩，主題多半是描寫科技高度發展後對文明社會的摧毀以及對人性的壓抑，最經典的作品是菲利普・狄克在一九六八年出版的《銀翼殺手》（*Do Androids Dream of Electric Sheep?*，也譯作《仿生人會夢見電子羊嗎？》），該書後於一九八二年改編為電影。

眠。「為了生存,我們需要科學,何況科學這麼美。但科學家可能心懷不軌,這種人誇大及鼓吹的科學,可能造成可怕的傷害。如果我們配不上科學,該如何研究科學?

行為主義最令我不滿的,是它散發出反人類的感覺;利用殘酷的實驗來嘩眾取寵。你可以利用任何科技來誇大新的殘酷形式,但這樣做有何意義?

行為主義不是唯一的偏執來源。遺傳學是有用、合情合理的,但遺傳學家有時會轉而支持反人類又邪惡的優生烏托邦思想。科學家成了殺害我的親屬、囚禁並折磨我母親及數百萬受害者的幫凶。

如果你想感受一下我剛接觸電腦科學那個年代的偏執氛圍,我推薦你看原版的電影《諜網迷魂》(*The Manchurian Candidate*)。片中,一名美國士兵遭到洗腦,洗腦的方式不是利用宣傳、斯德哥爾摩症候群(Stockholm syndrome)或人類互動範圍內的其他詭計,而是透過殘酷的演算法、無菌刺激和回饋。《發條橘子》(*A Clockwork Orange*)及許多小說和電影也描寫了類似施金納那種心理制約的手法。

試想,有個狂人正在操控你,彷彿你是電玩中的人物,而你對他的操控一無所知,還有什麼情況比那個更糟嗎?

從戰後到二十一世紀之交,這段期間發行的電影和小說往往主張,為了控制人類,需要動用催眠或某種「吐真劑」。這不只是電影情節而已!就連美國中情局(CIA)也在未告知或取得同意下,便讓人服用迷幻藥(LSD),以觀察能否促進思想操控。

魏納推測,電腦將會變得夠強大,並讓人以更有效、更難察覺、極其可怕的方式,來操控更精密的施金納箱。仔細讀魏納那本書時,可以明顯看出,只要有夠好的感應器、夠好的電算功能、夠好的感官回饋,就可以在一個清醒者不知情的情況下,在他的四周安裝施金納箱。不過,魏納也不忘安撫讀者,這種危險只在理論上說得通,因為要打造巨大的電算設施及通信網路非常困難。

雙極位元

我剛開始幻想電腦繪圖才幾個月，就突然出現一個極度不祥的想法。那個想法實在很可怕，我不得不馬上把它忘掉，但那件事在我的內心留下了陰影。後續多年間，我在一些奇怪的時刻，又再度想起那個可怕的想法，並逐漸接受了那個概念（至於細節，我們稍後再談）。

那個可怕想法是，我突然意識到，「虛擬世界的科技」本質上就是實踐終極施金納箱的理想工具。虛擬世界可以變成有史以來最恐怖的科技。

別忘了，當時的虛擬世界只是由一些單調的線條構成。只有一些實驗室可以透過巨大的工業級裝置，偶爾看到那個世界。

然而，我的白日夢，以及夜晚的睡夢大概也是如此，則是充滿對這種新科技的各種想像。在我的想像中，虛擬世界是美麗、傳神、敏感的；是波希遇上巴哈再遇上巧克力。我的手受到衡量，可能變成毫無拘束的附肢，可能還是一隻手，或是變成一扇翅膀。我可能在某天飛過曼德博集合（Mandelbrot Set）；[3] 可能一邊跳舞、一邊編寫程式；可能跟朋友一起栽種幻想的植物，讓那些植物發出音樂。

我的恐懼來自於上一段中的某個字眼：衡量。

魏納思考過如何把電腦融入世界中。在那之前，電腦主要是用來破解密碼或計算飛彈軌跡，比較是純理論、形式上的用途。先把幾疊打孔卡交給窗口的技術員，接著操作員獨立把資料（例如加密的敵方訊息）輸入電腦中，然後執行程式，最後讀取輸出的資料。事實上，艾倫·圖靈（Alan Turing）和約翰·馮諾曼（John von Neumann）為「電算」

---

3 〔編註〕曼德博集合（Mandelbrot Set）以法裔美籍數學家本華·曼德博（Benoit Mandelbrot, 1924-2010）命名，由所有滿足一定條件的複數組成，這些點在複數平面上組成集合，形成一「碎形」（Fractal，意為破碎、不規則）的圖像。曼德博以此提出碎形幾何學（Fractal Geometry），專門用來研究結構精細、圖案複雜，但結構不斷自我重複的物體形態，例如海岸線、雪花晶體、樹枝枝枒、閃電等，顯見自然並非線性，而是碎形。碎形理論顛覆了過去以「線性」研究自然的數學理論（例如歐幾里得幾何〔Euclidean Geometry〕與微積分），並廣泛應用到音樂、美學、哲學領域，並藉由程式演算開拓出數位藝術的新領域，讓藝術、科學、自然景象三者有了新的關連與新的詮釋。

（computation）所做的正式定義，最早就是以這個分成獨立輸入、處理、輸出等階段的模型來表達的。

但是，如果電腦是持續不斷地運作，與世界互動，並嵌入世界中呢？那就是伊凡・蘇澤蘭打造出來的原型！

「Cyber」這個字源於希臘語，與「航海」有關。你航行時，必須不斷隨著風浪變化而調整。同樣的，電腦有感應器可以衡量世界，也有致動器可以影響世界。嵌入世界的電腦有點像機器水手，即使它是固定在某處。它也許只能從攝影鏡頭往外看，接收文字鍵盤的輸入，然後把圖像顯示在螢幕上或掌控機器，這就是所謂的「cybernetics」（模控學）。

電影《2001：太空漫遊》（2001: A Space Odyssey）中呈現出這種電算願景。超級電腦 HAL 不是存在一個到處走動的機器人裡，而是靜靜座落在那裡。儘管如此，它仍能航行，它為太空船導航，也引領著太空船內發生的一切事物。

現在回想一下施金納箱，那是什麼元件組成的？箱子裡有衡量生物的東西（老鼠是否按了按鈕？），箱子裡有回饋（食物會出現嗎？）。什麼因素導致「衡量」啟動「行為」？在原始的實驗中，有個活生生的科學家負責操控箱子，如今則換成演算法來操控。

施金納箱的元件和模控學電腦的元件大致相同。如今提出這樣的觀點，或許還太粗淺了，但我年紀還小時，那個聯想還很新奇，令人震撼。

VR 若要順利運作，必須具備有史以來最好的人類活動感知能力。它也要有能力創造任何體驗作為回饋，那可能成為有史以來最邪惡的發明之一。

第十三個 VR 定義：用來打造最邪惡的施金納箱的完美工具。

且慢！別那樣想！就此撤退！學學吹日本尺八、飽覽異國風光，想辦法迴避這種想法！

6 成長之路

圓頂完成

我十七歲時，圓頂終於做得差不多，稱得上完工了。我也快修完數學的學士學位，而且已經在研究所擔任助教。

但我仍擔心自己掉入陷阱中，去學習製造邪惡的機器。我覺得我需要多看看世界，拓展觀點。

彷彿一切命中註定，我認識了一個大我幾歲的傢伙，他說他是來自紐約的詩人。我從未見過以這種身分自居的人，他留著長髮，蓄著山羊鬍，在紐約市郊讀藝術學校。

我突然覺得自己也應該去那裡，為什麼呢？一方面是受到我在圖書館讀到那些前衛雜誌的蠱惑，另一方面則是我對作曲家康倫·南卡羅（Conlon Nancarrow）[1]、合成器、實驗音樂深深著迷。不，其實那些都

1　南卡羅是墨西哥市的作曲家，我曾在《誰掌控未來》（*Who Owns the Futures?*）裡描述我與他的關係。他生為美國人，但因為二戰期間在西班牙與「林肯大隊」交戰，覺得自己「太早反法西斯」，而拒絕重新加入美國籍。他親手為自動演奏鋼琴的鋼琴紙卷打洞，以求時域的完全自由和精確，所以他在探索「藝術無限」的意義上是先驅。如果你想聽他的作品，可以試著尋找1750 Arch 唱片公司發行的老舊黑膠唱片。後來的數位錄音聽起來有點枯燥，我覺得失去了精髓。

不是原因。我爸媽曾是紐約的藝術家，他們曾對當地非常癡迷。我必須去那裡，去追隨我母親的腳步。

錢是個大問題。相較於新墨西哥州立大學，這所學校的學費昂貴許多。我父親為此以圓頂作為抵押，去貸了一筆錢。

那個傢伙有台廂型車，於是我們開車穿越了美國。我們驅車往東前進時，綠油油的大地令我驚豔不已。當曼哈頓映入眼簾時，我興奮得跟癲癇發作一樣。我們並未就此停下來，而是繼續往北開向紐約上州[2]偏遠的小校園。

我完全沒料到那裡的人會那麼勢利眼，幾乎所有的學生都出生富裕人家。我讀過托斯丹・范伯倫（Thorstein Veblen），他是我父親最喜歡的作家之一，他筆下的描述彷彿就是這些學生生活的劇本。[3]他們成天只會抱怨，發牢騷。例如，一首學生創作的民謠唱道：「出生恨晚。」我們多可憐，錯過了一九六〇年代。

這裡鋪張浪費的情況很驚人，炫耀意味十足。週五晚上，總是有頂級的限量跑車故意製造事故，恣意地撞成廢鐵，以成為週六大家談論的話題。

不過，這裡也隨處可見裝模作樣的苦難和貧窮。宿舍簡直像轟炸過的廢墟，模仿那個年代紐約市多數地區的樣貌（也就是貧民窟）。當時很流行裝模作樣過苦日子、搞龐克。每個人的心態都很激進，都覺得自己比其他人更瞭解真實的生活、真實的貧窮、真實的苦難。

富家子弟沉迷於海洛因，但大家習以為常。他們熱切地互捧，於是有人成了大詩人，有人成了大導演。

2 〔編註〕上州（upstate）泛指紐約市、長島以外的紐約州地區，位於紐約大都會圈以北。
3 〔編註〕托斯丹・范伯倫（Thorstein Veblen, 1857-1929），挪威裔美籍經濟學家，代表作為《有閒階級論》（*The Theory of the Leisure Class*），當中定義「炫耀性消費」（Conspicuous Consumption）為生活用度超出維生與體能所需的最低限額消費，且其所消費物品的質量達到專業化的水準，以博取名聲，使其儀態和生活方式與其身分和財富相稱。原為諷刺十九世紀末資本主義社會富人因擁有財富而產生的優越感與各種炫耀性的消費型態，後亦被運用於指涉為展現身分地位而形成的奢侈消費行為。

　　我覺得學校裡除了我以外，沒有人需要自己賺錢為生。但我非常渴望獲得他們的接納，希望大家把我視為真正的藝術家。當然，那根本不可能發生。「鄉巴佬」幾個大字深深印在我的皮膚上。

　　從前我知道自己稍微有點作怪的特權。我確實有，畢竟，在我家附近泳池溺死的人不是我，我的膚色使我的社會地位稍微高了一些，雖然只有一些，但那一些很重要。

　　不過，後來我意識到地位是碎形的，此型態在任何大小規模中都會重演。產業巨擘齊聚一堂時，相對來說，裡面一定會有一個既定的輸家。同樣的，窮小孩聚在一起時，裡面總是會有一個人當頭。我在那所學校裡，體會了另一種當地最卑微的地位。

　　這麼說不完全公道，我也遇過一些明理、明智的學生。但整體來說，我是據實描述當時的狀況。

電影騙局

　　這個地方有一個優點：我第一次學到如何談論我的想法。這裡的學生特別喜歡像自以為是的知識分子那樣誇誇其談。最常見的話題是電影。

　　這個校園是前衛導演聚集的樂土，他們是四處遊走的怪咖，拍過幾部電影，每部都只有幾分鐘，但廣受學生的推崇，包括我在內。史坦・布拉克基（Stan Brakhage）或麥可・史諾（Michael Snow）等人物總是能來這裡撈點錢。電影是在臨時搭建的破舊棚子內放映，放映結束後，廉價酒吧會供應食物，那裡的點唱機總吵到讓人無法思考。

　　（天哪，現在我想到那些音樂，還是會忍不住打哆嗦，每次都是播那幾首歌。很多人對年輕時的流行歌曲情有獨鍾。我不知道是那些音樂本來就很糟，還是我個人的問題，我覺得很多七〇年代中後期的熱門音樂在當時聽覺得很爛，現在聽還是覺得很爛。）

　　我們不只看電影，也討論電影。我們不只討論電影，也討論「電影文化」。每次大家滔滔不絕談論前衛電影時，總會熱烈討論一個話題：

總有一天，每個人從出生到死亡的每一刻都會被拍攝下來，所有一切都會被記錄。

我和一位種族優越論者、波赫士迷反覆討論這個概念，我們覺得電影將會凌駕時間本身。「沒有東西會被遺忘，因此現在和過去差異愈來愈小。時間不再是線性發展，而是擴散發展，像地圖那樣往四面八方展開，而不是直線延伸。」

這番論點是少數讓我擠進社交圈的小道具，即便我只是短暫加入。把一生完全拍下來是如此誘人的概念，感覺就像未來，彷彿電影戰勝了一切。電影至上就是未來！基本上，我為了獲得大家的接納，拚命說了一堆迎合大家的場面話。

古怪電影文化的晦澀難懂，就是那個文化的部分魅力所在。當我們知道一般人不識瑪雅‧黛倫（Maya Deren）[4] 時，還會沾沾自喜。

（你可能也不認識她，但那個小小的電影導演圈發明了許多如今我們在 MV 上看到的型態和風格。他們最終帶來的影響，媲美史蒂芬‧史匹柏〔Steven Spielberg〕或喬治‧盧卡斯〔George Lucas〕，那是我始料未及的。）

某天我在異常悶熱的路上行走時，腦中突然冒出一個可怕的想法，一個不該有的想法：「我該不會是在提議『人類的人性用途』吧？」這念頭彷彿迎頭痛擊。

某次看完梅卡斯兄弟（Mekas brothers）或傑克‧史密斯（Jack Smith）的新片後，大家開始瞎掰討論時，我記得我問道：「誰負責把一個人的一生完全拍攝下來？誰來定位鏡頭、調整色澤，還有運鏡？」

「電影的拍攝涉及了許許多多的決定，」我繼續說，「真的要嘔心瀝血。如果每個人必須為自己的一生，執導一部完整的電影，誰還有時

---

4 〔編註〕瑪雅‧黛倫（Maya Deren, 1917-1961），俄裔美籍電影工作者、電影論述家、詩人、舞者，她在一九四三年自編、自導、自演的短片《午後羅網》（*Meshes of the Afternoon*），揉合夢魘、疏離、超現實的循環重複，開啟了美國實驗電影的新局面，被尊為美國實驗電影的先驅、前衛電影之母。

間過日子？光是拍下影片就會占用其他的時間，而且只拍出停滯、靜止的影像。如果是換成別人來執導這部影片，那又容易流於法西斯主義，因為那個執導者掌控了記憶，也因此掌控了一切。所以，我們不該拍下一切，而是應該忘掉夠多的東西，才能夠獲得自由。」

怪的是，沒有人接受這個論點。有點偏執，也有點新馬克思主義，正是那群自命不凡的年輕小鬼喜歡的調調，我以為講出來以後會引發共鳴。此外，我也覺得那個想法很重要，可能是真的。然而，他們只是皮笑肉不笑地回應我。不像以前迎合他們的言語，總是令人快慰興奮。

雖然我的觀點沒人採納，但那個論點後來帶給我的慰藉大於恐懼。以前我因為自己對母親的印象不夠深刻而感到內疚，但我後來明白，適度的遺忘有時是獲得自由的唯一途徑。

我從正式註冊的課程中並未學到很多東西，事後想來，我覺得當時的數學和科學課程有點平淡無奇。那時沒有電腦，我對那些課程又不感興趣，更談不上理解。我不得不暫停我的電腦科學之路，更糟的是，音樂老師的性情古怪又刻薄，原因很可怕，我不久就明白為什麼了。

但是在那之前，發生了一件好事。

首度進城

週末時，我常搭火車進城去曼哈頓，借住我父母的朋友家。她叫露絲．莫莉（Ruth Morley），是電影的服裝設計師，以她為《安妮霍爾》（*Annie Hall*）和《窈窕淑男》（*Tootsie*）所做的設計聞名。她住在達科他公寓（Dakota）後方的一棟紫色頂層公寓裡，有兩個年紀比我稍大的女兒。

我父母在紐約留下的生活軌跡竟然還存在，而且還歡迎我造訪！我從那間紫色的頂層公寓開始漫遊紐約市，見識真實的前衛音樂場景，而不是上州那些裝模作樣的東西，那感覺很棒。我得以接觸到約翰．凱吉（John Cage）及那個年代的音樂名人，認識「合成器女神」羅莉．史派格（Laurie Spiegel）以及同樣可愛、甚至更令人驚豔的新秀蘿瑞．安德

森（Laurie Anderson）。

紐約市就像一面巨大的拋物鏡，把你放大再反射回去。你在街上行走時，與成千上萬的人目光相接，交流潛意識的訊號。你潛入了最密集的命運核心。想自找麻煩的話，這裡也可以找到。想尋找愛情、相互取暖或相濡以沫的話，這裡也有。

如今這種情況已不復見，大家都只盯著手機看。

以前有一個高雅富有、上了年紀的寡婦，她有歐洲的貴族血統（其實每個人都有吧？），默默贊助紐約各地舉行的多數實驗性音樂會。在那些看似自然產生的活動背後，總是有那種人默默支持著。

據傳她住在一棟狀似巨型尖塔的房子裡，那個尖塔是有史以來最大的不鏽鋼單體建築，不管怎樣，傳聞都是這麼說的。據說，她先生的遺骨懸掛在尖塔頂端的活動裝置內。

她常邀請凱吉和一些名人到家裡徹夜狂歡。我們在紐約市時，會去跳舞，鬧哄哄地行經有錢名人的住家，然後遊蕩到後巷，去偷撿頂級餐廳扔進垃圾桶的高級乳酪殘料。如此徹夜閒晃到清晨四點左右，我往往已經疲憊不堪。

那個年代，紐約犯罪猖獗，電影《計程車司機》（Taxi Driver）精確描述了當時的狀況，那部電影的服裝也是出自露絲的設計。那時幾乎每個人都被搶過，但前衛的藝術圈總是自以為那一切和態度有關。如果你抱著正確的心態來到這座城市，就不會遇到倒楣事。（多年後，在一九九〇年代，約翰·凱吉也被搶了。他嚇得半死，我們也全都是。）

作曲家查利·莫羅（Charlie Morrow）組織了一支瘋狂的快閃樂團，設法攻入紐約證交所，並在警衛吹哨驅逐他們以前，炒熱交易大廳的氣氛，我們把警衛也當作快閃表演的一環。在一場音樂會上，我用臘腸製成巴松管，音色聽起來還不賴。

我彈鋼琴時很激動，總是用力敲擊琴鍵。部分原因在於，我想親手彈奏南卡羅後期製作的鋼琴紙卷，即使那是不可能的事。另一個原因是，當時不管我處於哪種情緒中，那情緒幾乎總是處於危機邊緣。所以我彈鋼琴時，每次都覺得自己是在為生命彈奏。

我希望你能聽到我所記得的事，我記得我活在自己的鋼琴世界裡。那個世界是由強烈的和音衝突和節奏組成的，但保留了幾乎消失的細膩型態。我有很多奇怪的踏板技巧，例如反覆開關制音器以製造震音效果，或是在音符應該已經結束時，仍繼續顫個不停。我的音符總是餘韻無窮，我愛學南卡羅那種瘋狂的快速琶音，也會用一招把手翻轉過來完成琶音。不過，我記得的回憶和別人當時聽到的東西是否一樣，那就很難說了。

我在河畔的一家老酒吧彈鋼琴，店名叫「耳吧」（Ear Inn），最近重新裝修成作曲家集散的地方。另一位演奏起來很激動的鋼琴手是夏勒曼·巴勒斯坦（Charlemagne Palestine），他會跟我搶彈鋼琴，有時還會把我擠開。

那段時期沒有很多記錄的方法，所以我沒留下以前彈琴的錄音。但我確實上過《耳朵》（Ear）雜誌的封面，那是一本出名的前衛音樂雜誌，洋溢著迷人的藝術雜誌風格，就像我以前在新墨西哥州的圖書館內翻閱的那些雜誌一樣。雜誌的發行人每發行一期新刊，都得走一趟達科他公寓，去向約翰·藍儂（John Lennon）及小野洋子（Yoko Ono）募資。我上的那期封面把單簧管按鍵系統和當時的地鐵路線圖融為一體，有個單簧管樂團搭著地鐵演奏音樂。

急轉直下

回頭談我讀的那所上州學校，情況變得愈來愈糟。課餘時，我兼任鋼琴家教。某天一位學生突然哭著告訴我，教授對她毛手毛腳。後來，另一個學生哭著說，另一位老師逼她發生性關係。接著，第三個學生也告訴我類似的事情。

後來，一名男學生自殺了，他來自特別富裕的家庭，卻住在學校的爛宿舍裡。他罹患思覺失調症，但未接受治療。他待在那個沒人關心他的地方瞎耗，實在很奇怪。

某天我在音樂系的廁所裡，無意間聽到兩個教授笑談著那個男學生

自殺的事情。我突然意識到，至少對某些人來說，這所學校不過就是一場騙局罷了。既然有錢人家那些吊兒郎當的孩子想以藝術家自居，所以花了一大筆錢把孩子送來這裡，我們何不趁機撈一筆呢？

不過，接下來出的狀況，就是我自己的錯了。我常在錯誤的地方，尋找類似父母那樣的長者作為依靠，那是我母親過世後才養成的壞習慣。直到數十年後，我自己身為人父，才終於戒除了那個惡習。

我需要一個人生導師，需要一個像父母那樣的角色，但我接觸到的所有教職員都對我興致索然。他們之中有很多人也在普林斯頓那種「真正的」名校任教，把我們學校當成提款機，拿到錢就盡速離開。

也許我應該向紐約市的露絲求助，但她已經對我那麼慷慨大方了，我再有求於她的話，似乎有點得寸進尺。我該如何向父母的朋友開口，說我嚇壞了呢？後來，我沒有去找露絲，而是結識了校園內另一位罹患思覺失調症的人（校園裡這種人太多了）。他的年齡稍大，是個一事無成的數學家，平日在不同的教學大樓之間遊蕩，騷擾每個人。

我被捲入那個傢伙的麻煩中，還被他說服拋下自己的學業、去支持他的理念。他希望學校承認他的數學家地位，聘用他擔任教職，他也要求許多其他的東西。他做的一切都是胡搞，但我沒看出問題，也不知道該如何改善自己的狀況。於是，我日益消沉，因不及格而遭到退學，那些貸款支付的學費就這樣付諸流水！我覺得我辜負了父親，也辜負了母親。我徹頭徹尾失敗了，感覺人生已經窮途末路。

紐約市是一個帶給我歡樂的地方。我心想，也許我可以在那裡賺到足夠的錢，以償還貸款。

但我不能老是依靠露絲的善意，所以我自己找了一個收入還不錯的打工機會，加入一家餐廳的樂隊，現場演奏單簧管一陣子。我也跟一位古怪的作曲家兼數學家在格林威治村合租了一個小公寓。

一九七〇年代的有些事情很難向現在的年輕人解釋，除非他們最近去過中國。以前紐約的空氣汙染很嚴重，一踏進曼哈頓，會馬上覺得一切事物的質地看起來和聞起來不同。

有時紐約很美，但空氣不好時，建築物看起來都是灰濛濛的，而且

建築之間的空間看起來比現在更深，戲劇效果更強烈。日落看起來就像一道道傷口，感覺像在外星球上。每次呼吸時，都會感覺內在逐漸遭到吞噬。

儘管童年罹患過呼吸道疾病，我還可以應付這種情況，但我無法忍受香菸。只要周圍出現香菸，我就有窒息感，也容易昏厥。（過敏症的醫生告訴我，罪魁禍首不是菸草，而是菸紙所添加的一種化學物質。）

以前的餐廳大多煙霧彌漫，屋內的能見度很低。不論我多麼努力，都無法接餐廳的演奏工作。

這次挫敗有如人生的十字路口。我意識到身體不適合做某種我熱愛的工作。當時**所有**的餐廳都沒有禁菸，如果當初我設法在煙霧彌漫的地方演奏，後來我可能不會走上科技和科學的領域。

曼哈頓不適合窮酸或消沉的人，這個城市大力地打擊負能量。他們不僅徹底消滅負能量，還會把負能量扔還給你。我在這種意想不到的情境中，黯然回到新墨西哥州。

重振旗鼓

新墨西哥州的沙漠很原始，歲月在山丘上刻蝕了紋路，並在其間點綴了生命萬物，灑上玫瑰色的陽光。這裡呈現出一種絕對、簡樸的美感。如果你正好心情不好，可能會覺得這裡只是一片岩石和沙子構成的荒野。我剛回到新墨西哥州時，覺得那裡只是一片塵土和垃圾。

我垂頭喪氣，迷惘失落，根本沒有勇氣返回圓頂。我浪費了貸款支付的學費，沒有臉面對艾勒里。現在他的薪資得用來償還貸款好幾年，為我的愚蠢行為買單。此外，即使是我，如今也覺得圓頂生活的生活方式太過極端，但我又不能重返校園，我已經遭到退學了。

這下該怎麼謀生呢？我的第一份工作是去商場扮耶誕老人，實在超悲慘。我和一群下了班、滿身臭汗的消防人員輪流穿同一套厚重的耶誕老人裝，那套衣服不但從來沒洗過，還有小孩在上頭撒尿，味道令人窒息。我們的老闆扮演其中一個精靈，有人提醒我，千萬別跟她抱怨工作

環境，因為她的兄弟就是地方檢察官。有次，她走到我面前，壓低聲音來罵我眼神太渙散。

耶誕節的隔天，我循著求職廣告去應徵道路施工的工作。我前面排了數十個迫切想要找工作的人，個個肌肉發達。當時連悲慘的體力活都難找得很。最後我終於在一家甜甜圈店找到穩定的大夜班，覺得自己太幸運了。

後來，我找到長期租屋的地方，但當時還沒空出來。那是間位於托圖加斯（Tortugas）的老土磚屋，這個村莊現在可能已經成為印第安人的聚居地了，但當地的人從未和美國政府簽過協議。

在無處棲身又一貧如洗之下，我決定靠搭便車的方式去墨西哥，再度去造訪南卡羅。每次我窮途末路時，都會這樣做。搭便車到處跑，比待在一處不動更省錢。

一個年紀比我大的女人，看來二十幾歲，說她想跟我一道上路。但她已經嫁給白沙飛彈靶場的工程師，她的先生對她的決定很不滿。

那次去墨西哥的經驗，就像我在墨西哥搭便車的所有經歷一樣，現在看起來很奇妙，令人難以置信，但確實發生了。我還記得那次旅程一開始很平淡，我跟那個工程師的妻子一起走在十號洲際公路上，以便搭便車到美墨邊境。豔陽把我的皮膚曬得通紅發痛。

幾天後，我們在墨西哥的奇瓦瓦市（Chihuahua）被一群凶猛的流浪吉娃娃犬追著跑。接著，我們搭上令人眩暈的火車，穿過銅谷地區。沿路有人以粗製的小提琴，演奏著極其純樸的塔拉烏馬拉音樂（Tarahumaras）。

去墨西哥城的高級社區造訪了南卡羅後，我們又搭上流動遊樂園的車隊，跟著他們翻山越嶺。我還記得我露天坐在螢光綠的河馬狀遊樂設施上，它只以鎖鍊稍微綁在卡車上，因此不斷旋轉搖晃，就跟在遊樂園中乘坐時一樣。卡車沿著陡峭的山路蜿蜒而上，我從車上往下看，可以看到可怕的熱帶峽谷斷層。

奇爾潘辛戈（Chilpancingo）附近有個小鎮宣稱自己是馬克思主義

的飛地，[5] 逕自宣布從聯邦政府獨立。一群年輕人組成的委員會像馬克思主義者那樣，討論了好幾個小時，才決定讓我們進入公社借宿一晚。

於是，我和一個年紀比我大的女人睡在一個床鋪上，應該要發生什麼事嗎？這種不確定感令我害怕。

在講述下一件事情之前，我應該先提醒讀者一件事：我的年紀大到足以記得越戰徵兵後期的事情，雖然當時周遭沒有人被徵召入伍，但是被徵召的可能性依然令我害怕。被迫投入一場毫無意義、理當避免的戰爭，並為那些無辜的百姓帶來災難，該有多可怕？

所以，我很清楚那些拒服兵役及非暴力行動的歷史。我受過訓練，對於美國老是以軍工心態來看待一切事物感到懷疑。如今，我知道世界並不單純。你不能直接指出什麼人事物是邪惡的，然後就逕自宣稱你已經搞懂了一切。那是導致一個人在成功之後，自己也變得邪惡的原因。

總之，翌日，在奇爾潘辛戈附近，有一群類似嬉皮的馬克思分離主義者和一支穿著制服的聯邦軍隊起了衝突。那群軍人紀律嚴明，排成整齊的隊伍，荷槍實彈，瞄準了那群嬉皮。

我一時激動凌駕了理智，衝到那些荷槍實彈的軍隊前面，以不靈轉的邊境西班牙語喊道：「¡No disparen — soy Americano!」（別開槍──我是美國人！）

當時，沒有人會想要對美國人開槍，但那個事實肯定也讓在場的每個人心生怨懟：「難道你們美國人就比較了不起嗎？」

軍隊沒有開槍，我猜他們本來就不打算開槍。後來，我回神過來時，開始腿軟，為自己的莽撞行徑嚇得發抖，也納悶勇氣和憨膽之間的分界在哪裡。

平靜下來以後，我們就啟程離開了。我們搭上一個男人的吉普車，他聲稱自己是墨西哥軍隊的將軍，有一把握柄裝飾著珍珠的左輪手槍，胸前別滿了勳章，留著頗有藝術感的鬍子，看來還真有幾分將軍的樣

---

5 〔編註〕飛地是指某地區內隸屬他地的領土。若 A 國內有塊 B 國的領土，該區域對 A 國而言為內飛地（enclave），對 B 國而言為外飛地（exclave）。

子。他開起車來肆無忌憚，橫衝直撞。車子在高速行進時爆了胎，害我們差點摔出海邊的懸崖，這比之前被槍指著還要可怕。我想，他只是想在同行的女人面前賣弄罷了。我們主動表示要幫他換上備胎，但謝絕再搭他的車。

我們在海邊的小鎮看了一場巡演馬戲團的演出，但演出到最後，觀眾開始尖叫，因為有隻猴子攻擊一個小孩，聽說後來那個小孩不幸喪生。很久以後我才意識到，這可能是馬戲團想把孩子趕出帳篷的把戲，以便疲憊的馬戲團家族可以打包，轉往下個城鎮演出。我花了近二十年才想通那段記憶，終於不再感到可怕。

那個年代沒有全球定位系統（GPS），沒有旅遊指南，沒有手機，沒有《銀河便車指南》（*The Hitchhiker's Guide to the Galaxy*）或網際網路。只有你自己和眼前的道路，一切都是謎。那段經歷已經消失在歲月中，現在的多數旅行，即使是所謂的「極限」或「冒險」之旅，也是從一目瞭然的旅遊手冊中挑選；或是更糟，由演算法幫你挑選。

現代這種比較井然有序的世界滿是「假」冒險，如果這樣真的比較安全，我就不會對它抱持那麼多疑慮了。現在如果有人想追隨我當年的腳步，到墨西哥冒險一番，可能會淪為毒梟集團的槍下魂。而且，那還由不得你選擇，更不是出於什麼崇高的目的。

以前那個比較神祕的世界雖然較難預測，但也有較多的緩衝，因為神祕可以產生平衡的效果。沒有人確定陌生人會做什麼時，比較不會去招惹陌生人；清楚擺明的世界反而讓每個人忙於估算風險和行為。

不久，我在托圖加斯承租的老土磚屋終於可以搬進去住了，所以我也該回去了。在回程中，我們行經加州灣邊的一個小鎮，我們走進一家封閉、擁擠、悶熱的墨西哥服飾店，我和旅伴突然同時擠進一間小更衣室裡換衣服。她脫了個精光，跟我一起站在鏡子前，我很害羞，不知該如何是好，只好設法想像自己關在一個核融合反應爐裡。

阿茲特克的偏遠村鎮；汽車

壓抑著驚慌，我們回到了新墨西哥州。我搬進土磚屋，月租是二十美元。對於首度擁有自己的空間，我感到很興奮。但是我一踏進門，就覺得不太對勁。房子裡不是應該要有美麗的舊木地板嗎？滿臉皺紋的房東太太看起來很睿智，她一臉疲憊地告訴我：「之前住這裡的老人需要木頭生火，這裡的冬天太冷了。」好吧，泥地有什麼關係呢！於是我搬進去了。

某些寒冷的早晨，挨家挨戶賣玉米粉蒸肉（tamale）的老婦人會把我吵醒，有時則是部落舞蹈練習把我吵醒。托圖加斯的舞蹈有一種不對稱的奇怪旋律，據說非當地出生的人永遠學不會那裡的音樂旋律，我也始終搞不懂，即便我還學過許多世界各地鮮為人知的音樂。當地還有一種詭異的傳統舞蹈服裝，包含一個鑲著鏡子的高聳黑色面具，但有一點前殖民時期阿茲特克的文化遺跡。

如今已經很難找到「托圖加斯」這個村落了，它只是新墨西哥州內一個類似加州低度開發區的地方，裡面有拖車營地、便利商店，附近的山看起來確實很像一隻烏龜。[6]

我需要一個計畫。沒想到，新墨西哥州立大學竟然願意再次接納我。我在群論課（group theory）上擔任助教，每週上課幾小時，也為某個研究專案做一些程式設計，但那些工作還不足以為生。

於是，我又開始找工作。我跟一位專門為貧困農民接生的助產士面談，她需要一位助手，但請不起真正的護士，也請不起瞭解那一行的人。我因為曾經為山羊接生，而獲得那份工作。

我的工作不該涉及醫療，就只是擔任司機及負責處理一切瑣事，但我確實在一個案例中接觸了醫療相關任務。一位年輕女子在分娩後不久，就被送進了精神病院，國籍不明。孩子的父親才剛因意圖走私而被

6 〔譯註〕托圖加斯的原文 Tortugas 在西語中是「烏龜」的意思。

捕（我一直不知道他想走私什麼），他試圖在旱季駕駛他的老舊道奇汽車（Dodge Dart）越過美墨邊境的格蘭河。在某些地方，這種方法幾乎都能走私成功。不幸的是，他被警方追擊，車子中彈，陷在泥裡。走私者並未中彈，但現在關在牢裡。

他們剛出生的孩子怎麼辦？助產士擔心孩子被社工帶走後，再也無法和家人團聚，問我可不可以代為照顧孩子？只要照顧一段時間就好，就是那種，你懂的，私底下偷偷照顧。

突然間，我多了一個孩子。我帶著嬰兒和奶瓶出現在阿貝爾群論（Abelian group theory）的講座上。這裡需要先澄清一點，雖然當時我的社交能力已經稍微改善，但我仍是介於青年嬉皮和山頂洞人之間的怪咖。我帶著嬰兒出現在研究生的數學講座上，肯定是一種非常奇怪的景象。幸好，一些數學教授已經為人父母，幫我搞懂了換尿布和沖泡奶粉等事情。

不久，孩子的爸獲釋了，來找我討孩子。驚人的是，他跟我很像，也是個嬉皮般的原始人，或許我們這種怪人還挺多的。

我發現他其實是個細膩敏銳的父親，他們全家不久又團圓了，日子過得還不錯。但後來發生了一件事，對我產生很大的影響，孩子的爸說：「嘿，非常感謝你照顧我的小天使，有什麼需要我幫忙的嗎？你需要車子嗎？」

哇，我當然需要車子！在那種荒涼的地方有輛自己的車，就能跟其他人一樣，跨入文明社會。有了車子就可以到任何地方工作，見任何人。這個禮物實在太棒了！我真幸運！

「你只需要把車子從河裡拖出來就行了。我也不知道那輛車現在是卡在美國這邊，還是墨西哥那邊，但我想沒有人會找你麻煩。你去看看那台車子是不是還在那裡。」

我找一個飼料店的人跟我去拖那台車，那台車還在那裡，這下子它變成我的了。那台道奇汽車有傾斜式六缸引擎，簡直堅不可摧。車子底部確實已經鏽壞了，所以你開車時會看到車子底下的道路。但這一帶幾乎不太下雨，不必擔心車子開過水坑。當然啦，避免雙腳被排氣管燙傷

很重要，而且，呃……這輛車需要用螺絲起子啟動，車身還有彈孔。

孩子的爸來幫我把車子過戶時，幫我把保險桿貼紙貼在彈孔上，讓車子看起來很正常。

那台車子沒有後座，但我看出了它的潛力。我把幾捆乾草塞在後方，把它變成山羊載運車，我又開始養羊了，還可以拉風地載送那些可愛的生物。

最初幾年，煞車偶爾會失靈，我不得不利用沙漠旁邊堆高的沙土來摩擦車子的側面，讓它慢慢減速，然後停下來。有次我把車子開到墨西哥的華瑞茲城，那裡有個石砌矮牆圍起來的小公園，我不得不讓車子的側面去摩擦矮牆，才能在紅燈前停下來。我完全沒在擔心毀損汽車的外觀。[7]

那台車最終把我送進了矽谷，讓我展開了新生活（大約那個時候，我已經幫它換了可靠的煞車系統）。直到後來，加州的公路巡警把我攔下來，對我說：「你是在開玩笑吧。」我才揮淚告別那台車。不過，那時巡警看我用螺絲起子啟動汽車，把我壓倒在地上，我想我的眼淚也有部分是為此而流的。

總之，自從有了車子以後，我的前景也跟著開拓了。我已經內化了非暴力的左派思想，開始尋找一條意義重大的人生大道。在那之前，人生的停滯期令我恐慌，我擔心自己一事無成。於是，我踏進了另一個階段，那個階段充實了我在未來數位時代的靈敏度和感受力，我變成了一個行動分子。

探索

一九七〇年代最可怕的事，就是核戰可能爆發。

冷戰的核武庫是神聖不可侵犯的，核武導致美蘇雙方陷入不敢輕舉

---

7 這種停車方式可能聽起來很可怕，但是在汽車的發展初期並不罕見，而且在我們那個貧困地區，有些汽車仍一直處於那種原始發展階段。雖然不是很常見，但也不足為奇。

妄動的狀態。一般公民則是抓住一個簡單的替代目標，大舉抨擊反對：民間的核電廠是比較容易鎖定的目標。

在新墨西哥州，有很多理由讓人反對「原子能為和平服務」（Atoms for Peace）。[8] 新墨西哥州的居民明明比較貧窮，卻必須出錢補貼一座核電廠的興建；那座核電廠是建在比較富裕的亞利桑那州，以便為非常富裕的加州供電。在此同時，核廢料則是運回新墨西哥州掩埋，埋在卡爾斯巴德洞窟附近的某個貧困地區。

雖然我不確定我是普遍反核，還是絕對反核，但我確實支持很多在地、具體的反核立場，但這種反對立場難以微調，這實在是很棘手的政治問題。你需要激起偏執和憤怒，才有可能成事，而且還要祈禱這樣做的結果利多於弊。

我學了一點法律知識，與一群對核子議題感興趣的行動分子搭上線。不久，我想出一個辦法，可以針對補貼議題對新墨西哥州的電廠提告。法院聽審是在新墨西哥州的首府聖塔菲（Santa Fe）舉行。

對於出庭該做什麼打扮，對我來說很棘手。我幾乎身無分文，又餐風露宿了好幾個月，晚上躲進睡袋，睡在州議會大廈旁邊那條小溪的橋下。我有一套西裝，可以去公共廁所換裝。我也剪了頭髮，結果頭髮一剪短，天生的自然捲使我的頭髮蓬成一個大圓球。

我在法院許可之下取得電廠的財務檔案，並找出檔案中荒謬的作假資料，那感覺好像一個喜劇作家正在創作現實。

電廠想出各種千奇百怪的花錢方式，例如訂製極貴的派對氣球，以便從開支中賺取回扣。[9] 最驚人的是，管理高層竟然沒意識到他們的作為有多荒謬。這次經歷讓我學到，權力如何使當權者變得盲目。

那段喬裝成律師的日子，我發揮了一些影響力，但效果並未持久。

8　「原子能為和平服務」令人回想起兩件事：一是美國總統艾森豪（Dwight D. Eisenhower, 1890-1969）對聯合國發表的知名演講；二是把核子科技的運用擴大到武器以外的政策，這是為了設法削減二戰末期美國向日本投擲原子彈以後給人民帶來的恐懼。

9　這就是經濟學家所謂的「艾維克—強生效果」或稱「A-J 效果」（Averch-Johnson effect）。

不過，讓那些開價高昂的大律師感到不安，是很有趣的經驗。此外，確定一般百姓也可以影響體制，那種感覺很棒，我因此更加欣賞我們的國家。在那段短暫的時間內，我甚至覺得我可以成為真正的律師。

某晚，我在橋下遇到一位打扮高雅、體面的嬉皮女孩。她穿著粉色系的雪紡長衫，膚如凝脂。我們親熱了起來，感覺要更進一步時，她的帥氣男友就來了，那傢伙顯然很有錢，皮膚黝黑，狠狠地瞪了我一眼。他們相偕坐上他的頂級摩托車，飛馳而去。這些闖入我們世界的奇怪生物究竟是誰？如今我可以上 Google 或 Bing 搜尋，但是在那個年代，每個人都是來無影、去無蹤。

我參加了一場在亞利桑那州核電廠舉行的非暴力示威遊行，那是一場精心規畫的示威行動，我在現場遭到逮捕。跟一群像大學社團的夥伴一起關在監獄中，感覺還挺有趣的。我在那裡認識了一個人，他去世界各地參加非暴力的抗議活動時，每場都遭到逮捕，包括莫斯科紅場上的抗議活動——那年代的抗議可不是開玩笑的。我很崇拜他，但我也不確定抗議一切事情是不是真的有抗議的效果。感覺那比較像一種修行，也許是有用的。

開著道奇汽車回新墨西哥州時，我順路載了一個搭便車的人。那是個年輕女孩，愛騎單車的那一型，跟那個年代很多人一樣，她很相信靈異現象。她穿著白色的破 T 恤和皮褲，戴著水晶墜鍊，鼻子小巧，頂著一頭紅髮，聲音尖細。她認為，人們總是在潛意識裡追蹤著彼此的心靈，但多數人不擅長那樣做，他們需要線索來提示。

「你**不能**告訴任何人你要去哪裡。接著，隔一段時間，你會感覺到那個效果。擺脫一切無關緊要的心靈瑣事，那感覺很棒，不再有人騷擾你了，那種平靜安寧感是神聖的。」——不知道那個女人現在在哪裡，也不知道她該如何因應網路世界。

回到新墨西哥州後，我學會製造媒體噱頭。例如，我把自己全身淋濕，然後高舉著「我很乾」的橫幅布條。這是為了讓大家知道，卡爾斯巴德洞窟附近的核廢料場本來應該是乾的，卻發現裡面有鹽水袋。

共識與感性

美國以前的法律有一套「公平原則」（Fairness Doctrine）。那條原則宣稱，傳送電視和收音機訊號的無線電波是歸大眾所有，但實務上只有幾個廣播電台存在，因為類比電磁是那樣運作的。

當時的電視很強大，逐漸變成搞政治的必要平台。如果少數幾家電視台在協調下，一起播放立場偏頗的新聞或假新聞，其他陣營並沒有一樣強大的機制來陳述不同的觀點。

所以，擁有電視台開始看起來像一種思想壟斷，蘇聯之類的地方就是如此。但同樣的情況為什麼不會發生在美國呢？假設，民主黨擁有某區的所有電視台，共和黨根本就沒戲唱了。

所以，根據公平原則，不管是誰來使用公共無線電波，都有義務傳達所有的觀點，不能偏好某一種，因為電視是大眾資源。

這種想法如今聽起來既激進又復古，該法規也早在雷根時代就已經廢除了。但當時放眼政治光譜，大多數人都覺得公平原則合情合理。即便如此，這條規定尚未受到檢驗，我和一群朋友決定測試看看。

艾爾帕索地區的電視台必須重新申請電波使用權時，我們刻意加以「干預」（這可是正式的法律術語）。重新申請使用權通常是例行程序，但我們設法要求電視台接受聽審，逼他們為一系列的廣告出資，那些廣告是用來反駁亞利桑那州電廠之前花錢宣傳的挺核電廣告。

新墨西哥州有一群蓬頭垢面的嬉皮，突然間獲得了一筆法院判決的廣告預算。我們該如何運用那筆錢呢？非暴力運動往往是社會實驗的情境，其中一個情境是「共識決策」。那就好像一種維基技術（wiki），讓眾人一起參與，只不過還要讓**每個人**都滿意。這種活動不像維基百科那樣有菁英成員阻擋大家，所以會議往往開很久，久到你開始幻想自由主義者會把那些時間拿去找哪些樂子。

我們決定以這種方式來決定電視廣告的製作。數百名志工聚在一起討論腳本、選角、決定拍攝地點，每個決定都花了好幾個月。

我不覺得廣告有拍得多好，但畢竟那是眾人決定出來的東西。不過

好處是，後來廣告終於在電視上播放時，有不少觀眾至少和製作團隊裡的某個人有間接關係，所以我們的小廣告行動出乎意料地獲得了不少關注。

當一群人覺得他們有權參與大眾媒體表達時，我們想辦法變出那股力量。同樣的力量也促成了今天的 Twitter。

振奮感退散後，我開始懷疑，其實我們並沒有對當前的事件產生多大的影響。核電廠還是蓋了，核廢料場也蓋了，我們可能只是稍微減緩了美國核電業的發展。但那不是我或許多夥伴真正想要的結果。

說服大家把「核電」視為邪惡的東西並不合理。核電只是一種技術，真正應該做的是大量研究。[10] 草根政治的力量太直率了，無法讓議題朝著正確的方向發展。

我身為行動分子的冒險經歷，讓我覺得自己的存在很有意義，那也是我那段人生迫切需要的東西，但我也意識到那個核心是空洞的。

目前沒有很好的方法把科學和政治整合起來，我開始覺得我在浪費時間，試圖利用政治抗爭的工具來影響其實該是工程領域的決策，這兩者的性質並不相同。（同樣的配對錯誤也導致氣候變遷的抗爭變得愈來愈複雜）。

這種行動主義本身也有一個問題，你會開始在理念中尋找自己的價值，但那個團隊的組成太狹隘了。行動分子開始裝模作樣來強化彼此，你開始假裝你的影響力比實際還大，你也假裝你認同的比實際還多。我有些投身這類「理念」的至交好友有時候會陷入憂鬱，有些人甚至自殺了。

某個早晨，我突然頓悟過來：是時候該繼續前進了，但是要往哪走呢？沒想到，竟然是愛情。

---

10 如果工程師可以展示一種應用核能的設計，安全又有效率、與武器無關，而且不會產生不環保的致命廢料，那麼核能也可以是很好的。我們不知道那種設計會不會出現，但沒有證據顯示那是做不到的。

7 海岸

偶然入學

我說的是辛西雅（Cynthia）。她擅長拉大提琴，夢想搬去維也納，也就是我母親的故鄉。辛西雅小時候，每晚入睡以前，父母都會為她演奏巴伯（Samuel Barber）的〈弦樂慢板〉（Adagio for Strings）。我所遇過的年輕女子中，她是我第一個能理解的，至少能懂一些些。

她來新墨西哥州探望她的母親，她的父母很久以前就離婚了。

這裡，我必須以當年那個傻小子的心態來描寫那段時期的經歷。我不只為辛西雅神魂顛倒，而是覺得整個世界都因為她的出現而變了模樣。那座巍峨矗立在我們眼前的奧根山（Organ Mountains）狀似管風琴，但如今它不再是冷漠的石頭，而是專為我們嬉戲而設計的舞台布景。這種描述是不是很肉麻？卻是千真萬確的。

辛西雅談起加州時，彷彿那個地方是魔力的核心，她講到那裡的樹，那裡的海。我去東岸時，沒有機會看到海，因為我忙著追尋都市的夢想。對於站在海灘上是什麼樣子，我只有模糊的想像。我想像她面對著一片閃著珠光的蔚藍大海。

後來她離開了，回去洛杉磯學大提琴。我覺得我非去不可。

我的車子能開到加州嗎？我付得起油錢嗎？恰巧一個來自加州的音

樂家來我們鎮上找分手的前女友，他簡直就是佛陀一般的存在，因為他願意跟我一起分擔回洛杉磯的花費。

那台底盤有破洞的汽車已經開過長程，我曾開著它去聖塔菲，當然，我去土桑（Tucson）參加科幻小說大會也是開著它。我們在亞利桑那州的邊界停下來時，車上乘客除了那個佛陀，還有一對同性戀物理學家情侶。這時，一個長得很像蠟像館人像的巡警，戴著牛仔帽和鏡面太陽眼鏡，把頭伸進車內問道：「有帶什麼水果或堅果嗎？（Any fruits or nuts?）」我們一聽鬨然大笑，還因為笑得太誇張而被警察要求下車盤查。[1] 後來他們實在受不了我們，放我們繼續前進。

這段記憶穿插在這裡，是因為我不太理解當時的情況。我確實記得車子裡有四個人，但車子明明沒有後座，難道是我臨時裝了後座嗎？裝在乾草上面嗎？我實在兜不出一個合理的版本。由回想的過程可見，記憶是可以塑造的。

我開上高速公路、行經鳳凰城時，因為車速太慢而接到一張罰單。我們從棕櫚泉（Palm Springs）附近那些高聳的山脈之間穿過以後，沙漠就消失了，取而代之的是一片綠意和汙濁的空氣。

辛西雅住在帕薩迪納（Pasadena）一棟典型的花園大洋房中。我一停下車，那台可憐的道奇汽車就壞了。令我驚訝的是，辛西雅的家人竟然接納我了，所以我也沒必要再繼續開下去。

辛西雅一定是經歷過某種時空大挪移，因為她講起話來帶有些微的中歐口音，雖然她明明是在洛杉磯長大的。她的臉蛋有如雷諾瓦畫作裡的人物，但她的多數朋友都是曬成古銅色的沙灘男女形象。她的大提琴演奏聽起來像最早期的古典音樂錄音。

帕薩迪納的感覺很超現實，因為這裡不僅是一個地方，也是神祕的戀愛聖地。這裡的一切感覺都很遙不可及，諸如高聳的棕櫚樹、濃密奇妙的空氣、修剪整齊的郊區似乎無限地蔓延，大到超出想像。我聽說那

1　〔譯註〕Fruit 在俚語中暗指同性戀；nut 也有瘋子的意思。

裡有高聳的山脈，但煙霧濃到化不開，所以我始終沒看到山。來自非洲的新移民走在滿街都是汽車的城市裡，把剛剛從電器行購買的東西頂在頭上，看起來跟我一樣格格不入。

我到當地才知道，我著迷不已的辛西雅是加州理工學院物理系主任的女兒，所以我們常在物理系裡遊蕩。那些聚在這裡的偉大天才都很寵愛她，像是理查‧費曼（Richard Feynman）、莫瑞‧葛爾曼（Murray Gell-Mann）。

我從來不是加州理工學院的學生，只是迷上了物理系系主任的掌上明珠，成了他女兒的怪男友。這也是一種地位。費曼對我很大方，比如他會教我如何以手指做出幾何設計以思考對掌性（chirality），[2] 或其他諸如此類的分享。他也是一個有趣的鼓手，我們會一起玩音樂。

怪的是，當時的加州理工學院幾乎沒有電腦繪圖方面的研究。我在那裡一直沒找到跟我一樣對虛擬世界感到癡迷的人。

那有什麼關係呢！只要有我癡迷的女孩就夠了。我們去聖塔芭芭拉的路上，她帶我第一次看了大海。真正的大海比我想像的還要明亮有力，聞起來有生命的味道。我在一顆巨石頂上的小潮池裡，看到一朵小銀蓮花。我在加州的那幾年，常去看那朵花。後來一場暴風雨改變了海灘的地貌，我就再也找不到它了。

嗑藥城市

辛西雅覺得我應該以本地人的觀點參觀洛杉磯，所以某週六的夜晚，我們開著她那台一九六〇年代的粉色敞篷跑車到西木區（Westwood）。街上有很多穿著糖果色塑膠服飾的人，他們湧向一對雙胞胎侏儒，那對侏儒站在凱迪拉克汽車的引擎蓋上，賣著安眠酮

---

2 〔編註〕對掌性（chirality），又稱手性，其概念應用於多種學科，指的是某物對映的鏡像無法與本身重合的特性，如左右手無法完全重合。對映的二物被稱作「對映」（enantiomorph），也譯作「鏡像異構體」。

（Quaaludes）。

我和辛西雅膩在一起幾個月，那是我年少時期的夢幻時光，但那段關係也很脆弱。我沒有工作，在加州理工學院裡也沒有正式的身分。我究竟在幹什麼？這種日子能撐多久？

某天，災難降臨了，辛西雅甩了我，跟一個滿臉痘子的物理系學生在一起。她直接告訴我這件事，彷彿那沒什麼大不了的。畢竟，我們都只是孩子。

我感覺世界崩解了，不知道該如何是好。

那台車身有好幾個彈孔的道奇汽車還沒修好，我身無分文，走投無路，跟別人的女友住在一個屋簷下，走不出對辛西雅的愛戀。

我需要踏出下一步，所以我開始探索加州理工學院以外的世界。

洛杉磯是道難解的密碼。當初我一抵達紐約市時，就直覺知道住在某棟大樓裡的人是什麼類型，而我的直覺通常八九不離十。但是來到洛杉磯，那些住在種有多肉植物、外加私人車道獨棟房子裡的人究竟是什麼樣子，我完全沒有頭緒，不知從何想像。洛杉磯無法仰賴直覺破解，或許是因為它包覆於我和眾人的幻想之中。

洛杉磯不只是包覆在幻想中，它還跟紐約一樣浸染著重度汙染，而且帶有明顯的惡臭。紐約的空氣中帶有柴油、尿液、建築的水泥和金屬粉塵的味道，以及路人身上飄過的濃重香水味。洛杉磯則是充滿汽車廢氣的味道。紐約的毒氣是來自他人，洛杉磯的毒氣則是出自你自己。你感覺喉嚨底部隱隱作痛，彷彿數百萬人在一個巨大的煎鍋中，以劣油煎煮著。

某天我突然冒出一個非常「不洛杉磯」的想法：搭乘巴士去洛杉磯的歷史文化古蹟「華茲塔」（Watts Towers）。光是搭車到那附近，就搭了快一整天。我在離華茲塔幾個街區的地方下車，沿街走路過去，這時四個穿灰色風衣、留著絡腮鬍的白人突然從我的後方冒出來。他們把我壓在人行道上，朝著我的耳朵大喊一些我聽不懂的命令。

接著，其中一人說：「嘿，他是白人！」他們就放開我了。另一人說：「說謝謝啊。」

「謝謝？」

「我們是便衣警察。」他亮出警徽，「你知道你在哪裡嗎？」

「華茲塔，不是嗎？」

「這裡是**黑人**社區，你在這裡很危險，你得**馬上**離開。」

「但每個人都很好啊！」

「我們剛剛救了你。」

「嗯，好吧，那你們可以載我去巴士站嗎？」

「不行，你不能白搭洛杉磯警察的便車。」他們跳進一台棕色轎車，動作幾乎一致，一眨眼工夫就離開了。

整體來說，洛杉磯是個令人沮喪的地方。數百萬人放任他們的幻想生活把現實生活搞砸了。

辛西雅的哥哥好心幫我離開了那裡：他騎著摩托車，載我去北加州，那裡或許能讓我釐清思緒。3

彩虹的引力

我在聖塔克魯茲（Santa Cruz）下車，那是個閃亮的海灘小鎮，海邊有個遊樂園，還有一所大學座落在長滿紅木林的山丘上。

今日的聖塔克魯茲不如往昔繽紛浪漫。一個人記憶中往日世界的奇幻璀璨，到底是不是幻覺，我們永遠很難判斷。人到了中年，還能以那種方式憶起年少時光，也算是一種福氣。

儘管當時我心碎不已，但依然對辛西雅懷抱著愛意，所以我的世界仍像之前那樣，覺得奇妙和意義近在咫尺，感覺每個人都很有意思。

我記憶中的那種奇妙，可能不只是因為當時我還懷抱著愛意。那個年代，《寂靜的春天》（*Silent Springs*）還只是可怕的預言，隨處可見昆蟲、蜥蜴和鳥類。夜裡有蛙鳴，家中的沙發和床上可能出現當地獨有的

3　幾十年後的今天，我和辛西雅仍是朋友，這種聯繫是真實的，她目前住在維也納，是職業大提琴手。

超大甲蟲，把膽小的人嚇得半死。

當時的加州比現在更有活力。即使是最破爛的灰泥小屋，屋子的裂縫間也爬滿了細細的藤蔓和苔蘚。夜空中的星光比現在還要明亮。晚上躺在沙灘上，可以看到銀河。

我阮囊羞澀，跟五六個青少年一起住在一間破爛的海灘小屋裡，他們大多是大學生。房租很低，但不是免費。

有陣子我靠著街頭賣藝賺錢，以支付房租。我帶著小時候的邦迪單簧管，為遊客演奏了幾個月，做得還不錯。

街頭賣藝是最純粹的表演藝術。沒有人要你表演，所以你必須想辦法利用當下的氣氛來博得陌生人的青睞。我會講笑話，變戲法，也學會每天以正面的心態面對一切，那是一種難能可貴的技巧。一旦你學會了在路邊表演，公開演講也會變得很容易。

我後來才意識到，擔心沒錢繳房租反而成了一種防護罩，讓我暫時忘了母親過世後一直糾纏著我的一些情緒：對死亡的根本恐懼以及冰冷的孤寂感。資本主義使我們想要避免一種人造的死亡，也就是貧困，也因此為掌控脆弱和命運提供了一種方法。那也有它的好處。

Google 原型

話雖如此，街頭賣藝畢竟不是輕鬆穩定的工作，所以後來我又開始尋找正常的工作。加州的正常工作確實比新墨西哥州多，我循著報上的一則徵人廣告去應徵，結果又到了某棟破舊的灰泥建築。那是一家停業的飯店，但依然籠罩在海岸的彩虹光芒底下，周遭點綴著常春藤和野花。

一個年輕的男人走出來見我，他是不動產的經營者。他是那種典型的年輕騙子，其實這種人很常見，但是在那之前，我還沒遇過。

那個年代很流行嬉皮打扮，但他看起來比較像我們後來所謂的「雅痞」。他西裝革履，髮型考究，開著名車——年輕人根本不該有那種排場！

在長了霉斑的辦公室裡，一群衣著邋遢的嬉皮少年坐在長桌邊工作。他們的任務是打電話給陌生人，推銷各種亂七八糟的可疑商品，例如訂閱雜誌、檢查住家的害蟲等等。其實那有點像街頭賣藝，但輕鬆很多。我第一天工作居然就賺了一百一十九美元。

但是那家公司本質上是腐化墮落的，每天雅痞老闆會給我們一份非法取得的電話清單，清單上的人是我們推銷的主要對象。有些電話是要我們出價去買房子，對方會先接到電話，告知他們的房子裡有甲蟲和蟑螂之類的蟲害，引起他們的恐慌。還有一些人是剛退休的長者，我們會向他們推銷保險或奇怪的保健產品。

每天早上，雅痞老闆會帶著一小疊電話清單進來，判斷我們這些打工仔之中，誰可以締造最好的推銷業績。美女員工通常可以拿到最好的清單。老闆老是一邊晃著手裡那張從筆記本撕下來的皺紙，一邊對著女孩耳語：「告訴我，妳會把這些糖變成蛋糕。」

他會大言不慚地吹噓，他使用哪些花招取得那些寶貴的電話清單。在那個年代，那種非法取得的清單是手寫的，需要靠賄賂才能拿到，有時還是拿大麻或迷幻藥去交換的。他常找那些打工的嬉皮美女陪他一起去交涉，以便取得名單。他們會見的對象是在電信公司、警察局或醫院工作的人，地點通常是選在巷子裡或停車場。

其實我早該忘了那份荒謬的工作，但我回顧那段經歷時，發現那其實是數十年後矽谷運作模式的縮影。誰能掌握個人資料，誰就能掌控商業，甚至掌控政治和社會。資料將同時變成新財富和新權力。我很好奇那個雅痞老闆後來怎麼了。

剛開始做那份工作時，我鬆了一口氣，因為可以賺更多的錢。但是過一陣子後，那份工作開始令我感到內疚而心生反感。那是在操弄人性，令人毛骨悚然，而且重複性高又無聊。

某天，我問雅痞老闆，他覺得我們對這個世界有貢獻，還是榨取民膏民脂的吸血鬼？他看著我的眼神，好像我是他那輛賓士轎車上的一坨屎一樣。顯然，我玩完了。

「我們是在找有需求的人，幫他們牽線成交，我們當然對世界有貢

獻！」

「但我們獲利的方式，是在他們還沒看到選擇之前，就讓他們答應成交。難道這不是在惡搞市場嗎？」

「去你媽的。」我就這樣離開了。

觀眾

我已經賺夠了錢，可以給自己一點喘息的空間，但我還是需要尋找其他的選擇。我完全沒想到懂電腦可以幫我找到工作。這種詭異的思考漏洞也許聽起來很奇怪，但是那個年代還不流行輟學的駭客突然飛黃騰達、一舉致富的迷思。當時的科技工作主要還是由老字號的企業或政府機關所掌控，至少當時我是那樣想的，況且我又沒有學位，連高中學歷都沒有。

後來促使我翻山越嶺來到矽谷的原因，不是來應徵工作，而是因為嬉皮遠見家演講的奇怪場景。

當時的加州海岸有很多人以「遠見家」自居，甚至比現在還多。隨隨便便就會有人邀請你去參加一些在特殊的住家裡舉辦的活動，可能是位於偏遠的紅樹林裡、座落在小溪邊，由採礦者的舊屋改裝而成的住家。在那裡可以聽到一些講述飛碟、頌歌、迷幻藥、另類性愛或奇聞異事如何拯救心靈和世界的傳聞。那種住家可能，通常帶有科技迷信的成分，即便是在那個久遠的年代。

不過，科技文化的參考點是不同的。抱持理想主義的科技迷可能是對巴克敏斯特・富勒及他的世界觀感到癡迷，或是對於阿葉德（Allende）在智利打造模控馬克思主義烏托邦未果而感到好奇。

我開始在這個圈子裡演講。

我從來沒想到，我竟然會喜歡對著一群觀眾演講，但我的大眾形象開始在我的內心萌芽，就好像在沙漠中掩埋多年的種子，在大雨過後才首度萌發。

但我首度演講的經驗並不順利。那一次，我設法讓自己以另類講者

的身分出席。那是一場在海邊舉行的活動，地點是在海邊一棟由穀倉改裝的空間裡。當時有一群聰明絕頂的史丹佛大學研究生出席那場活動，準備好拷問那些荒謬的嬉皮。他們以非常尖銳的問題拷問我，我根本招架不住。

街頭賣藝的經驗讓我學會如何取悅觀眾，但我從未遇過知識分子的刻意打擊。那次經驗非常慘痛，但我很快就意識到，我在展開演說生涯之初就馬上跌落谷底，其實是因禍得福。從那次挫敗中爬起來以後，還有什麼好怕的呢？

從一九八〇年左右到一九九二年，我在各種你能想像的場合中，做了數千場有關 VR 的演講，例如，我到奧克蘭高中的教室，對著滿室的幫派分子演講，旁邊站著兼職的獄警，手持棒球棍，以免有人搗亂；我也曾飛去瑞士，在多國首相及銀行家群集的場合上演講，我們必須搭直升機到現場，那裡還有板著臉、穿著制服、配著機關槍的保鏢看顧著我們。其實這兩個場合並沒有多大的差異。

每次我以公開演講者的形象取代害羞笨拙的形象時，其實都是靠豁出去的信念在支持我。我的另一面是充滿自信的，可以用催眠的節奏讓每個人接受我的觀點。我是師法艾倫・瓦茨（Alan Watts），我也不知道我是怎麼辦到的。

我的主要任務是讓大家瞭解，為什麼一想到 VR 這個未來可能問世的瘋狂極端媒體，我就開心不已。我說，VR 的根本使命是找到一種新語言，或一種新的溝通面向，以超越我們所知的語言。那聽起來可能是最投機、最遙不可及的計畫，但是這項使命對我來說迫在眉睫，我覺得 VR 對人類的生存是必要的。

VR 的解說異常困難，那時沒有影片可以播放，甚至沒有實用的照片，更不可能有現場演示。

我通常是從 VR 如何運作開始講起，接著談視點追蹤（head-tracked）的呈現等等。這個課題在早年談論時，實在太奇特了。所以有些人第一次聽到時，明顯十分震撼。

如今我仍然會運用早期演講時所提到的一些簡介和圖案。在前面第

一篇探討 VR 定義的章節中，我提到「間諜潛艇」那個比喻，那在我首度造訪矽谷以前就用過了。

簡介完後，我的演講會開始提到童年早期的一些想法、頭足類動物的認知，以及為什麼人類可能自毀，除非未來的藝術變得愈來愈強烈密集而且毫無極限。

講稿

我仍保留一份早年的講稿！底下是稍微編輯後的部分內容：

回想一下你最早的記憶，然後自問：「在那之前，我經歷了什麼？」

這個問題沒有完美的回答，答案永遠在你無法擷取的地方。你可以像瑞士的教育心理學家皮亞傑（Piaget）那樣觀察小孩，甚至測量他們的腦波。但是想瞭解你那時的體驗是什麼感覺，唯一的方法是做有根據的想像。

我猜想，在你有記憶以前，你的體驗可能是底下這樣：

當我們不確定想像和現實的分界時，我們都會經歷一個早期階段。那時的混亂導致我們無法分辨想像和現實。如果你無法判斷幻象的真假，你很難自己在這個世界裡穿梭。

在這個階段，我們連生存下來的基本要素都要完全仰賴父母，更遑論過得舒適安穩。但是，感到自己如此脆弱的內在體驗絕對不是負面的。事實上，那讓人感到美好、握有掌控力，甚至感到非凡。

在那種狀態下，彷彿你想像的一切都幻化為現實。如果你想像一隻鑲著寶石的狼蛛出現在窗口，牠看起來會像那扇窗戶一樣真實。[4]

如果你無法分辨真假，所有的東西都是真的，所有的東西都有

4　為什麼舉狼蛛為例？因為那時我剛去灣區爬山，看到很多狼蛛聚集在那裡交配。

魔力。

這種身分比神話裡的邁達斯王（King Midas）更幸運。邁達斯王摸過的東西都會變成金子，而你只要發揮想像，任何東西都可以成真，你簡直是神。

但後來，可怕的悲劇突然發生在你身上，你終於開始分辨現實和想像了。那扇窗戶永遠在那裡，但那隻閃閃發亮的狼蛛有時不在那裡。其他人承認窗戶的存在，但不承認狼蛛的存在。窗戶和狼蛛不屬於同一個世界。

這種體悟逐漸變成一種對實體世界的信念。實體世界是你的身體所在的世界，你學會掌控它，並在恰當的時機學會走路、跑步、說話。

但是這種體悟也如同一種嚴重的侮辱。在任何可能的世界裡，這都是最突然的退化。前一刻你還是宇宙之主，製造萬物，但下一刻你在各方面都變成無助、濕潤的粉紅色小東西。

那會讓人覺得難以接受。我懷疑那可能跟「兩歲胡鬧期」（Terrible Twos）有關。你不會自願或優雅地放棄權力。你的每個動作都是在測試實體世界，希望能找到某個妙招、隱藏的角度，幫你恢復最近才失去的那個千變萬化的能力。

你會如此掙扎數個月，甚至數年或數十年。這期間又會出現其他令你難以接受的狀況，例如意識到死亡是怎麼回事。當你最後真的跌落神壇，你才終於長大成人。

有些人永遠也長不大。[5]

我們當中的大多數人可能尚未完全接受那種過渡狀態。

長大成人不見得是指完全失去創意，只是表示你必須忍受許多不便。

童年時，你可能會幻想一個淺紫色的章魚朋友，身體高達兩百

---

5 演講時，我會特別強調「有些」，並以責難的眼神環視現場的聽眾。

英尺，觸手長達四百英尺。你召喚牠時，牠會游進城來。其他時候，牠會睡在海灣裡。[6]

章魚彎下身子，讓你爬上牠的頭頂，那裡有個開口。他的頭裡有個毛茸茸的奇妙洞穴，你可以待在裡面消磨時間。裡面還有一張小床，你睡在上面時，那張床會抱著你入眠。你就寢時想像這些畫面，彷彿那隻章魚是真實的生物。

你年紀多大時，才會意識到那只是夢境？一個小孩子只需要幾秒鐘的時間，就可以想像出一隻頭裡面有臥室的超大章魚。

成年人也可以想像出那種生物，但是光是發揮想像，無法讓那個東西變得真實。唯有其他人也經歷過那個東西，才會使那個東西變得真實——而且別人不只把它當成電影而已，而是把它當成可探索的世界，當成任何人都可能改變的世界，因為有共同的結果（亦即改變的共同體驗）才會使世界變得真實。

以前那些以現實為基礎的選擇，是運用科技來製作生物，例如巨型機器人、基因工程製造的巨大章魚。

在 VR 出現以前，若要把夢幻的場景變得真實，而且不只你覺得真實，也讓其他人覺得真實的話，有時是可能辦到的，但是很費時，也很麻煩。事實上，那是道難以翻越的嚇人高牆，麻煩透了，而且人生苦短。

VR 之所以能夠觸動心靈，是因為它回應了我們兒時的呼喚。

後面還有很多內容，我希望你能讀一讀。我把早期講稿的其餘部分收錄在附錄一中。

後來演講成了我生命中始終存在的一部分，即使後來我因創立科技公司而睡眠不足，導致我精神不濟，我仍然持續演講。你閱讀本書後面

6　我舉章魚為例也是有原因的。我演講那段期間，和一些朋友正在設計一個類似尼斯湖水怪的機器生物，讓它棲息在舊金山灣的混濁水域中。我們的設計是希望它平時不見蹤影，只有在極罕見的情況下，才讓它突然出現在漁人碼頭之類的觀光區附近。

的章節時，請記得，我從這個時點開始，每隔兩三週就會找機會演講，暢談 VR 和未來。

我對那群以「遠見家」自居的社交圈很感興趣，那也正是促使我翻山越嶺到矽谷的原因。

我注意到，那些古怪的科技嬉皮都很有錢，其他人都很窮（毒販除外）。我終於參透了飛黃騰達的關鍵。

8 奇悅之谷 [1]

現在我們來談一九八〇年代我在矽谷的故事，其實我可以用一個長句講完梗概：我在剛興起的電玩業中開啟了職業生涯，賺了點錢；用那些錢來資助我稱之為 VR 的實驗，遇到志同道合的夥伴，創立第一家出售 VR 裝置和軟體的公司；設計出 VR 各種主要應用的原型，例如外科手術模擬之類的，幫忙掀起一陣文化風潮，也就是打造頌揚 VR 的迷幻派對和宣傳活動，連我自己也被那股風潮席捲了；後來為了公司的掌控權，我經歷了一場近乎超現實的爭奪戰及其他奇怪的鬥爭；那場爭奪戰落幕後，我前往紐約。

人生的質感變了。以前我是一顆無足輕重的滾石。當你是微不足道的粒子時，你卑微渺小，大家對你沒什麼印象。

稀奇古怪的公路故事講起來滑稽，聽起來有趣，但那些故事之所以滑稽有趣，是因為無足輕重。當你在某處落腳時，你必須實際因應他人。

當你在某處扎根時，你也必須面對自己。

---

1 〔編註〕本章章名原為「Valley of Unearthly Delights」，語帶雙關——一來呼應〈人間樂園〉（The Garden of Earthly Delights）畫名；二來，矽谷所在的聖塔克拉拉谷（Santa Clara Valley）以前遍布果園，人稱「心悅之谷」（Valley of Heart's Delight），後來因科技業進駐才改稱矽谷。

網路版的艾爾帕索

　　我搭便車南下洛杉磯，把我那台破爛的道奇汽車送去修理。接著，我沿著海岸線，開車北上回到原處，以避開陡峭的斜坡。我接下來擔心的是，那台車能不能翻山越嶺，讓我開到矽谷。一般來說，那台車是無法爬山路的，更不可能以公路的行車速度來爬山路。

　　某天，我覺得非試不可，所以加了特別多的汽油，並把它開上 17 號公路。

　　我原本預期，翻過山頭到另一面就是迷人的世界，一個科技版的聖塔克魯茲，如〈人間樂園〉一般，但多了閃亮的燈光和旋轉的磁帶機。

　　沒想到，此處竟然跟洛杉磯一些最令人消沉的地方相差無幾。高速公路邊是天生就很醜陋低矮的工業建築，一片死氣沉沉。矽谷就是在這種毫無生機的地方改造了全世界。在此之前，可曾有過這種毫無美感的權力和影響中心嗎？

　　當時，除非你在很高級的實驗室裡工作，否則你無法列印出電腦裡的東西。但我帶著父親的舊式攜帶型皇家打字機，把它跟一堆亂七八糟的東西一起塞在道奇汽車的行李箱裡，我用那台打字機打了一份陽春的技術履歷表。

　　回溯過往時，我確實做了很多事情，例如利用國家科學基金會的補助金做研究，為許多不同的電腦寫程式，也做了很多數學研究。

　　我把那台恐怖的老爺車停在附近看不見的地方，踏進我這輩子唯一進過的「獵頭」辦公室，世界上最單調乏味的房間。

　　我還記得當時我是如何注意到自己的。我看著那個極其單調乏味的房間，並未陷入眼神呆滯的狀態，反而意識到自己的存在，並保持警覺。那是在練習自制，努力不讓無處不在的「情緒」面紗干擾自己。

　　櫃台坐著一位三十幾歲的女人，妝有點濃，臉部肌膚繃得有點奇怪，好像板著臉，有點生氣，也有點難過。她穿著那個年代流行的奇怪女性商務服飾，領口打了誇張的蝴蝶領結──類似男性領帶的功用。

　　「當你看到事情發生在你沒料到的人身上時，你會覺得很不可思

議。」她翻找檔案時，深深地歎了一口氣。

什麼？她在說什麼？得諾貝爾獎嗎？還是宣福禮？[2] 她當然是在說那些一夕暴富的人。顯然，很多人都注意到這點了。他們看到那些暴發富之所以富有，原因似乎很隨機，因此感到心慌。「你看看這個，不過是個普通的工程師，根本不知道自己在做什麼，啥也沒做，就只是碰巧進入那家蠢公司。」唉唷，嫉妒真是毒藥。

她帶我到後面一個以廉價的木板搭成的房間，去見真正的獵頭。他只比我大幾歲，西裝筆挺，打著領帶，鬍子刮得乾乾淨淨，綠色的眼珠看起來很冷漠。他貪婪地上下打量我，彷彿我是以前那個雅痞老闆鎖定詐騙的肥羊。

「你今天可以上工嗎？」啥？

那是電腦尚未連線，也無法顯示多少文字的年代。我剛也說過，連印表機都沒有。（幾年後一些人買得起印表機時，我曾開玩笑說，印表機取代了熱水浴缸，成了誘餌）。

那個打扮光鮮體面的傢伙開始翻閱一本皺巴巴的手寫筆記本，還刻意把筆記本傾斜成某個角度，以免我瞄到內容。接著，他像街角的毒販那樣，壓低聲音，偷偷地告訴我薪水多少。那個薪水聽起來很夢幻，超乎現實，令人費解。我感到茫然，不知如何是好。我真的可以在這個遠離彩虹、一點也不奇幻的地方生活及工作嗎？

優化你我

見過獵頭之後，我在矽谷聽到的第一個字，毫無意外是「嗨」，但之後聽到的一切則令我驚奇連連。「你需要知道的第一件事是，這裡主要分成兩種人，一種是駭客，另一種是西裝仔，千萬別相信西裝仔。」

一位聖塔克魯茲友人的朋友給了我這個建議。他是個嬉皮，不修邊

---

2 〔譯註〕宣福禮（Beatification）是天主教會追封過世教徒的儀式，旨在尊崇其德行與信仰足以上天堂。

幅，隨便披個流蘇披風，戴著大墨鏡，滿臉鬍子，彷彿下巴埋在黑煙裡。我們在史丹佛大學附近一家販售健康餐飲的餐廳裡喝著果昔。那天豔陽發威，極其炎熱，我們坐在戶外的露天座位，腳下踩著木屑。幾個穿著紮染衣服的女孩瞄了一下角落的桌子就離開了。

「別誤會我的意思，我們還是需要西裝仔，但你得提防他們。」

又來了，大家又開始搞小圈圈了，只因為他們彼此互不信任。

「公司付錢請西裝仔來上班，只是因為他們做的那些事情太無聊了，沒有聰明人能忍受那種工作。」

我想起了聖塔克魯茲的雅痞老闆。難道還有其他人跟他一樣嗎？而且還是一大群？天啊。

「西裝仔和女人一樣。為了未來，你必須跟他們打交道，但是跟那種人互動實在很痛苦。」

我感到內心深處有一股痛苦的感覺油然而生，頓時覺得噁心，這是怎麼回事？這種注意自我反應的能力依然鮮活，充滿了不確定感，我努力想解讀當下的狀況。

突然間，我懂了。我想透過拼湊世上的女人，來找到我母親的延續。那不是縝密思考過或清楚存在的想法，但我隱約把周遭的女性都想成通往我逝去母親的途徑。我想待在可能感受到她的地方。我以前覺得加州不像新墨西哥州或紐約那樣陽剛，聖塔克魯茲確實是如此，至少偶爾是。

我覺得矽谷是我最有可能賺錢謀生的地方，萬一這個地方把我隔絕在女性世界之外，使我再也無法感受到母親若有似無的存在，那怎麼辦？

我突然慌了起來，設法回應：「所有的西裝仔都那麼糟糕嗎？我有個朋友在蘋果為賈伯斯工作，他似乎覺得賈伯斯頗有想法。」

「是喔，我和賈伯斯在雅達利（Atari）共事過，他當時想成為工程師。那個傢伙老是吹噓自己如何優化晶片，但我從來沒看過他搞出什麼名堂，但他至少瞭解自己的定位。」

這個社會真奇怪！地位和技術成就的關連，竟然比地位和金錢的關

連更密切。（如果「駭客」原本是指那些太聰明而覺得處理金錢事務太無聊的人，那麼如今矽谷的駭客應該遠比以前還少。）

另外還有一個詞叫「怪客」（cracker），指入侵電腦的人，但由於那個年代的電腦尚未連線上網，沒什麼可破壞的。[3]駭客／怪客的區別不在於善與惡，而是在於一個擅長創造，另一個擅長破壞。大體上，大家覺得破壞是基於正當理由，因為我們這個世界實在太……出了什麼問題？這個世界並未優化。

有人拿牛仔來比喻，聽起來頗為奇怪，但大家樂此不疲。我們這種駭客就像四處遊蕩的槍手，理論上是靠寫程式為生，正派的駭客和怪客稱為「白帽」，反派的駭客和怪客稱為「黑帽」。

我從小在真正的西部牛仔身邊長大。他們有些人很良善，有些人蠻橫粗暴，每個地方的人都是如此。一般來說，牛仔並沒有比其他行業的人更自由。所以，打從一開始，我就覺得駭客沒什麼神祕感可言。

駭客跟牛仔一樣，理當憑藉著特殊的能力和專業，在曠野上自由地遊蕩。我們想晃到哪裡，就晃到哪裡，為其他人創造現實。我們在新世界中發光發熱時，普通人只能無助地等待。

後續幾十年間，令我驚訝的是，全球各地的「一般人」都選擇相信這種神話。你們放手讓我們來改造你們的世界！我還是很好奇究竟是為什麼。

有限與無限賽局

我只面試工作兩三天，就決定了矽谷的第一份工作。這裡值得回憶一下那些日子犯下的錯誤，因為第一印象對你和對方來說都會透露出很多的訊息。

我獨自摸索著怎麼走 VR 這一行，但根本沒有和 VR 有關的工作，

---

3 數十年後，電腦早就連線上網了，「怪客」這個詞再次出現，但變成一種貶抑詞，指稱「對與生俱來的優勢不知感恩的白人男性」。一九八〇年代幾乎所有的怪客都符合這種定義。

因為當時還沒有半家 VR 公司（那年代，你也沒辦法憑空為新創企業募資），甚至沒人知道「VR」這個詞。我又不可能去太空總署或空軍那種研發飛行模擬器的地方應徵，畢竟我連高中文憑都沒有。

最相關的工作在剛興起的電玩業，雖然我對此很反感，但至少跟藝術和音樂還有點關係。

反感？沒錯。我不喜歡固定的規則。我討厭被當做施金納實驗室裡的老鼠，受到遙控，被訓練在主人設計的小跑道上跑個不停，直到獲得完美的成績。想像這世上有成千上萬人同時在我設計的迷宮裡奔跑，更令我不寒而慄。

科技界有很多人沉迷於我覺得很無聊、甚至有點丟臉的遊戲，因為玩家必須接受自己是「實驗白老鼠」的角色。我視這些遊戲為「以數學來描述道德失靈和社會失靈的方式」。[4] 人生應該拒絕那種幽閉式的遊戲，別把自己變成嫻熟那種遊戲的行家。最重要的數學，會避免有固定規則及明確定義贏家與輸家的遊戲。

然而，遊戲卻是唯一能賺錢的互動藝術形式，我怎麼能不去呢？

不過，我第一次面試是在金門大橋對面、風景優美的馬林縣（Marin County）。喬治・盧卡斯當時剛創立一家電影數位特效的公司，也做影音編輯服務，更有意進軍電玩業。你可能以為我是因為《星際大戰》（Star Wars）才想去應徵，但並非如此。之所以去那裡應徵，是因為我的偶像伊凡・蘇澤蘭的學生艾德・卡特莫爾（Ed Catmull）開始投入這類數位特效工作。

我去面試時，走進一棟毫無標示的大型工業大樓，迎接我的是奧根山的巨幅畫作。我童年在新墨西哥州時，常凝視著奧根山的山峰。奧根

4　囚徒困境（Prisoner's Dilemma）是最著名的賽局理論思想實驗之一，已經被改編成遊戲節目和電影情節。我就不在這裡說明了，請自己查閱內容。那個概念從數學觀點來看很有趣，但是聯想到現實生活時，就覺得可怕，因為現實生活永遠不是那麼直截了當、清晰明確的。我看到那些遊戲節目的參賽者或囚徒困境在現實生活中上演時，當事人變得殘酷無情，相互欺騙，我就感到難過。我猜想，這種令人心寒的數學應用，可能導致許多原本喜歡數學的孩子對數學失去興趣。它令人對數學產生反感的效果，可能跟爛老師及爛課本之類的常見障礙一樣多。

山怎麼會出現在這裡呢？後來我得知，那裡的另一位數位大師匠白光（Alvy Ray Smith）也是來自我們那片沙漠。

見到匠白光的感覺很酷，但又有點不知所措，彷彿宇宙碰撞在一起了。他成長的地方就在我住的圓頂附近，然而我對他的瞭解大多是因為他創作的美好作品是延伸自「康威生命遊戲」（Conway's Game of Life）。

「生命遊戲」是數學家約翰‧何頓‧康威（John Horton Conway）開發的程式，此程式顯示一群點狀的網格根據「旁邊的點是明或暗」這個簡單的規則而閃爍。只要稍微改變規則和那些點的初始模式，就會看到無法預知的驚人狀況發生，彷彿此遊戲是一個活躍宇宙的縮影。

匠白光證明了，你可以在遊戲之內打造一台功能完善的電腦，亦即層層世界之中仍能有層層世界——多年後，史蒂芬‧沃夫勒姆（Stephen Wolfram）普及了這個概念。我們很自然就會推測，我們可能生活在類似「生命遊戲」的東西裡。

這是一種會擴展的「遊戲」，它不會把玩家固定在一個小小的抽象監獄裡。

匠白光的研究讓我舒坦多了。一旦我瞭解，連「生命遊戲」這種依循既定規則的遊戲也能產生意料不到的結果時，我內心深處的焦慮也就煙消雲散了。決定論和自由意志之間不再緊張對立。假如知曉未來的唯一方法，就是讓宇宙實際運行下去，那麼我自己的哲學是否以決定論為根基，也就不重要了。是也好，不是也好。身處宇宙之內，我們永遠也無從得知，也無法一槌定音。

當然，最**實用**的物理學可能包括隨機性，也可能不包括隨機性，但這對哲學來說已經不重要了。數學不會扼殺自由！相信自由意志存在和否定自由意志是一樣合理的。

以前駭客常爭論這些概念。「能夠否定自由意志，這本身就是自由意志的例證。」「你的意思是說，你剛剛說的話不能在沒有自由意志的宇宙中說出來嗎？錯！我可以寫一個程式，讓它現在就說出來。」

匠白光這個人，就像他的數學研究一樣，令人舒坦。他以開朗的方

式面對電腦與人生,我至今還是很喜歡那種態度。抽象是感性的!面對不可預測的新興宇宙,探究宇宙理論的物理學家通常是熱情風趣的,就像李·斯莫林那樣。

但我們還是回頭來講我的故事吧。

迴圈天行者

面試我的人並不是匠白光,而是另一個打扮體面的年輕西裝仔。他顯然希望他是在拍光鮮亮麗的電影,而不是在目前這個仍算次等的數位產業裡工作。

「我們最終希望把《星際大戰》變成現實,**讓你**來操控路克·天行者(Luke Skywalker)。也就是說,用搖桿來讓他揮舞光劍。你覺得你可以開發出在八位元機上發光的數位光劍嗎?」

「喔,我想,這個工作不適合我。」

「啥……你怎麼會這麼說?這是有史以來最酷的東西。」

「我無意冒犯,這對合適的人選來說,確實是很棒的工作,只是我沒那麼喜歡《星際大戰》。」

「媽的!那你來這裡幹嘛?」

「呃,我本來不知道這份工作要做什麼。」

「你怎麼會不喜歡《星際大戰》?每個人都愛《星際大戰》!」

「天哪,我不討厭它……如果你想聽的話,我可以解釋原因。」

「好啊,說來聽聽。」

「是這樣,幾年前,我還小的時候,羅伯特·布萊(Robert Bly)來新墨西哥州朗讀時,我為他伴奏。」

「他是誰?」

「你是問那個詩人嗎?他是朗讀他翻譯的魯米(Rumi)作品,魯米是古代的蘇菲派詩人。」顯然他沒聽懂我的話,「呃,那是伊斯蘭教的一種嬉皮神祕主義,遠溯及生命的起源,**總之**……有一次我們和喬瑟夫·坎伯(Joseph Campbell)一起出席活動,坎伯是來演講的。」

「哦，我們都知道他，喬治就是用他創作的《千面英雄》（*Hero with a Thousand Faces*）作為《星際大戰》的範本。」他講得好像坎伯是盧卡斯的好友似的，「等等，你**認識**坎伯嗎？」

「不算認識，只是我們曾在某個溫泉度假村，一起參與一場活動。」

「我不相信。」

「好吧，總之，坎伯確實是個好人，但我不太喜歡他的理論。他認為所有的人類故事本質上都是一樣的，只是同一個故事的變體。這有點像諾姆‧喬姆斯基（Noam Chomsky）所說的語言核心。」

「我沒聽過喬姆斯基，但沒錯，你只要為那個宇宙故事製作出一個純粹的版本，你就發財了。我們就是這樣做，並持續這麼做。你是哪裡不對勁？你討厭錢嗎？」

「這樣講太狹隘了，不是錢的問題，我是指那個故事的概念。我們可能不是真的很瞭解其他文化的故事，我們憑什麼說別人的故事跟我們的一樣？如果真的只有一種故事，我們如何期待未來會有好的故事？如果我相信只有一種故事，也許我們是在畫地自限，把自己侷限在一個小迴圈裡，彷彿我們處於一個很原始又糟糕的電腦程式中。貴公司的匠白光已經證明，程式可以有很多種類型……」

「你在胡扯什麼啊？《星際大戰》是發生在遙遠的過去，不是未來，而且它很酷！機器人比光速太空船還快！那會是很棒的未來！」

「但人還是一樣，沒有變。他們依然心胸狹隘地搞著愚蠢的權力遊戲，他們殘忍又自私，連好人也有門戶之見、沙文主義。這年頭誰還需要皇室？對美國來說，根本是去之唯恐不及。」

「天啊，你們這些抱持理想主義的嬉皮真會鬼扯。」

「喔，別這樣說我，我才不是！不過，科幻小說也可以談人類變得更好，不只是科技日新月異，裝置愈來愈精密而已。我的意思是，例如在《2001：太空漫遊》中，就展示了一種超然的感受，彷彿我們可以擺脫微不足道的小衝突，脫胎換骨。嗯，那可能不是一個很好的例子——那挺抽象的，也與道德無關。那我們來看《星艦迷航記》好了，它的創作者金‧羅登貝瑞（Gene Roddenberry）認為，機器變得愈來愈好時，

人類也會變得愈來愈良善。那個概念更令人振奮，我覺得這種情況已經在人類的歷史上發生了。」

「你在胡扯什麼《星艦迷航記》？」

「我想我該走了。你可以幫我向匠白光道別嗎？」

「門兒都沒有。」

你必須變得非常古怪，才能避免成為行為主義者

所以，盧卡斯的世界不是我的菜，但是能當面拒絕那樣的機會，感覺還是很酷。當時有幾百種工作等著我挑選。

那是八位元的時代。我幫幾家公司的遊戲寫了一些程式，收入好得很。大學退學時所積欠的學貸，轉眼間全還清了。

設計音效和音樂時，我覺得特別有成就感。在那個年代，程式設計師可能包辦一切任務，從藝術和音樂到撰寫說明書，無所不包。

我不是唯一抱持這種想法搬來矽谷的人。我開始遇到其他的電玩駭客，他們以藝術家和科學家自居，其中有些人後來幫我創立了第一家VR 公司：VPL 研究公司。

我認識了史蒂夫・布萊森（Steve Bryson），他是嬉皮物理學家兼音樂家，穿得像羅賓漢一樣。當時我們在桑尼維爾（Sunnyvale）的一棟低矮辦公樓裡，一起寫八位元的電玩程式。那間建築的外觀是常見的溝槽式水泥磚牆，停車場的四周圍著樹籬，高級汽車停在大門前，我的道奇老車停在後面。

這個枯燥乏味的地方聚集了形形色色的人才。我回想那段歲月時，最令我驚訝的是，很多厲害的程式設計師也是優秀的音樂家。我還記得有次我和五六個朋友一起去一家販賣鋼琴的樂器行。不僅每個人都可以把古典曲目演奏得非常精彩，而且每個人都懂爵士樂，各有一套獨特的風格。史蒂夫・布萊森、大衛・列維特（David Levitt）、比爾・艾雷西（Bill Alessi）、高迪・科蒂克（Gordy Kotik）都是如此。

一九八一年，我終於與玩具兼電玩專家柏尼・迪卡芬（Bernie

DeKoven）合作，設計出第一套上市販售的電玩《外星人花園》（*Alien Garden*），賣得很好。後來，我也獨立設計出第一款電玩。

史蒂夫·布萊森。

那款電玩叫《月塵》（*Moondust*），一九八三年上市後，成為市面上熱賣的十大家用電腦遊戲之一。（那個年代還很原始，世界運作得很慢，設計一套電玩上市要花好幾年的時間。）

《月塵》是以盒裝販售！以前是去賣黑膠唱片的大商店購買電玩，那裡有一區專門賣電玩卡帶。看到《月塵》擺在特製的展示架上販售，還有宣傳海報高高掛在牆上，我就覺得很自豪。

最好的版本是在家用電腦「康懋達 64」（Commodore 64）上運作，有興趣的人可以找那台機器來試試看。音樂是採用演算法作曲，很好聽，帶有回音和情感，在當年是迷人花招。音樂是由動作決定的，是電玩界首創之舉。圖形帶有一種微微發亮的柔和質感，而不是塊狀──那在電腦運作還很慢時，也很新奇巧妙。

不過，那個遊戲的玩法很奇怪。你是一次操作一群太空船，讓他們把飄動的彩帶投向一個幽靈般的閃爍目標。打擊成功時，那個目標會大幅波動。那個玩法太複雜了，難以分析，必須靠直覺來玩。此外，它也帶有一種奇怪的情趣特質。

《月塵》的熱賣令我驚訝，我猜玩家大概是受到圖形和聲音的吸引，但他們很快就不玩了，因為設計太奇怪、太開放了。

落腳

到矽谷不久，我在帕羅奧多（Palo Alto）租了一間沒有隔熱保暖設計的小屋。那是以前給鐵路工人住的，因年代久遠而屋身傾斜，位於沙

土路邊小溪旁的果園裡。

你可以從一個人對房地產的態度，來判斷他是否真的瞭解矽谷。我還記得當時一位房地產經紀人對我說的話，顯示出她根本不懂矽谷。

「你不買維多利亞式的平房，簡直是瘋了，不要幾年，這裡的房價會是現在的十倍。」

剛好一位駭客朋友站在旁邊，他糾正她說：「以後程式碼會直接主導世界。等到電腦降價及全面連線時，金錢只是近似未來程式碼的東西罷了。我們正在這裡創造一種力量，那遠比金錢還要重要。金錢已經過時了，或隨時都會過時。」沒錯，這就是駭客講話的調調，每個人都想大放厥詞。

那個房地產經紀人看我們的樣子，好像一隻茫然的恐龍傻瞪著帶來世界末日的小行星。

三十年後的今天，那間我住過舊屋以及旁邊的小溪都已經無跡可尋。測地衛星只能在當地偵察到一片類似的公寓。我還記得路上砂礫和陳腐老木所散發的鄉村氣息，裡裡外外的味道都一樣。以前的加州帶有青草的氣味，還有蟲鳴蛙叫。

帕羅奧多是矽谷的精神核心，不像周遭的桑尼維爾或其他地方那樣平淡無奇，但我還是覺得太沉悶了。

這裡的天氣一年到頭都很完美，每天晚上我都會在這種天氣裡仰望高聳的樹木。天空總是空無一物。放眼望去，遠方沒有沙漠遠景，也沒有無盡汪洋，甚至沒有紐約市那種又糟又迷人的都市地貌一路延伸到天際。我們只知道這裡是花園天堂，一如早期從下雪的區域移居當地的美國富人的想像。然而，彷彿惡魔以模擬的天堂欺騙了我們，這裡多麼狹隘，與我的內在格格不入。

在我母親過世後的數十年間，我的內心一直覺得很孤獨。

獲得接納

駭客總是在炫耀他們手邊的最新專案。由於當時的電腦尚未連線，

你需要開車去看演示，或是帶著實品去演示。所以，現在那台道奇破車的後座不是載山羊，而是載電腦，以便隨處演示我的成果。我還記得當時偶爾會從硬碟插槽中撿出幾根以前的乾草。

當時，我向每個人演示過《月塵》。例如，我到全錄帕羅奧多研究中心（Xerox PARC）向艾倫・凱（Alan Kay）和他的團隊演示，也曾到蘋果向那群後來開發出麥金塔電腦的人演示，也去過史丹福研究院（Stanford Research Institute）向道格拉斯・英格巴（Douglas Engelbart）的團隊演示，還有向太空總署那些研究飛行模擬器的人演示。

某天，我把笨重的 CRT 電腦扛到史丹佛大學附近巷子裡的一家港式飲茶，就著昏暗的燈光，我在餐桌上演示《月塵》，不用說，當然是《月塵》。（我忘了店名，但如果有人想知道，他們在蝦餃裡加了杏仁油，那是大家談論的焦點。）

當晚用餐的人，後來創立了皮克斯（Pixar）、昇陽（Sun）等公司。那群人一看到《月塵》就很喜歡，他們開始纏著我問了很多問題。

「你是怎樣做到的？一次讓那麼多像素在螢幕上同時變化。」

「喔，我是透過這些偏移光罩，使用壓縮尋找表……」

「等等！別告訴他們你是怎麼做的！」

「我以為駭客的道義就是要分享程式碼。」

「如果那有助於扳倒那些老字號的龐大惡勢力，那樣做確實沒錯，但這是你個人的東西。」

「我不知道該怎麼做。」

「好吧，你現在是自己人了。」其中一個**自己人**用電影《怪胎》（*Freaks*）裡的咕嚕聲如此強調。

編寫程式的文化

我們的世界不是為我們創造的，至少當時還不是，我們依然是格格不入的怪咖。

矽谷裡已經有一些菁英組成的小圈圈，但他們大多沒那麼富裕，而

且很多人不修邊幅，性格沉悶。當時整個美國，包括矽谷，仍保留著一九七〇年代那種俗膩感。門羅派克（Menlo Park）的北部，有一些場所掛著生鏽的招牌和部分故障的霓虹燈，裡面有現場的情色演出。街角擠滿了阻街女郎。

不過，這裡還是我們聚會的地方。我們需要密切聯繫，因為那時還沒有網際網路，但我們需要「網路效應」（network effect）。

我記得有次在矽谷大道「王者之道」（El Camino Real）一家簡陋的鄰家酒吧裡打撞球，我心想帕羅奧多的駭客就像一顆母球把另一顆球撞遠後，自己在固定的一點上旋轉。我們在各自選定的新家附近旋轉，但我們的動能向外遠播，以改造世界的其他地方。

我們日以繼夜地寫程式，寫到你的大腦可以融會貫通一個龐大的抽象結構，並使它更臻完美。那種體驗與如今的程式設計師是不同的，因為以前你的程式設計必須直接配合晶片，才能有夠好的效能。也就是說，你無須理會其他程式設計師的語言、工具或程式庫。

那時，每個重要的東西都很新鮮，都是你自己想出來的，你是抽象的探險家，面對一片荒野。如果你想讓螢幕上出現一個圓圈，你需要想辦法用程式寫出一個畫得夠快的圓圈。我記得有次跟比爾‧阿特金森（Bill Atkinson，他後來為初代的麥金塔電腦編寫了圖形程式）一起去史丹佛大學拜訪傳奇的演算法大師高德納（Don Knuth），向他展示畫圈的新方法。那次拜會，感覺簡直跟觀見「程式碼教宗」沒什麼兩樣。

不管什麼事物推向極致時，就會發生轉變，這個原則也適用在電腦上。在程式設計體驗的核心，當你達到顛峰狀態時，會再次體會到世界的神祕感，那是一種異於程式碼的感受。

程式碼正確時，會有一種通體舒暢的美好感覺，至少當時是如此，是種不可思議的熱血澎湃感。我們以前討論這種感覺時，覺得有點尷尬，那是潛藏在我們理性壁壘底下的神祕力量。

每次我有那種感覺時，當下編寫的程式碼，後來都證明是完美無瑕的。那是一種奇妙、近乎神聖的時刻，是非常罕見的體驗。

那種程式設計的顛峰體驗，如今已經愈來愈難捉摸了，因為程式不

再是由一個人獨自寫成，現在重要的新程式通常是由團隊完成。而且，那些程式執行時，就像青苔一樣，蔓延在之前已經存在的無數軟體結構上，那些軟體結構甚至不是在某台可識別的電腦上運作，而是背地裡在世界上無人知曉的互連電腦之間漫遊。現在沒有人真正瞭解一個軟體，我們頂多只能測試它，彷彿那是剛發現的自然產物。我們與以前那個直觀世界的聯繫又切斷了一個。

總之，經過幾天集中火力寫程式後，通常連衣服也沒換就會睡得又香又沉。醒來後，你可能會出門走走，會見其他的駭客，所有駭客也過著一樣的生活模式，你們在彼此眼中就像程式碼一樣。談及世界時，彷彿它是你正在開發的未解謎題。

我真希望我還記得剛到矽谷時，所有最早結識的朋友的名字。幸好，我還記得我們的對話。「我有所有壽司吧的資料，這樣我們就能挑一家最合適的。」「我也是。」「你會在資料上註記時間嗎？我們可以用貝氏方法（Bayesian method）相連。」

最妙的是，這種接觸世界的方式是在紙上進行！我們隨身帶著口袋筆記本和鉛筆。那時駭客把筆記本放在仿金屬殼上，以模擬將來可能出現的攜帶型數位裝置。那年代還有很多設計精美的皮帶匣袋、腕帶、背心匣袋。每次我們交流完後，就會吃壽司，接著又回去寫程式。

成天寫程式後，連作夢也會夢到程式碼，覺得整個世界都是程式碼構成的。史考特·羅森堡（Scott Rosenberg）寫過一本書，裡面詳細敘述了像我這種夢到程式碼的體驗，想當然爾取名為《夢見程式碼》（*Dreaming in Code*）。常常在醒來後發現，自己連在睡覺時，也在為夢中身邊發生的事件寫程式，這個迴圈便是生存的動力。

9 遇見外星人

根本程式錯誤

發現自己和其他的駭客有共通點，感覺確實很棒，但我無法真正融入。他們對現實和做人處事的根本道理大多有不同的信念，我覺得自己愈來愈像矽谷的局外人。

那時有新的理念興起，但我不認同。對我來說，世界**不是**程式碼，至少不是我們能夠編寫的那種程式碼。而且，人也**不是**程式碼，人生的目的**不是**為了優化現實。

我因為睡眠不足，又充滿雄心壯志，把自己的人生推到了極限。我很容易出現極端的感受，新的正常心態不僅令我煩躁，也令我想放聲尖叫。

我迫不及待想反駁：「現實世界是一片神祕的海洋，我們一起擠在一個被科學和藝術照亮的小島上。我們不知道海洋是否有邊界，不曉得眼前看到的海洋有多大，不瞭解自己在海洋中的位置。」

「你聽起來很像馬林人。」

「你是在侮辱我嗎？」

「是。」

「你錯了。我才不像馬林人，那裡的人相信毫無憑據的事情，譬如

說占星術。」

「呃，可能沒有人提醒過你，你要是在這裡譏笑占星，可能永遠找不到女人跟你上床。」

「才怪！我認識不相信占星的女人。」

「但你跟她們上床了嗎？」

「對，跟其中一個。」

「聽你在胡扯！」

「我之所以反駁，是因為任何信念都應該是有憑有據的。」

「照那個標準來看，我確實驗證過譏笑占星的後果了。（噴鼻息）。[1] 意識與占星術有什麼差異？你想相信它，就會堅信不移。」

「我體驗過，你呢？」

「如果我說我沒有呢？」

「那你就有資格找個地方，當個超乏味的哲學教授，別再寫程式了。」

「至少你沒再說我是『言之過早的除魅者』（premature mystery reducer），你怎麼知道你體驗過的意識不是幻覺？」

「因為意識是幻覺中唯一**真實**的東西，幻覺有賴意識的存在！」

「但這樣一來，意識就不是科學的一部分了。它是某種不重要的孤立單一模式，那又何必在意？」

「承認神祕的存在，可以使我們變得更謙卑、更誠實。少了神祕，

---

1 那段期間，駭客文化多多少少算是嬉皮文化的一部分，嬉皮常覺得自己擁有某種特權。

例如，有些駭客認為，性愛應該像軟體或空氣那樣，是「免費的」。我們都去過舊金山的某個技術公社，那裡的口號是：「每個人都有權享有足夠的空氣、水、性愛、食物和教育。」當時那句話的含意很節制，近乎清心寡欲，只求「足夠」，而不是過度，這樣一來，大家都有得享受。鼓吹公有制社會的人，是主張永續的性愛權利，數學上則是指性義務。

為什麼我還要花心思爭論這些事情？「如果有一個女人或一個男人不想擁有其他人認為的『足夠』性愛，那會變成怎樣？」

「你在擔心一個不存在的問題。世界萬物都會相互抵銷。」

「但如果沒有抵銷呢？」

後來我幾乎和每個抱持這種理想的加州人都做過同樣的爭論，包括自由主義者、社會主義者、AI 理想主義者等等。他們都忽略了有人可能無法融入「完美」的體制，無論是性愛或其他方面。

我們就無法發明科學方法，只會一味地編寫程式、疊床架屋、愈寫愈多。我們的科學和神祕是相互對立的，藝術也是。神祕無處不在，而且時時刻刻存在我們的周遭。現實是無法衡量、無法描述、無法完美複製的東西，意識是幫我們注意到這點的好方法。承認神祕的存在，可以使科學變得更強大。」

我現在才明白當時的我肯定很煩人，跟教授一樣，嘮叨個沒完沒了。那時大家只想趕快吃完壽司，好回去做唯一真正重要的事：寫程式。

租個媽媽

駭客和那種常見的年輕人一樣，有點好色，但也天真可愛，不斷在感情路上跌跌撞撞。我們的狂熱常導致天真可愛的那一面變得難以捉摸。我們完全是以一種源自於科技文化的新方式來瞭解人生，那導致我們的情路更加不順。

「她希望我分擔家務，但是做那些事情實在太蠢了。我的意思是，誰在意我們的衣服是否燙過了？再過幾年，你想燙衣服的話，會有機器人幫你。或者，我們也可以編寫 DNA，培養出可以讓衣服天天保持平整的細菌，或者發明其他方法。既然再過幾年就能解決這些問題，我們何必現在就把自己搞得那麼累？」

我剛來矽谷時，有一個話題一再地出現：有人開了一家「租個媽媽」（rent-a-mom）公司，怎樣找到這家公司？電話簿裡找不到，那時也還沒有網路。[2]

我記得有一次我跟大家討論了這件事，那時我們幾個邊邊的年輕駭客，圍坐在我們喜愛的湘菜館大桌邊。那家餐館是數學家常去的地方，你可以在那裡看到喜愛到處閒逛的傳奇數學家保羅・艾狄胥（Paul

---

2　二〇一六年搜尋「租個媽媽」（rent-a-mom），會出現一些保姆、居家照護、打工換宿服務。據我所知，這些當代事業和一九八〇年代那個據說存在的傳奇事業毫無關連。在我們那個文本搜尋的年代，每個東西的每個名稱都有特定的意義。

Erdos）。他常就著窗外霓虹燈招牌投射進來的奇異燈光專心思考。常有幾個駭客喜歡故意用中文點菜，藉此賣弄一番，但服務生永遠看起來一副習以為常的樣子，覺得那不算什麼。

「我認識一個傢伙真的用過那個服務，那絕對跟性愛毫無關係，每次都是不同的中年婦女到他家，幫他洗衣服、購物、選衣服、聽他抱怨、送宵夜之類的。他寫程式太久、連開車都無法專心時，她們也會開車載送他。他說，那個服務使他的效率暴增十倍。」

一位個頭矮小的駭客，戴著幾乎比他的頭還大的眼鏡，說道：「好吧，那我們怎麼找到那個傢伙？你說啊，怎麼找？怎麼找？怎麼找？」

「租個媽媽」聽起來好像真有其事，因為大家都在講，但沒有任何證據，也沒有聯絡方法。久而久之，那個謎團變成大家癡迷的話題。

我不禁憤怒回應。這些人從未經歷過母親過世，「租媽媽」的概念簡直汙辱了我生命中最重要的意義，我珍視的陰影。所以，有好幾次大家一聊到「租個媽媽」服務時，我就開始扮演激怒人的角色。

「你自己難道不會他媽的洗衣服嗎？或者乾脆不要洗，我們沒人在乎你有沒有洗衣服，反正你寫出來的程式一樣好，或一樣爛。」唉唷。

「你不懂啦！」他們總是這樣反駁我，「『租個媽媽』可以幫你做現實世界的所有事情，這樣你就可以專心寫程式了。想像一下，那種解放的感覺。」

「但是我們一直癡心妄想『租個媽媽』服務，那是有改善什麼嗎？」

「沒錯！總有一天，電腦會連線上網，我們會隨身戴著連線的小電腦，只要對麥克風說：『我要租個媽媽！』瞬間搞定！」

當時這個技術還沒出現，願景和爭論倒是成形已久。

其他人可能會說：「等等，為什麼要租真的媽媽？叫人工智慧來做這些事情不是更合理嗎？你懂的，為什麼不找機器人來做媽媽的工作？」

「可以啊，但你沒搞懂。現在就可以租到真的媽媽，但人工智慧和機器人還要再過一陣子才會成熟。」

「不，頂多再等三年，人工智慧就可以運用了。」別忘了，這段對話是發生在一九八〇年代初期。

「好吧，還要等幾年不是重點，我們可以先雇用那些需要賺外快的真人媽媽，但是一旦人工智慧和機器人的技術成熟了，我們就不需要雇用她們了。如果頂多只需要再等三年，那太好了。」

「但既然人工智慧很快就會成熟，何必急著找真人媽媽？」

「別想太多，只是應急計畫。」

「但我真的搞不懂，我的意思是，人工智慧就要實現了。」

「好吧，我們不會花太多錢去租真人媽媽。」

「最好不要！」

如今多數人所體驗的網路，就是在那個時候、那種對話中誕生的。

「以後電腦連線上網時，誰有本事經營『租個媽媽』事業，誰就能統御世界！」

「是啊，所以最好是由我們來經營。」

「但是萬一我們做不出來怎麼辦？」

「我們行的。」

年輕的孤獨大師

我頓時冒出一個可怕的想法：我住在一個地方定下來了，不再四處遷徙，我可以交個穩定的女友，談一段真正的感情，我可以開始過成人的生活了，天啊。

之前到處流浪時，我努力迴避「自我探索」這個艱難的過程。如今停下來，不再四處遊蕩以後，反而逼我不得不面對這個艱難的過程，我花了多年的時間才完成這件事。

矽谷所有的異性戀男性都在抱怨矽谷沒有女人。[3] 這種男女失衡狀

3　我們都希望有更多的女駭客。大致上來說，程式設計這件事其實是女性發明的，但二次大戰後，這個專業變得愈來愈男性化。有一個女人為第一家電玩公司雅達利（Atari）編寫了一種熱門的遊樂場電玩，名叫《蜈蚣戰鬥機》（Centipede），還有零星幾位女性程式設計師散布在矽谷。

　　在那個年代，主流文化不讓矽谷有機會去展現真實樣貌：我們真心希望有更多的女性從數學和資工系畢業，但實際上沒有。

態正好和北方一小時車程的舊金山相反。

在舊金山可以聽到每個單身的異性戀女性抱怨，當地所有單身漢都是同性戀。於是，我們彷彿陷在一部古希臘的喜劇中，矽谷男人會定期去舊金山找女人。

許多最慧黠的年輕女性研究某種學派的療法，當時那是研究人類的最好方法。我們研究機器，她們研究人類，我們都註定活得跟以前的人一樣。（如今的模式只是舊瓶裝新酒，聰明又偏好科技的女性改成研究神經科學。）當時有很多女性的心理治療師和實習治療師。我和朋友曾試圖接觸那個圈子，但一九八〇年代的心理治療用語對我們來說往往太艱澀了。

我們前面談過這點。別忘了，那個年代沒有連線的裝置，沒有社群媒體，甚至沒有電子郵件。當時只有最大的科學機構才有電子郵件，而我們心裡也排斥那些機構，覺得它們是屬於我們即將超越的舊世界。那時我們的人際互動，就只有見面聊天。

當時駭客的典型抱怨可能是：「她希望我表達感受，但我說了以後，她又說我的感受不是我的感受。她說沮喪不算一種感受，憤怒和悲傷才算。真搞不懂她想要什麼。」

我偶爾也會如此抱怨，但我主要的問題是一種比較特別的約會失調。

我通常是跟年紀比我大的女性交往，她們通常是坐三望四的年紀，而我才二十出頭。我還記得早期我在市區一家嬉皮素食餐廳裡，跟當時的女友見面的情景。

她走過來時，我正在發呆。

「嘿，回神啊，傑容！」

「呃。」

「你又沒認出我了！」

我記得那是一種「公平感」與「傲慢」交織在一起而衍生的真實感受，因為我們認為身為駭客是最光榮、最重要的事。

「喔，抱歉！」

「你確實知道這就是跟你母親有關吧。」

「天啊，拜託，別再說了。」

「你完全忘了她，不看她的照片，也不和你父親討論她。我聽了實在很想哭。」

「我記得什麼才是重要的事。請妳不要評斷我，我們都只是在想辦法過日子，妳根本不知道我經歷過什麼，也許這跟心理治療書上說的根本不一樣。我們能不能換個話題？聊點別的。」

「你需要面對自己的感受，你難道沒意識到你在傷害自己嗎？你把遺忘當成一種因應現實的機制，現在你連見過的人都認不出來了。你把自己抽離現實人生的話，日子要怎麼過？我如何跟一個連我都看不見的人交往？」

「妳講得太誇張了，我有看見妳，妳很美，很聰明，只不過我經常走神罷了。我需要幾秒鐘的時間，從內在世界轉移到這個外在世界──只需要幾秒鐘！這有這麼糟糕嗎？我覺得這沒什麼，是妳喜歡評斷我。放輕鬆，或許妳能看到我的更多面向，或許妳沒看清楚我的一切。」

「你實在很典型耶！矽谷的男人都是一個樣。」

「是啊，妳看不出來嗎？現在反而是妳看不見我了，妳只看到妳腦中的刻板印象。」

「人生苦短，我不想再浪費時間了。」

然後她就離開了，但這種交往模式沒有離開我。

每次分手，我都覺得整個宇宙好像崩解了。

由於每個單身女性都是心理治療師，我逐漸學會了心理治療的語言。

我學會解說自己的奇怪狀況，並向任何願意傾聽的人解釋，我是在找一個母親，以及那種不切實際的癡心妄想扭曲了我的每段感情。我沒說的是（因為當時我還沒領悟到這點），我尚未經歷足夠的悲傷，因此無法打從心底感激「我母親曾經陪伴我」這件事。

領悟

沒錯，當時我真的沒有認出我女友。

現在可能是個坦承我有一點認知怪癖的好時機，我是約莫那個時候才開始注意到這個問題。或許讓你知道我的記憶缺失，會讓你對我的記憶力更有信心，但願如此。

讀者讀到這裡，可能在想，這本書該不會是魔幻現實之作吧。一部分故事甚至還發生在墨西哥，以目前為止的內容來看，確實是如此，但並非刻意為之。

唉，我已經盡力寫實了。我的認知能力難以細膩精準地重建過往的歷史。原因之一在於，我有中度的「臉孔失認症」（Prosopagnosia），也就是俗稱的臉盲症。我通常無法一眼認出認識的人。[4]

我有一些朋友是知名演員，但我在螢幕上看到他們時，完全認不來。對演員來說，有我這種朋友可能是壞事，也可能是好事，就看他的演技好壞而定。只有臉盲的人才能真正地欣賞電影，不受明星的迷惑。

這也是我在本書中以「寡婦」或「父親」這種模糊的稱呼來指一些人的原因，我寧可我傳達的記憶不完整，但至少是千真萬確的。那些事情確實發生了，但人物已不可考。（當然，有些例子是我刻意隱藏當事人的身分。）

坦承個人的認知有限，至少是追求智慧的開端，但那也只是一個開端罷了。我三十幾歲以前，始終沒意識到自己有臉盲症。一旦我意識到以後，我開始知道某些問題是怎麼回事，但是問題依然存在。

後來我不僅接受了臉孔失認症，也開始意識到它的好處。我始終深信認知是多元的，不尋常的頭腦可以發現其他人忽略的重要事物。既然

4　沒有人知道確切數字，但是每四十人中約有一人有這個症狀，而且很多人跟我一樣，多年後才意識到自己有臉盲症。當然，有些人一輩子也沒意識到這個問題。

　　你可以利用其他的方法來認人，例如透過對方出現的地點、他周遭的人、他的動作怪癖，或技巧性地跟他開聊、看他的打扮風格及配件選擇（刺青的流行也有幫助）來辨識他的身分。

我無法一眼認出別人，為了辨識出對方是誰，我必須特別注意他們的言行舉止及融入世界的方式。

大家說我是聰明人，但我不確定智識是否有單一的衡量標準。我熟悉的人的心智都比我最初對他們的想像還要卓越，只不過每個人是以不同的方式接觸世界罷了。（多年後，我和別人一起發明了辨識人臉的數位裝置，但我最終並未使用它，只有傻瓜才會想追求「正常」。）

我還有更多的事情想要告解。我的語義記憶也有怪毛病，三十五歲以前，我無法按順序記住英文每個月的說法。多年來，經過努力，我變得比較正常了，現在已經可以記住正確的順序。

如果連記住月分的順序都有困難，你想想，要記住派對有多難。我到現在還是很怕有人突然對我說，我們在會議、音樂會或其他聚會上度過多麼美好的時光，令他脫胎換骨之類的。

難道我不記得一九八〇年代，我在類似胡士托音樂節（Woodstock）的虛擬實境活動上，做了迷幻般的 VR 演示嗎？現場每個人都很震撼，那難以磨滅的驚豔感，至今記憶猶新。難道我不記得曾去醫學院做「外科模擬」的演講嗎？難道我不記得曾在某次會議上跟一位年輕的資工系研究生說話嗎？

就像臉盲症一樣，當你面對一個友善的傢伙興匆匆地提起往事，卻無法滿足他親暱又略帶羞澀的期待，感覺實在挺糟的。我曾在無意間得罪人，雖然我辯稱那是我的問題，不是他們的問題，但對方聽起來可能會覺得很掃興又奇怪吧。我常希望自己說謊技巧好一點，這樣就能假裝記得，糊弄過去。

這個問題的部分原因在於，類似的活動實在太多了。我們的世界裡充斥著許多菁英會議、商展、派對和典禮。

雖然記憶有缺陷，但唯一慶幸的是，我還能分清楚何時我記得住、何時我記不住。我覺得一段記憶很真實時，即使只記住一部分，我也有把握那是真的。這種感覺就像直覺知道程式沒有 bug 一樣，我在內心深處可以感應到事實本身的實感。

如果我不擅長記憶活動、面孔或順序，我該如何瞭解自己的人生

呢？

　　我是以「概念」的方式來記住過往的體驗，我記得自己經歷的故事如何為我闡明一些更深的問題。於是，那些經歷變成了寓言。

　　我記得幾十年前與別人對話的細節，因為那些細節後來變得很重要。例如古怪的女繼承人、墨西哥將軍等形形色色的人物，他們都很特別，他們在我的個人寓言中是不可或缺的人物。我記得理查·費曼曾教我用手指做四面體；記得賈伯斯曾羞辱一位硬體工程師，以藉此展示如何累積「權力」這個神祕的特質，當下我嚇得龜縮在一旁；我也記得馬文·閔斯基（Marvin Minsky）曾教我如何預測一項科技何時會開始降價及轉趨成熟（他是以基因學為例）。

　　希望現在大家都清楚，我也記得一些內心深處的主觀感受，例如心情和美感。

　　那是我體驗世界的兩個支柱：一是面對眼前現實那難以言喻的強烈感觸，另外便是一個個的想法，也就是構成思想的支架。

　　我以萬花筒般的多變方式來記住我的人生，或許可以稱之為立體派。現在，讓我們回到那張帶有裂紋、但希望還算可靠的記憶「畫布」上。

不由自主

　　也許我對自己過於嚴苛，但我記得，我偶爾會愚蠢地把約會對象拿來試探一番，在對話中加入未來「大師談話」的內容。我故作正經地侃侃而談，極度專注，目光炯炯有神直射對方，雙手飛舞，將抽象概念當作戲偶般操來弄去。

　　「每個人都一定有個宏闊的內在，像卡爾斯巴德洞窟那樣。裡頭肯定會有一些感受、奇光、想像的事物是難以用語言表述的。就某些方面來說，多數人可能本質上是天才。」

　　「好吧，傑容，你講的很棒，但是慢著，你可以先讓我講一分鐘嗎？」

　　我花了好幾年的時間，才學會讓人先講那一分鐘。真尷尬，但是成長需要時間。更尷尬的是，我大放厥詞的內容通常是談人與人能夠接觸彼此。

　　「我快講完了，再等我一分鐘。我保證，我講完以後就讓妳講。這次我保證是真的。接觸現實的最基本方式是透過數學，那是最萬能的試金石。」

　　我日益覺得，人類透過科技會變得愈來愈不孤立。（但我當時的想像，絕對不是現今這種商業化的社群媒體，充斥著偷偷收集資料的演算法，它們組織、「優化」人類，都是為了追求大型網路公司的利益。）

　　換她說了：「我轉到化學系以前，數學還不錯，但不覺得數學有多深遠的意義。我們可以聊點別的嗎？一下子就好？」

　　「我知道很多人對數學很陌生，覺得那就像外星世界，但那種觀感可能沒有反映出最深的真相。也許宇宙可以製造出比地球上更多的差異。外星人可能有多怪？也許他們是某處由時空中的小扭結而生的生物，他們永遠不知道我們認為稀鬆平常的東西，例如液體和固體。他們可能也沒注意到一般恆星的存在。但是再怎麼奇怪的外星人，都懂數學。」

　　「傑容！你面前就有一個外星人，這個外星人想跟你交流，但可能不想以數學交流，也許就一次不用數學就好。」

　　「哦，好。哇！這裡有一個可愛的外星人，但我可以先說完這個想法嗎？不然它會一直在我的腦中盤旋。」

　　「哦，好吧。」對方投降，把身子往後靠，竟然還能保持專注繼續聽我說。

　　「外星人懂的數學跟我們的數學一樣嗎？這是很奇妙、難解的問題。外星人知道的數學中，可能有一部分跟我們的不同。但如果他們能瞭解我們的數學，就必須認同我們的方法。雙方都努力的話，應該可以找到共同點，這就是數學神奇的地方。」

　　「好，我也覺得有理，但為什麼數學不能是一個吻呢？」

　　「好問題。」我只給了肯定的答覆，卻沒有親她。「再一下子就好

了……未來會出現一種科技，可以把妳的全身和整個世界轉變成任何東西，我稱之為虛擬實境，妳可以變成一種拓撲形式，緊密交纏，而且……」

她已經吻上來了。

以數學對抗孤寂？

我試著向那個女友解釋時，內心燃燒著一種奇特的烏托邦迷戀。

我覺得這個世界需要一個工具，它可以自發地發明新的虛擬世界，以表達難以言喻的想法。如果你可以想像出貼切的虛擬世界，那可以開啟靈魂、數學和愛情。

這個想法是否瘋狂，我們暫且不論。在一九八○年代初期，實際落實這個概念肯定是瘋狂的，但我嘗試了。

首先，我與那些對「視覺程式設計」感興趣的一小群人聯繫。所謂「視覺程式設計」，是指你藉由操控圖像來掌控電腦，而不是藉由連串的程式碼。

那時的電腦跑得很慢，你可以感覺到電腦的內部拚命地運轉，那個速度幾乎仍在人類直覺的掌控中。程式設計非常具體。由於你可以想像機器內部的樣子，就也可以輕易想像電腦圖形的視覺化。

那時的程式設計像伊甸園，如今則像擁擠的官僚組織，你的程式碼必須配合雲端既有架構的無限層級。（我們現在是在電腦科學「三聯畫」的中間那幅畫中嗎？）

我不是唯一深信程式設計可能變得更視覺化、更直覺的人。我在《哥德爾、艾雪、巴哈》（*Gödel, Escher, Bach*）中，讀過史考特・金（Scott Kim）的故事，我也因為華倫・羅賓奈特（Warren Robinette）開發的美好電玩而認識他這個人。[5] 我們見面時，一起工作到深夜，畫出草圖以

---

5 史考特・金以對稱的書法藝術、數學舞蹈團，以及他在視覺程式設計的研究成果著稱。侯世達（Douglas Hofstadter）在一九七九年出版的暢銷書《哥德爾、艾雪、巴哈》（*Gödel, Escher,*

顯示未來的人如何運用數位世界來相互連結。

我有一個奇怪的小專案,是做純粹的聲控通用型程式語言,與視覺毫無關係,完全是以唱歌的方式掌控。

我的人生出現了奇怪的發展。一九八二年左右,我開始有錢了。設計電玩為我帶來了權利金!我覺得把那些錢拿去炒房或炒股既不正當又奇怪,我唯一能想到的用途,是拿那些錢來開發我一直想要嘗試的夢想機器。

那個年代,即使有不錯的預算,在自家車庫打造 VR 也是難以想像的事。即使有無限的預算,你依然買不到夠好的電腦,以即時呈現出像樣的虛擬世界。

但自己出資投入實驗性的程式語言研究是可能的,所以我這樣做了。

附錄二解釋當時我在做什麼,希望你能花點時間看一下。目前為了繼續聽後面的故事,你只需要知道,那時我努力開發了一種程式設計,我稱之為「表型互動」(phenotropic)。

Bach)中介紹了金。那本書首度從數位觀點帶一般大眾看生活和宇宙。華倫‧羅賓奈特開發了《洛基的靴子》(*Rocky's Boots*),那是最早出現的「自造者」電玩之一。那個電玩讓玩家在早期的八位元電腦螢幕上建構視覺程式。華倫後來加入北卡羅來納大學教堂山分校的 VR 實驗室。

10 沉浸感

即將創立第一家 VR 公司的群體逐漸成形。

女性是社會的幹細胞

善意可能是宇宙中最真實的束西。我招募了一群同好來幫我實現那個瘋狂的設計。這至今仍令我感到不可思議。那年代的人十分開放，樂於參與瘋狂的計畫。

對那些願意投身冒險的怪咖夥伴，我至今依然難以表達感激之情。還記得那個來自桑尼維爾電玩公司的史蒂夫・布萊森嗎？還用問？我當然願意去傑容的小屋，沒日沒夜地研究那個奇怪的實驗性程式語言——他就是擺出這樣的態度。

每個投身研究新程式語言的人，都低估了它的難度。我和史蒂夫很快就感到吃不消了。我們需要找更多的人手來幫忙，更多能在其他的地方自力更生的聰明人，更多願意為了探索無限影響力而辛苦投入早期冒險的人。但是，我們去哪裡找這種人呢？

我們又聚在那家駭客愛去的湘菜館裡。「召喚『女性人脈大師』（Grand Networking Females，簡稱 GNF）的時候到了。」

「誰啊？」

「他應該召喚北部的 GNF。」

「不，是南部。」

我只能擠出一句：「聽起來好像我們在綠野仙蹤的世界裡。」

「你也注意到了！」

我不知道該怎樣描述一九八〇年代矽谷的這個面向才好，總之，在網際網路出現以前，女性是自然社交圈的統籌者。對真正的矽谷來說，商業經營的獵頭根本無足輕重，他們只是小騙子罷了，只會對我這種菜鳥下手。

當時矽谷的實際運作，有賴一小群女性運籌帷幄：她們不是什麼有組織的團體，但人脈極佳、手腕極高；她們將每個人連結起來，推動公司創立，甚至是整個科技發展。說起矽谷的歷史，總是會提到賈伯斯那樣的業界領袖，那當然是必要的，但你從來不會看到幾個女性的名字名列其中。她們對矽谷的貢獻，可能跟那些業界領袖一樣多。

琳達‧史東（Linda Stone）就是湘菜小館那批駭客口中的北部GNF，後來先後在蘋果和微軟擔任知名的高階主管。她對矽谷的早期演變，有巨大的無形影響力。即使列出洋洋灑灑的成就清單，還不足以完全囊括她的角色。在大家仍靠光碟傳遞消息的時代（還有人記得 CD-ROM 光碟嗎？），她就讓蘋果開始製作「內容」了。她也在微軟啟動早期的 VR 研究。但她真正的無形貢獻在於，很多駭客之所以到某家公司任職或參與某個專案，都是她一手促成的。

洛杉磯（亦即「南部」）的可可‧康恩（Coco Conn）認識矽谷的每個人。一九八〇年代的 VR 場景中，至少有一半是靠她牽成的。專業上，她在 VR 中與孩童合作，並為電腦協會的電腦繪圖會議聯盟（Special Interest Group on Computer Graphics conference of the Association for Computing Machinery，簡稱 SIGGRAPH）籌畫 VR 活動。位於美東麻省理工學院（MIT）的瑪格麗特‧閔斯基（Margaret Minsky）也是人脈大師。此外，VALS 的關鍵人物瑪麗‧史彭格勒（Marie Spengler）也是其中一位。VALS 也就是價值觀和生活方式改善計畫（Values and Lifestyle

Program），是史丹福研究院底下徹底轉變二十世紀行銷學的單位。[1]

我不記得當時是否有人討論過，GNF可能最終會被AI機器人取代，就像覺得AI機器人也可能隨時取代「租個媽媽」服務一樣，但矽谷確實嘗試這樣做了，這就是今天所謂的「社群網路」，只是效果沒有那麼好。

我在矽谷第一個長期交往的女友，也是GNF，只不過沒那麼有名。我不會在此提到她的名字，因為她不算公眾人物，但她帶我認識了許多同行。當時她在史丹佛大學攻讀有關男性性欲方面的博士學位，住在駭客文化根源的核心。一位昇陽公司的草創元老和蘋果的第一位員工在當時都是她的室友。

我透過她，認識了安‧萊絲可（Ann Lasko）和揚‧哈威爾（Young Harvill）。他們原本在華盛頓州一家名叫「長青」（Evergreen）的嬉皮學院裡教藝術，之後到史丹佛大學攻讀博士學位。安攻讀工業設計，揚則是美術研究所的畫家和全像攝影師。他倆成婚了，在我們的圈子裡可是件驚人的新鮮事，還養育了一對活潑好動的孩子。

不可能的物件

當時，對多數的單身駭客來說，孩子不過是一種理論、抽象的概念。我還記得，我和其他的男性聊過，以後要是有了孩子，等他們一出生，就幫他戴上VR目鏡，並隨著孩子的成長，更換愈來愈大的頭戴裝置，讓孩子只知道VR。如此一來，我們的孩子就是在4D世界裡成長，也會成為有史以來最好的數學家。

數十年後，我為女兒剪斷臍帶時，腦中閃過那個已經遺忘的約定。我當然沒帶嬰兒用的VR系統進產房。後來，女兒莉莉貝兒（Lilibell）八九歲大時，我告訴她這件事，她氣呼呼地說：「我本來應該是第一個

1　你可以在紀錄片《探求自我的世紀》（Century of the Self）中看到瑪麗受訪。

活在 4D 世界裡的孩子，你竟然沒讓我這樣做？」接著，她要求我給她
4D 的 VR 玩具，之後她就很擅長操作超立方體，所以這個故事告訴我們：
學習永遠不嫌晚。

如果你也想這麼做，請注意，目前 VR 研究圈裡有一個共識：不該
讓未滿六歲的孩子進入 VR，有些研究人員建議等孩子八九歲時才讓他
們接觸 VR。得先讓孩子有機會在人類神經系統演化的環境中，發育出
基本的運動技能和觀感，知道嗎？

我女兒和這個星球上的其他孩子接觸 VR 體驗的機會一樣多，而且
她愛死了。我的喜悅之情溢於言表。但她也很喜歡在彈跳床上蹦蹦跳
跳，喜愛的程度不亞於 VR。我覺得她這樣沒錯，VR 應該當成生活上
的樂趣來享受，但不是生活的替代品。

我注意到，相較於影片或電玩，孩子使用 VR 的方式比較健康平衡。
當然，宣判 VR 優於影片或電玩之前，還需要更多的研究證實，但早年
我們開發 VR 時，都覺得以後會是這樣。電視和電玩會把人帶進一種類
活屍的狀態，孩子特別容易沉迷其中。但 VR 是動態的，使用一下子便
會感到疲憊。

三聯畫

安和揚都是優秀的插畫師，我和揚一起畫了幅三聯畫，以描繪自然
實境（或稱「直接」實境）、混合實境、完全虛擬實境的三種圖像（前
兩幅是揚畫的，最後一幅是我的奇怪作品）。

在我們的三聯畫中，同一對夫妻正在進行情感上的交流，觸摸彼此
的臉。後來我跟投資者推銷第一家 VR 公司的概念時，就是以這些圖畫
作為概念形象。

我把三幅畫垂直排列，這樣才能把自然實境放在最頂端。為了避免
混淆及鑽牛角尖，自然實境一定要放在最上面。

為什麼要把混合實境放在中間呢？當時的混合實境，其實是沒那麼

激進的折衷手法。[2] 至於比較
激進、全面轉型的東西，則是
完全的 VR，亦即最後那幅圖
案。不過，混合實境比較難以
實現，數十年後才終於出現。
因此，我們現在反而認為混合
實境比較激進，是更具未來性
的變體。

　　那幅舊的三聯畫仍掛在我
家，至今依然給我很大的鼓
舞。它推崇人與人之間的聯
繫。你看不到目鏡、手套或任
何裝備。它在直接實境以及盡
可能隨時讓一切事物變得異乎
尋常的衝動之間，拿捏了一個
奇妙的折衷點。

　　也許應該讓安來經營我們
後來創立的公司，她是我們這
群怪咖中，情感上最成熟的
人，我們若是彼得潘和他永無
島上那群男孩，她就是我們的
溫蒂，她也設計出第一批的虛

擬化身，VR 早期的感覺也大多出自她的設計。揚也是全像攝影師，多
年來他為「資料手套」設計出新的光學感測器，還有一些有趣的創新。

　　安和揚介紹我認識長青學院的其他人，尤其是查克・布蘭查（Chuck
Blanchard）。查克是史上最優秀的程式設計師之一，因罹患多發性硬化

2　想深入瞭解「混合實境」這個詞的原始意義及後來演進的意涵，參見第十八章的「名稱定調」
　單元。

揚穿上奇裝異服（一般稱之為「西裝」）　安拿著頭戴式 VR 裝置的原型。
來示範「資料手套」。（安・萊絲可攝影）

症，只能坐在輪椅上。他可能是我們這群怪咖中最良善可親的人。

　　請容我坦承一件事：只用這本書來描述這些對我如此重要、充滿耐心又大方的貴人，我感到誠惶誠恐，光用一本書根本不足以描述他們對我的重大意義。

　　查克從以前就是一個神級的程式設計師，至今仍是。弗雷德・布魯克斯（Fred Brooks）很久以前就在其經典著作《人月神話》（*The Mythical Man-Month*）中說過，程式設計師在能力上有天差地別的各種級距。一位頂級的程式設計師，往往可以超越一群優秀的程式設計師。最頂級的程式設計師都是業界傳奇，例如比爾・喬伊（Bill Joy）、理查・史托曼（Richard Stallman）、安迪・赫茲菲爾德（Andy Hertzfeld）等等[3]……我算是那個等級的嗎？也許很早以前我在設計電玩《月塵》時，有短暫一段時間還稱得上，但查克無疑是有史以來最好的一位。

　　查克有種類似伐木工人的和善氣質，洋溢著隨性但令人驚豔的才華。他雖然不良於行，但依然可以用雙手做程式設計。他的神經科學家女友來自夏威夷，是大家公認的大美人。每次她來訪時，有些駭客會偷

3　比爾是昇陽公司的創辦人之一，昇陽曾是矽谷巨擘。他寫過一篇知名的警世文，標題是〈為什麼未來不需要我們〉（Why the Future Doesn't Need Us）。「開源碼運動」是理查構思出來的，你可以在拙著《別讓科技統治你》（*You Are Not a Gadget*）中讀到我們的討論。麥金塔電腦最原始的作業系統是安迪寫出來的。

查克・布蘭查和牆上掛的數十個「資料手套」的原型。（安・萊絲可攝影）

偷溜出去，因為他們覺得她美到讓他們受不了，這當然不是她的問題。

現實引擎的引擎

那個年代既讓人振奮，也讓人沮喪。我在夢中常清楚見到視覺 VR 成熟時的樣子，白日夢亦然。通用型 VR 頭戴裝置上市時，會是什麼樣子？當時市面上還沒有那種產品，那種玩意兒真的上市時，是用鬆緊帶固定在身上嗎？你要怎麼製作那種東西呢？還有，聲音該怎麼呈現呢？電腦需要跑多快，才能模擬出 3D 效果？

當時我們正處於黎明前的曙光中，還沒有夠快的電腦可以符合 VR 的視覺需求。或者說，那時的電腦功率還不足以讓 VR 成為用起來開心的東西，更何況是運用在實際的用途上。

你可能以為那是很棒的關鍵時刻，是一個充滿期待的神奇時刻。但實際上，癡癡等候摩爾定律（Moore's Law）稍微提升，是很大的折磨，那就好像緊盯著一壺始終燒不開的水一樣。

根據摩爾定律，你大可一直騷擾那些不懂這個定律的人，直到他們領悟為止，「電腦以愈來愈快的速度提速、降價、大量生產，快到人類的直覺難以掌握」。少數能想像未來的人，就能掌握世界。這個定律從

以前到現在一直是主導矽谷「命運觀」背後的神學理論。

對「瞭解」摩爾定律的人來說，這個定律意味著我們發現了終極的先機。無論我們編寫什麼程式碼，那都免不了會改變世界的文化和政治，以及人類身分的根本結構。這不是幻想，而是理性的推論，而且已經有事實證明了。

這個神聖的定律從以前傳頌至今，我們那些咒語在外人聽起來不知所云，但我們都知道它的威力。

現在大家仍一再提起摩爾定律，即使定律本身已經有點失真。電腦不可能永無止境地變快，又永無止境地降價。

如今我們已經窺見速度減緩的跡象，那也預示著摩爾定律的臨終歎息。到時候可能會像西線無戰事時那樣，美國頓時覺得悵然若失（「與人類的想像力相稱」），整個國家因此陷入空虛的鍍金時代（Gilded Age）。[4] 那與今天的情況沒有多大的差異。

這裡姑且讓我暫時離題，談一下我剛到矽谷時常遇到的摩爾定律爭論。

我說：「其實這個定律只是在講人類的理解力會不斷提升，其他地方把這種現象稱為『加速的學習曲線。』」

如果你想在矽谷交朋友，千萬別說出這種話。

「你沒搞懂。人只是幫機器繁殖及進化的性器官罷了。」矽谷每個人都很愛假仙做作地引用麥克魯漢的話。[5]

我反駁：「你要看什麼能加速、什麼不能加速。晶片以愈來愈快的速度精進，但使用者介面設計（user interface design）卻沒有。兩者的差

---

4 〔編註〕「鍍金時代」（Gilded Age）指美國南北戰爭（1861-1865）到第一次世界大戰（1914-1918）結束的時期，此時美國經濟起飛、工業蓬勃發展，但財富和權力逐漸遭少數人壟斷，貧富差距急速擴大，政局日益腐敗，衍生出許多社會問題，「鍍金」之名即暗喻此時代「金玉其外、敗絮其中」；二十世紀以來，美國貧富不均問題益發嚴重，故許多人指出美國目前正處於「新鍍金年代」（New Gilded Age）。

5 〔譯註〕麥克魯漢說：「人類變成了機器世界的性器官，就像蜜蜂是植物世界的性器官一樣，發展出新的關係。」

別在於，我們能精確定義晶片的優勢和功能。既然我們可以掌握得那麼精密，就可以愈來愈瞭解晶片。相對的，使用者介面則跟人有關，人是生活在沒有限制的廣闊世界中，我們無法確切掌握某種情境，因此不可能達到同樣的學習曲線。」

「如果你說的沒錯，我們最好想辦法給人設下更多的限制，否則世界永遠無法變得更有效率。」

「你在講什麼啊！」面對這種凡事追求優化的大師，你實在很難跟他爭論。

我覺得我們不該嘗試優化人類，但我非常贊成優化電腦硬體。我曾經說過，未來勢必會出現夠好的 VR 電腦，也描述過它的樣子，我稱之為「現實引擎」。3D 運算是在硬體內完成，而且不僅是為了標準化物件而設計，例如飛行模擬器中的地形。現實引擎可以顯示任何形狀，而且是以實體表面顯示，而不是以線框圖表示。最終虛擬的物件上將能產生陰影！立方體遠離虛擬光源的那幾面會看起來比較暗！這種概念實在太美好了，難以用幻象來傳達。

製造現實引擎難道是我們這個小群體的任務嗎？當然不是！那時有一群史丹佛畢業生才剛創立視算科技公司（Silicon Graphics），目的就是打造我們需要的東西。但他們還沒有創造出任何成果，所以我們一直在等待，等得有點心急。

從觸覺入門

即使早年還沒有適合的 3D 圖像可用，但我們可以深入探索「觸覺」（haptics）。[6]

廣義來說，「觸覺」是指皮膚、肌肉或肌腱的感應細胞所傳來的感

---

6 這個字來自希臘語的「haptikos」，意指「能接觸到」。數學家伊薩克·巴羅（Isaac Barrow）在一六八三年出版的著作《數學課》（*Lectiones Mathematicae*）裡，提議把這個字納入英語，但最近大家才比較常用到這個字。

覺，通常是指透過脊髓傳遞的感覺，而不是透過感覺器官和大腦之間的專門神經束所傳遞的感覺。我們不可能把這種感覺與人類的運動區分開來，所以觸覺不僅是感覺而已。觸覺也包括接觸和感受，以及身體感覺其身形和動作的方式，還有障礙的阻力。要精確定義這個術語非常困難，因為身體感知自身及世界的方式仍充滿了未解之謎。

觸覺至少是你對於溫熱、粗糙、柔韌、尖銳或搖晃的表面所產生的感覺，也是你踢到腳趾或舉起重物的感覺。它可以是親吻、貓咪壓在大腿上、柔軟的床單、木條鋪成的沙漠公路。它可以是製造生命的性愛歡愉，也可以是終結生命的疾病痛苦。它也是承受暴力的終端。

觸覺與其他感覺的重疊度最高。我們常把內耳的前庭系統視為人體感應運動的方式，但整個身體也能感受到重力和動能，身體就像一株長滿加速度感應器的樹一樣。在適當的環境中，我們可以透過腳及身體的任何部位來感受聲音。（自從重低音喇叭發明後，「夜店」這個詞就代表這種環境。）

觸覺是否包括胃痛？這有待商榷。

我喜歡這種觸覺形式，部分原因在於我們還沒學會善用它或充分理解它，是個待開發的私人領域。

相較於顏色、形狀或聲音的討論，我們不是那麼擅長談論觸覺。智慧型手機鏡面的理想觸感是什麼樣子？光滑，那當然，但水槽也很光滑。智慧型手機應該要極致光滑、流暢光滑，但要帶點介於感知邊緣的手感，稍稍讓人能夠抓握，才不會像冰塊那麼滑手，但要用什麼字眼來形容最貼切呢？[7]

我們常以視覺比喻來傳達分析的熟練度，因為我們可以清楚看到一個情況。但觸覺比喻通常是用來傳達直覺、直接的反應。觸覺所傳達的是，你是世界的一部分，而不是觀察者

相較於觸覺，其他的感官與外界的事物較為疏離。眼睛和耳朵會互

7　為智慧型手機製造玻璃面板的人，可以用量化的工程術語來談這些屬性，但他們使用的詞彙並未普及成日常用語。

相影響，它們敏銳、潛意識地改變方位，以進行探查（採用「間諜潛艇」策略）。然而，觸覺需要直接接觸世界。你需要觸碰事物，才能感受它們，而為了感知事物，你或多或少會改變它們。

每次觸摸，多少會使觸碰的東西少掉一點點。例如，麥加的聖石每年都會變小，手機鏡面最常被觸摸的地方，也會出現細微的擦痕。你在你的世界中，就像天氣一樣，慢慢消磨你碰觸的東西，這就是感覺的代價。

如今我回想當時的情況，覺得摩爾定律逼我們「逐步」為每種感官形式打造出實用的裝置，而不是一次把所有的裝置打造出來，是很有趣的經驗。我們先為觸覺打造裝置，接著為聽覺、視覺，然後為嗅覺、味覺，以及其他可能出現的感官。這實在很有意思，因為我走出喪母之痛後，逐漸恢復感知世界的能力時，也是以同樣的順序慢慢恢復那些感官功能。

觸覺的古怪動作

一位早期的團隊成員為我們的觸覺研究帶來了很大的進展，他不是透過那些女性人脈大師介紹進來的。

某次我演講完後，湯姆・齊墨曼（Tom Zimmerman）走過來說：「嘿，你談到跨入 VR 領域，你猜這麼著？我自己打造了一個感應手套！」矽谷就是那麼神奇，你隨時都有可能像這樣碰到志同道合之士。

我們的相遇實在棒透了。當時我們在研究上遇到了一大障礙：你只能透過滑鼠、光筆或搖桿之類的裝置來和電腦進行空間上的互動，而且那時滑鼠還是很新奇稀有的東西。不過，如果能捕捉到整隻手的動作，就有可能抓起虛擬物件、雕刻素材，甚至彈奏虛擬的樂器。我們終於找到一種銜接人體的自然表達方式和數位世界的工具了——就字面上來說，真的是「到手」了。

我把湯姆介紹給史蒂夫、安、揚、查克，以及後來成為 VPL 成員的其他人，然後開始投入研究。我們在我那間搖晃的小屋裡，在八位元

機上打造了一系列令人驚歎的樣本，其中一個叫 GRASP（譯按：「抓住」之意），因為它是用一個手套操作。

當年的湯姆。

你在螢幕前移動你的手時，螢幕上會出現一隻電腦繪圖的小手跟著移動，並模仿你的手勢。接著，你可以抓住及操控一些形狀和形體，以改寫你當下的體驗。

GRASP 的運作速度很快，因為螢幕上的圖像直接操縱了機器的程式碼，這點可以參見我在附錄中談「表型互動」時所做的說明。你可以構建遊戲、數學模型、有趣的藝術。這一點都不複雜，但在當年還是屬害又唬人的東西。

我們沒有打算讓這項研究上市，也沒有尋求學術上的榮耀。我們沒有打算發表或在會議上展示，純粹是為了樂趣而做，是大夥兒享用港式飲茶時，拿出來分享的玩意兒。

如今智慧型手機和個人電腦的運作方式，主要是歸功於艾倫·凱早年提出的遠景，他可說是那背後的主要遠見家，也是伊凡·蘇澤蘭以前的學生。他當時看到 GRASP 時，說那是在微型處理器上寫過最好的程式（不過，這裡需要釐清，他在全錄 PARC 的研究是使用不同的晶片，名叫「位元片」）。我不知道如今還能不能看到當年設計的相關影片，應該早就找不到了，就像很多早期的軟體文化那樣，是建立在無法重建的舊機器上。

11 穿戴新發明
（關於觸覺及淺談虛擬化身）

盲目的綁定

目前（二〇一七年左右）最流行的一些 VR 頭戴裝置，尤其是那些以智慧型手機為基礎的裝置，幾乎沒什麼互動功能。你只能環顧四周，也許可以按個按鈕。這種玩意兒怎麼會有人接受呢？只有視覺的 VR 算什麼東西？

視覺已經主導文化很長的時間。自古以來，視覺記錄就超越了時間和空間，是建構信史的工具。至於語言或音樂的聲音記錄，在近代以前，只能透過「視覺標記」實現。實際的聲音記錄只有一百多年的歷史，而且只記錄了一小部分。觸覺的記錄更是少之又少，只在早先一些極其有限的實驗中記錄下來。直到最近，視覺才將幾個時代連接起來。

二十世紀，視覺激發了別具自我意識的思考。許多新的學院系所成立，投入研究電影拍攝、字體排印、攝影、各式繪畫、平面設計等專門的視覺學科。我們都很喜歡談論眼中所見。

視覺讓我們感覺比較優越，所向無敵，就像老鷹從幾百英尺的高空上發現老鼠一樣。一元美鈔的金字塔頂端放著一隻眼睛，沒有人想過放一隻耳朵，因為一覽無遺的眼睛象徵著金錢的權力。男性有一種觀感習慣稱為凝視，而非嗅聞——你可能已經聽到小道消息，但覺得需要眼見

我也想不通為何我要咬著「資料手套」拍照。在這張照片中,我站在一群早就消失的帕羅奧多簡陋小屋前。VPL 成立以前,我們在這裡打造 VR 原型。

為憑。

可能還要再經過幾個世代才會完全接受,「視覺主導」在資訊時代是多麼落伍的事。現在起,任何人只要擁有最好的電腦雲端,都可以密切關注別人。自己的雙眼已經變得愈來愈不重要了。

手勢演示;數位介面 [1]

我和湯姆及其他的夥伴在製作頭戴裝置與其他的裝置之前,對 VR 手套非常癡迷,部分原因在於我們別無選擇。當時的電腦速度只能顯示螢幕上的圖像,還無法顯示目鏡裡的圖像。

---

1 手和屁股一樣,很容易變成雙關語的素材,它們都是人類最根本的部位。如果你有機會遇到我,別跟我講一堆 VR 的雙關語,因為我都聽過了。

但這也算是因禍得福。

「輸入」比「顯示」更重要，你在 VR 中的輸入就是你自己。

我實在不懂，為什麼現在有些人對如今流行的那種無互動 VR 那麼著迷，例如那種只能在全景影片中環顧四周的體驗。

如果無法伸手觸摸虛擬世界並操作它，你在裡面只是一個二等公民罷了。裡面的其他東西都與虛擬世界的構成有關，只有你獨立於外。

這個問題很微妙，唯有親身體驗過才能理解。VR 是一種主觀的存在，但我會盡力傳達那種感覺。如果你在 VR 裡只是觀察者，那跟幻影沒什麼兩樣，甚至比鬼魂還要次等，連嚇人的本事都沒有。

如果 VR 沒有互動功能，也無法對虛擬世界產生影響，多數人過了最初的新鮮期以後，都會對 VR 失去興趣。但即使是伸手這樣簡單的動作，當你看到虛擬化身伸出來的手還是你，而且仍有反應，依然敏捷時，那本身就是一種樂趣，我從未對此失去興趣。

在下面有關手套的討論中，我談到手套時，彷彿如今我們知道的那種 VR 頭戴裝置已經問世了，但其實 VR 頭戴裝置是幾年後才出現的。

有了「資料手套」，你可以撿起虛擬的球，把它扔出去；或是拿起一根虛擬的木槌，敲擊虛擬的木琴。我很訝異有人竟然可以忍受 VR 連這些簡單的事情都無法做。

或者，你也可以在 VR 中模擬外星攀岩。那懸崖高高聳立，栩栩如生。攀爬時，雙手可抓握的地方不斷晃動。頂端是一個難以想像的高度，當你爬到頂端後，可以抓住滑翔翼，翱翔而去。

人類是隨著雙手演化的！我們應該善加利用雙手。

被動觸覺

我們最早的 VR 手套通常只有感應器，亦即完全被動的。它們會辨認手的形狀，但無法直接傳達任何身體的感覺。我們實驗了多種蜂鳴器、發熱器等等，但那些東西的功能都不夠強大，無法成為主流。

當使用者完全沉浸在 VR 時，偶爾會提到他們感受到「聯覺」，[2] 我也有那種體驗。

以下是我演示時常用的一招：在 VR 演示中，讓參與者看到一張虛擬的桌子，接著要求他用力拍那張桌子。如果手接近桌面時，螢幕上出現逼真的手影，而且手掌觸及桌面時，也發出逼真的聲響，多數人的手會立即停下來，即使實際上並沒有東西造成阻礙。

VR 就像舞台魔術或催眠術，聲響和說服暗示很重要。如果你自信滿滿地告訴參與者：「**等一下會**出現實體的妨礙」，他的手會停止得更突然。

第十四個 VR 定義：應用在數位裝置上的魔術。

當然，我們也夢想過，不必穿上特殊的服裝，就能感覺到雙手和身體的運作。這要到一九九〇年代末期透過深度相機才終於實現。深度相機是從現實世界收集 3D 立體資訊，讓軟體分析身體在做什麼，所以不需要穿戴 VR 手套或服裝。

157 頁的圖就是早期深度相機拍攝我的影像（事實上，我們用了好幾台相機，並相互比對它們拍攝出來的圖像以衍生 3D 形狀）。這是一九九〇年代我在「網二工程辦公室」（Engineering Office of Internet2）擔任首席科學家時做的。那是一群大學實驗室合作的專案，但 3D 圖像的取得主要是依賴露曾娜・巴克希（Ruzena Bajcsy）和科斯塔斯・丹尼里迪斯（Kostas Daniilidis）在賓州大學的研究。

如今使用非常平價的一般深度相機，就能估算出雙手或整個身體的形狀，例如微軟於二〇一〇年首先為 Xbox 遊戲系統推出的 Kinect，或

---

2 〔編註〕「聯覺」（synesthesia）指的是大腦各個腦區產生強烈的互動與干擾時，使得兩種感覺自動相伴而生的現象。例如看到某個字母就會「看到」某個顏色，或者看見某種顏色就會「聽見」某個頻率的聲音等等。

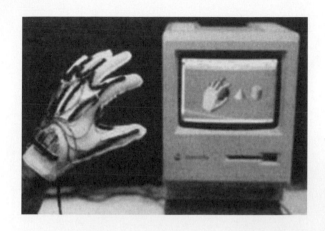

一九八四年初，第一代 VPL
「資料手套」接上全新的麥
金塔電腦。

HoloLens 內建的感應器。理論上，我們已經不再需要手套了。

　　然而，根據我的觀察，戴著手套會讓使用者的大腦知道他的手是沉浸在 VR 中，即使手套只是被動的感應裝置。神經系統知道，有什麼特別的事情正在發生。儘管我曾預期手套會過時，但目前看來還沒有。

展開手臂

　　手套並不完美，它歷經了嚴酷的考驗。

　　「資料手套」所遭遇最嚴峻的挑戰，或許是手臂會累。不妨試著在毫無支撐下，展開手臂幾分鐘。你會注意到手臂的肌肉微微顫抖，不久會開始納悶自己的力氣到哪裡去了。我們習慣以夠快的移動所產生的動能來支撐舉起的手臂，或至少讓手臂擱在操作的東西上。

　　手套介面後來在電影《關鍵報告》（*Minority Report*）中出盡了鋒頭。電影設計師費了好一番功夫，讓虛擬互動的風格看起來可以長久延續，但實際上那種操作只會導致手臂抽筋。我曾帶著使用手套介面的監視系統，去跟該片的導演史蒂芬・史匹柏和編劇開腦力激盪會議。那套系統有點像電影裡的那一套。當時每個人都可以體會到抽筋的感覺，也瞭解到手套所象徵的電算未來不僅充滿獨特的吸引力，也挺累人的。最後，

VPL 的「資料手套」出現在《科學人》雜誌（*Scientific American*）的封面上。在一九八〇年代，手套是電算技術的象徵。

電影裡的手套運用非常恰當：他們採用一個會導致手臂疲累的寫實設計，來象徵表面上看起來超級無敵酷的虛構未來世界，內在依然有其極限。

觸覺學習法

　　早年，大約是一九八六年或一九八七年以前，除了手臂疲勞的問題以外，我們還必須處理另一個手套問題。那時電腦的速度還不夠快，跟不上人手移動的速度，因為手部動作可以非常靈巧。

　　使用者往往會無意間自然而然地放慢速度，好讓緩慢的感應器和電腦圖形處理器能跟上自己的速度。戴手套的使用者經歷了時間扭曲：使用者覺得他們待在 VR 裡的時間比實際還短。由此可見，大腦懂得利用身體的節奏來衡量時間的流逝，但那不是我們的目的。

這些挑戰反而促成了令人驚喜的發現，包括一種物理治療的新方法。

你可以用第一代的「資料手套」在 VR 裡投出虛擬的球，但只能慢慢地投，球也是以慢動作移動。這很適合笨手笨腳不擅雜耍的人，因為球速一慢下來，不管是誰都能同時拋接多顆球。我們發現，逐漸加快虛擬球速，可以讓人學會拋接真正的球。這是從學習身體技能的過程中，移除障礙的方法。在 VR 中，把那項技能變得比較慢，也比較簡單。接著，逐漸調快速度，讓它愈來愈接近現實的狀況。這個概念目前經常應用在進階復健中。例如，有一些治療系統是利用減速的 VR 來幫患者適應義肢。

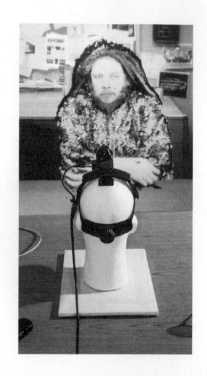

**第十五個 VR 定義：一種改善學習環境的工具，
在它調整過的世界，學習變得更容易。**

第一個 VR 消費性商品

我們一直在想辦法為大眾設計平價的 VR 裝置，最出名的例子是手套。VPL 變成一家真正的公司後（稍後會提到這家公司的成立始末），我們與玩具巨擘美泰兒（Mattel）簽約販售「威力手套」（Power Glove），搭配任天堂早期的遊戲機使用。當時生產了數百萬套，我真希望有更多人看過遊戲的原型與體驗。即使是現在看來，還是令人印象

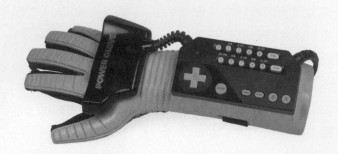

威力手套，搭配早期的任天堂遊戲機使用。威力手套的出現，預告了 Wii 和 Kinect 搭配遊戲機將成為大眾市場觸覺輸入裝置。

深刻。不過，後來上市的商品一如既往，是經過妥協的結果。大家對威力手套的印象，比對搭配販售的任天堂遊戲的印象更深刻。

不過，威力手套在流行文化中仍占有一席之地，直到今天仍有一票死忠粉絲，威力手套太可愛了！

第十六個 VR 定義：一種營造幻象的娛樂產品，
可以營造出另一個地方、另一個身體或另一套世界運作邏輯。

跨物種的胃觸覺

早期的 VR 手套不僅可愛，也引發無限遐想，激勵人心。它在一些奇怪又好笑的實驗中充作道具。在矽谷邊緣，潘妮・派特森（Penny Patterson）在大猩猩基金會（The Gorilla Foundation）裡對大猩猩可可（Koko）所做的實驗就是一例。

大猩猩可可似乎懂得使用手語溝通，但她的手勢極度快速、難以辨別，所以她的手勢是否獲得正確的解讀，仍有爭議存在。研究人員的解讀會不會比可可真正想要表達的意思還多？

所以，潘妮來問我們能不能為大猩猩製作「資料手套」。當然可

以！對於還在艱難求生的公司，這還真是一大筆生意，好大的市場呢——真不知道當時我的腦袋在想什麼！

我帶著自費研發的昂貴測試手套，驅車前往大猩猩基金會。豈料，當時正值可可的發情期，我的出現令她有點情不自禁。潘妮只好建議我們去找另一隻比較年幼的公猩猩麥可來測試手套。

潘妮把手套戴在麥可的手上。他不解地看著手套一下子，接著以迅雷不及掩耳的速度，一口吞下那支手套。

幾個月後，我接到一通電話：「還記得那支手套嗎？它出來了。」顯然大猩猩的消化道可以把無法消化的東西硬化處理。我當然要！那個東西太珍貴了。唉，經過討論後，大猩猩基金會決定保留那支手套，那等於基金會在法律上幾乎享有一切的所有權，所以我無法讓各位看那隻手套的照片。

管家機器章魚

至於主動觸覺的發展呢？所謂「主動觸覺」，是指不僅能夠偵測到使用者身體如何移動，也能夠傳遞力道、阻力、熱感、尖銳感，或其他的觸覺。

一九七〇年代的觸覺實驗，是使用非常龐大又嚇人的機器手臂，可以透過程式設計，在虛擬世界中傳達活動。弗雷德・布魯克斯在北卡羅萊納大學教堂山分校（Chapel Hill）研究過這種大型的鋼鐵手臂。它們往往是掛在天花板上，就像蘇澤蘭早期設計的顯示裝置那樣。

機器手臂有主動觸覺，如果有虛擬物件對它造成阻礙，它可以加以表達。你移動手臂時，手臂會移動游標或虛擬工具，甚至移動虛擬化身的手。當手的虛擬延伸遇到障礙，例如遇到虛擬的桌面時，機器手臂會拒絕穿透。就好像你有碰到平面的實感，而不是臆測的感覺或聯覺。你的大腦把機器手臂的觸覺提示，和你看到桌子的電腦圖像，交織在一起。除非你刻意去抵抗，否則你會體驗到桌子的實體存在感。

觸覺裝置運作得宜時，若是用力搥打虛擬的懶骨頭沙發，會感受到

鬆散的坍陷感，而不是桌面那種硬脆的阻礙感。同樣的，如果舉起虛擬的重物，機器手臂會使你的真手往下沉，以模擬重力的狀況。

這稱為「力回饋」（force feedback），我把它講得比實際還簡單。就像 VR 中的視覺，力回饋在減少延遲及提高準確性方面，始終面臨極大的挑戰，而且那還是諸多問題的開始而已。你還需要想出如何固定機器手臂，而且有一點很重要，就算要在寫程式時把這個裝置設計得很笨，也永遠不能讓它傷到人。

「力回饋」的感覺令人著迷，因為它動用到整個身體。當你按壓桌面時，無論那是真實的桌面、還是虛擬的，你全身都會感受到。如果你是站著按壓桌面，你全身都會跟著那個感覺調整，並因應那張桌子對你產生的阻力實感。如果你是坐著按壓桌面，你的整隻手臂和背部都會跟著調整。透過所謂的「本體感覺」（proprioception）以及你按壓局部區域所產生的觸覺感受，你會感覺到身體的姿勢以及影響姿勢的肌肉緊繃感。

在 VR 的眾多分科中，「力回饋」是已經在商業領域裡發展多年的一個分科。這本書是描述個人經驗，不是在講整個 VR 領域，所以我不會提及每個人，只會著重我最喜歡的力回饋研究者：史丹佛大學的肯·薩利斯伯里（Ken Salisbury）。他與其他人一起發明了「幻影」（Phantom）裝置。多年來，「幻影」一直是 VR 系統中的常見組成，那是一種適合裝在桌面上的小巧機器手臂，單手即可操作一個虛擬儀器。

力回饋裝置經常應用在醫療上。你可以假裝一支筆狀的延伸物是某個真實裝置的握把，例如手術刀。手術模擬器就是採用這種方式。

有位外科醫生曾讓我在自己的視網膜上，進行一部分的雷射療程；手術設備是由我協助設計的。當然，這違反了規定，所以我不會提到醫生的名字。

力回饋裝置雖然很棒，但有明顯的侷限性。首先，它們的底部必須固定，所以它雖然可以操作，但無法四處移來移去。於是，有人開始想像把力回饋裝置裝在機器人上，讓機器人靜靜跟隨著你。需要時，它就

馬上移去你的手邊。又或者，你也可以讓整個地板捲動，讓機器人停在原處就好。兩種方法我們都試過了，都不容易。

總之，我與肯和包括亨利‧福克斯（Henry Fuchs）的其他人稱這個設計為「管家策略」。

底下是「管家策略」運作上的一些細節：想像你在一個虛擬世界裡，你想用力拍一下虛擬的桌面。假設，這時有個機器人在附近跑來跑去待命。（當然，你不會看到機器人，因為你只看著電腦生成的虛擬世界）。機器人的一隻手臂托著一個托盤，像個管家一樣。你開始把手拍向桌面時，機器人推測你的手會拍到虛擬桌面，於是及時出現在你面前，把那個實體的拖盤移到虛擬桌面的位置，營造出那個桌面一直在那裡的幻覺。

拜託，先不要考慮安全問題，我們只是在腦子裡思考這個實驗……

如果你把指尖滑過管家的托盤表面，很快就會碰到托盤的邊緣，因為那個托盤必須夠小，移動時才不會撞到你……但你拍的桌面可能很大。所以，那個管家機器人也應該跟著你的手移動托盤，讓托盤表面感覺起來比實際還大……但你的指尖滑過托盤表面時，不會感覺到托盤也在移動。

這也帶出了觸覺的另一面向：觸感。那是來自皮膚中感應細胞的感覺。

觸感回饋令人驚訝，因為它實際上是一個完全不同的感官生態系統。皮膚裡有多種不同的感應細胞：有些是感受到熱，有些是感受到尖銳，有些是感受到柔軟。還有一些感應細胞只會感應到那些特質的改變，而不是那些特質本身。

你以手指摸過某個物體表面時，有些感應細胞對物體的質地很敏感。好，現在深深吸一口氣：為了提供這些質地感應細胞預期得到的感覺，管家機器人端出來的托盤上，會有一片可轉動的表面塗層，那片塗層可以往任意方向捲動，以便在托盤移動時模擬「靜止」的感覺。這樣就可以模擬表面比實際還大的感覺。我知道，光看文字敘述，很難想像或理解那個機制。連專業的 VR 研究者努力理解我們打造的 VR 裝置時，

也很難不被搞混。

　　好吧，如果現在你的手指應該要摸到一個俄羅斯茶坎（samovar），或者更糟，摸到一隻雞，會是什麼情況？茶坎有弧狀的表面，所以管家機器人必須提供類似的弧面讓人觸摸，那要如何做到呢？

　　大自然給了我們線索。有些動物可以明顯地改變形狀，例如擬態章魚。所以我和肯一起研究擬態章魚的仿製機器，亦即可以安靜又迅速地轉變成無數種形狀的機器章魚。

　　它可以在你即將摸到茶坎時，變成茶坎的部分形狀，讓你的大腦相信有一整個茶坎在那裡。

　　某些厲害的頭足類動物可以透過變化紋路來呈現不同的質感，以便偽裝。我們漸漸看到一些實驗性的人造材料也可以發揮這種巧妙的功能。硬金屬比較容易模擬，但有沒有哪種材質可以轉變成雞側身的質感？像是羽毛等等的細節？有朝一日也許會出現吧。

　　由此可見，「主動觸覺」整體計畫的所有組件，如今至少都可以想像了。我們一度有個製造「管家機器章魚」的長期計畫，讓這隻機器章魚來提供各種你能想像的觸覺回饋，就像如今 VR 的視覺面能做的那樣。

　　但是……實在非常麻煩，我們都沒有耐心去推動整個專案。別忘了，我這裡的描述還是過度簡化的版本。

　　主動觸覺（也就是會將力回饋給你的觸覺）的主要問題在於，它欠缺通用性。你可以開發出「幻影」那種設計，以模擬拿著手術刀的感覺。但很難想像出一種通用裝置，在你喜歡的任何地方都能預測多種虛擬世界的力量和感覺。

　　通用性是 VR 核心概念的一部分。

**第十七個 VR 定義：相對較於飛行或外科手術模擬器
之類的專用模擬器，VR 是通用模擬器。**

以上講的都是全面經典虛擬實境中的觸覺。在混合實境中，你可以看到、聽到、感受到真實的世界，並看到及聽到增添進來的虛擬東西，這是不同的情況。在混合實境中，軟體可以在環境中找到實體的直觀功能，以它作為觸覺回饋的即興道具。例如，你可以在真實的桌子邊緣放一個虛擬的滑尺，這樣一來，你的手在半空中移動時，更容易在虛擬滑尺上輸入數值，讓你得以穩定又準確地調整滑尺，避免手臂疲勞的問題。[3]

我們回頭來談經典 VR。可惜的是，主動觸覺裝置常需要 VR 變成特殊用途，而且是使用特定的手部工具。我描述的那些主動觸覺裝置通常也導致 VR 的活動性降低，因為那些裝置的底部通常需要固定在某個實體世界中，例如懸臂。因為這些原因及其他的種種原因，主動觸覺裝置通常把 VR 侷限在特定的應用上，那樣一來，就不再是真正的 VR 了。

被動觸覺裝置則沒有這種問題。

舌頭問題

手不是人體唯一的輸出裝置，VR 講究的是「衡量」。

當然，你可以用說話的方式來改變虛擬世界。不過，說話很難產生持續的改變，但聲音也許可以。也許將來唱歌和說話會以新的方式配對起來，以結合虛擬世界互動中的獨立面向與連續面向。

進入大腦的感官路徑中，頻寬最大的是由眼睛進入，透過視神經傳導的路線。你知道輸出到單一器官的感官路徑中，哪個頻寬最大嗎？是舌頭！除了臉部以外，舌頭是唯一能夠持續大幅變形的身體部位，因為它不像手臂或腿部那樣有關節。不過，與臉部不同的是，舌頭平時未能物盡其用。如果不進食或說話，舌頭就只是躺在嘴巴裡。

多年來，我一直在實驗以舌頭作為輸入裝置，後來逐漸相信它有獨

---

3 這裡必須提到哥倫比亞大學的史蒂夫・費納（Steve Feiner），他在這些方面做了很棒的研究。

特的潛力。除非在嘴裡裝感應器，否則我們很難靠感覺知道舌頭的形狀。我試過超音波掃描儀，類似用來觀察胎兒的儀器。我也試過其他的方法，多數研究是為了幫身體癱瘓者改善介面而做的，例如利用植牙、舌頭植入，以及其他噁心的可移動裝置（類似可拆卸的牙套，但不太舒適）。

人們可以迅速學會以舌頭來掌控介面，它們可以一次掌控多個連續的參數，就好像一隻八爪章魚操控混音台那樣。每個人的舌頭敏捷性各不相同，但多數人的舌頭都可以大幅變形，所以有朝一日舌頭可能會變成虛擬世界中指引幾何設計流程的最佳方式。此外，如果你堅持要有按鈕的話，學習把牙齒當成按鈕也很簡單。

最遙遠的時間機器

最早的「網路式虛擬實境」（networked virtual reality）實驗中，每個人在模擬世界裡，只以浮動的頭和手出現，當時的電腦頂多只能做到那樣。為了讓電腦以夠快的速度運轉，好讓 VR 達到可用的狀態，我們必須盡量減少虛擬世界中的視覺細節。

後來電腦快到足以顯示完整的虛擬化身時，我們馬上打造了全身款的 DataSuit，讓大家以整個身體來驅動虛擬化身。那可能是第一款上市銷售的動態捕捉服。（目前市面上仍販售這種服裝，通常是用來捕捉演員的表演動作，以便驅動動畫角色。）

失誤有時會創造出「非現實」的全身型虛擬化身，通常會導致虛擬化身完全不能用。例如，虛擬化身的頭部從臀部的位置冒出來時，虛擬世界在使用者的眼中會出現弔詭失控的旋轉，他會馬上迷失方向，或發生更糟糕的事。

在探索虛擬化身的設計時，我們偶爾會想出不尋常的人體解剖圖，那種人體設計不至於讓使用者暈眩想吐，卻是「非現實」或詭異的。我第一個回想到的例子，是本書開篇描述的狀況：我的手變成一隻懸在西雅圖上空的巨手。

我們很自然做了一個非正式的研究：「依然可用的詭異虛擬化身」。我們輪流化身為一些愈來愈奇怪、但仍然可用的非人類身體。這些身體就整體結構和肢體數量來說，通常都還是哺乳動物。

不過，我們最奇怪的虛擬化身已經偏離了哺乳動物。安在一張明信片上看到有人穿著龍蝦裝，那是緬因州釣龍蝦社群的節慶活動中的一個橋段。

安因此開發出一個龍蝦化身。由於龍蝦的腳遠比人還多，DataSuit無法衡量足夠的參數以驅動等比例的龍蝦化身。我們必須把 DataSuit 的自由度對應到龍蝦較高的自由度。我們發現了一些可行的技巧，例如一起移動左右兩邊的手肘時，可以傳達彎曲的資訊給龍蝦的步足。這種資訊傳遞的強度，比不同步移動的傳遞更強。

這種策略讓我們可以用人體對應那個龍蝦化身。最令人驚訝的是，多數人可以輕易學會化身為龍蝦。我甚至覺得化身為龍蝦比吃龍蝦還容易。

我把詭異虛擬化身的研究稱為「雛型靈活性」（homuncular flexibility）。雛型（homunculus）是以你的身體對應大腦的運動皮質區，然後把它視覺化，變成一個變形的生物，分布在大腦的表面上。（我知道把它稱為「雛形可塑性」〔homuncular plasticity〕更好，但那是深夜想出來的東西。）

雛形靈活性是個深奧的課題，我只能在這裡概略地說明一下。我會至少提到，讓一個人多一條手臂是很有趣的設計，不過那種情況下的幻覺可以發揮得淋漓盡致，超乎你的想像。

某些觸覺的幻覺可以讓人產生似乎來自**體外**的感覺。你可以在參與者的雙臂上各放一個蜂鳴器，經過煩瑣的調

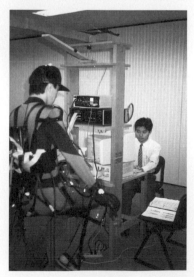

開發中的 DataSuit。

整，並搭配合適的舞台設置後，參與者可能會感覺到手臂之間憑空出現嗡嗡作響的感覺，挺毛骨悚然的。

如果請受試者戴上 VR 頭套，然後在那個嗡嗡作響的地方放一個視覺化的第三隻手臂，剛剛那個觸覺不會再有憑空冒出的感覺，而是感覺來自第三隻手臂。所以，主動觸覺回饋可以在一定程度上融入虛擬的肢體中，不必透過電極或能量束來動用大腦。「非幻影」肢體可以用傳統的 VR 服裝來實現。

拉馬錢德蘭（V. S. Ramachandran）等人研究過「幻肢」的現象，他們的研究也呼應了我們的「雛形靈活性」研究。拉馬錢德蘭是使用非常簡單的設計，搭配鏡子，來探索認知現象。他探索的認知現象，很像我們用精心設計的 VR 裝置所觀察到的現象。

加州理工學院的生物學家吉姆・鮑爾（Jim Bower）曾指出，可用的非人類虛擬化身究竟有多廣泛，可能和演化樹（phylogenetic tree）有關。也許大腦正在長達數億年的深度演化過程中持續演化，彷彿它還記得生物演化成人類的過程中，各種生物是如何掌控身體的。也許可用的詭異虛擬化身是在預告，大腦可以預先進化以適應遙遠的未來。我們可以輕易地探索「預先適應」（preadaptation），就像未來數億年的生物預先適應環境那樣。

第十八個 VR 定義：探索神經系統在遙遠未來的
適應性和預先適應性的儀器。

觸覺智慧

我始終認為，有朝一日 VR 成熟時，VR 中的藝術品、課程或對話，**不是**如目前大家普遍的想像，由你造訪的虛擬場景所構成，而是你轉變而成的一種形式。畢竟，在 VR 中，虛擬化身和世界之間沒有絕對的區

別。如果你轉動手腕時，雲朵也轉動了，你會逐漸把雲朵納為你身體圖像的一部分。於是，你和雲朵合而為一了。

那將會是一片廣闊的未知曠野，等著我們去探索。我記得以前有一次最刺激的實驗，是在 VR 中與另一個人交換眼睛。也就是說，每個人的視角是追蹤對方的「頭／眼」位置。感覺運動迴圈變成一個 8 字形，一開始很難協調。那種感覺可能很親密、類似性愛。

但你不要因此產生幻想謬誤！在這個例子中，我並不是在暗示那種共用或交織虛擬化身的體驗一定會達到精神、甚至性愛的境界。（我二十幾歲時，可能確實有那種想法。我想為自己辯解的是，如果我年輕時沒那樣想過，反而更不可原諒吧，不然年輕人要想什麼？）

當你和對方的認知交纏成 8 字形時，你是從對方的眼裡看著自己。我們做這種嘗試時，圖形的品質仍處於很原始的狀態，所以效果不是很明顯，我們只體驗到協調的觸覺面。

但如今的協調應該可以產生明顯的同理心和共感，那可以變成一種自戀放大機。言詞犀利的脫口秀主持人史蒂芬・柯貝爾（Stephen Colbert）把這種 8 字形的感覺運動迴圈體驗稱為「自嗨」（fucking oneself）。這就是 VR 未來的模樣，它就像之前的所有媒體一樣：能夠放大人類最好及最糟的面向。

無論是好是壞，如果我們追求的是強度和探索，我們就不該突顯出「造訪奇怪地點」的概念，而是開始修改感覺運動迴圈。當你像貓一樣行動時，你的想法也會跟貓一樣。大腦和身體是無法完全分隔的。我們在 VR 中與新的身體交織在一起時，也是在延伸大腦，那將是 VR 冒險的核心。那些可用的詭異虛擬化身之所以重要，在於它們也許可以喚醒大腦連結身體的廣大部位。

當我們以身體表達自我時，想法也會不一樣。就像那些學會即興演奏鋼琴的人一樣，我驚訝地發現，我的雙手協調一致地解開數學難題的速度，竟然比用其他方法思考的速度還快。

有一台鋼琴在我面前時，我可以利用大腦皮質中最大的部位，也就是與觸覺有關的部位，讓我變得更精明。運動皮質通常不處理抽象的問

題，只處理平衡及接球之類的具體任務，但即興的鋼琴演奏證明那還是有可能的。

我對這種潛力一直很感興趣，曾經在可做全身互動的 VR 系統中，把小孩轉變成奇怪的虛擬化身，例如 DNA 分子和抽象的幾何問題。

有些人只把 VR 想成觀看或操作 3D 立體分子的地方，例如那些化身為佛洛伊德的精神科醫生就是如此。不！VR 不僅於此！VR 是讓你變成分子的地方。在裡面可以學習像分子般思考，你的大腦正在等待那個機會。

第十九個 VR 定義：探索運動皮質智慧的儀器。

彷彿沉迷一種東西還不夠

以上那些有關鋼琴和觸覺智慧的描述，讓我想起我在矽谷開始有自己的家時，逐漸養成了一個怪癖，我稱之為「樂器狂熱」：一種想不斷學習新樂器的需求。

當初我去紐約時，帶了兩件父母的東西：一件是艾勒里的皇家牌打字機，另一件是莉莉的彩繪維也納齊特琴。

我在紐約找到一支便宜的塑膠尺八，那是從日本竹笛演化而來的樂器。我從伊藤貞司（Teiji Ito）那裡學會吹了一點。伊藤貞司娶了我最喜歡的電影導演瑪雅・黛倫。所以，我剛抵達帕羅奧多時，帶了三種樂器：尺八、單簧管、齊特琴。我也租了一台小型的直立式鋼琴。

但一場災難就此慢慢展開。吹尺八令我振奮到無法自己，我無法就此打住。長久以來，我一直對所謂的「世界音樂」非常癡迷。小時候，我們家有七十八張烏德・香卡（Uday Shankar）和其他非西方音樂家的唱片。在黑膠唱片的年代，我對 Nonesuch 公司發行的唱片非常癡迷，

包括甘美朗（gamelan）、[4] 西藏的儀式音樂、迦納和塞內加爾的鼓樂、日本雅樂等等。

每當聽到一種新類型的音樂時，感覺就像內心深處某個隱藏的洞穴被開啟了一樣。

當時的灣區是最國際化的文化景點之一。舊金山唐人街的地下室裡，有熱鬧的中國國樂社團。阿里・阿克巴爾・汗（Ali Akbar Khan）在馬林為北印度古典音樂拉格（raga）創立了第一所學校。此外，這裡還有甘美朗樂隊、西非鼓樂隊、太鼓道場、佛朗明哥小酒館。

所以，我盡可能去學習各種樂器，這意味樂器開始在我的小屋子裡愈堆愈多。成堆的樂器。

一九八二年左右，我可能只有十來個樂器，從老照片看來大概是如此。那時的女友說：「你能不能至少不要把樂器擺在桌上？我很怕動到它們，我也想在桌上吃點東西。」

「樂器狂熱」這種症頭顯然是沒藥醫。如今我家的樂器已經有上千件，可能有兩千件之多，而且每一件我都至少學到可以開心地彈奏或吹奏的程度。不過，這可能沒有聽起來那麼厲害，因為很多樂器很相似。然而，這種對樂器的癡狂熱，確實占用了我大半的人生。

我常把「至少樂器比海洛因便宜」掛在嘴邊，雖然我也不確定那是不是事實。關於樂器的故事，可能要等下一本書再談了，但我之所以在這裡提起，是因為樂器對我理解 VR 的方式有很大的影響。

我們花點時間去感受的話，會發現周遭有很多大家忽略的觸覺文化。不過，我最喜歡的觸覺文化還是在樂器中。

當你學習一種來自遠古時空的樂器時，你必須至少學習以古代演奏者的方式來移動身體。樂器提供我們一種跨世紀及跨洲的觸覺管道，就像寫作一樣，但象徵意義較少，而且更加親密。

某些樂器可以傳遞力量和力道。許多號角、風笛和鼓是戰鬥工具，

4　〔譯註〕甘美朗（gamelan）是以木琴、大吊鑼等樂器為主的印尼傳統樂隊。

幾乎可以算是武器了。你動用最大的肌肉來演奏它們，你必須繃緊自己以集中力量。你動用的肌肉群大小，與你打算演奏的節奏密切相關。這些失傳已久的音樂，在你的身體和古老樂器之間，彷彿重新活了過來。

其他的樂器是用人體來衡量，而不是外在的世俗情境。所以你得以用最小的動作演奏出近乎出神的狀態，烏德琴（oud）就是如此。有些管樂器在你吹奏多年後，會讓你注意到你吹奏上的一些細節，例如尺八。還有一些樂器會讓你想要演奏得更精確、更快速、更炫技，例如現代的長笛。你可以從喉嚨感受到差異。

如果我們在乎的是熟練度及表達度的潛力，樂器不僅是有史以來最好的觸覺介面發明，也是各種介面中最棒的。

樂器顯示了各種可能性。樂器讓我們知道，電腦科技必須發展到什麼程度，我們才能稱之以真正的開端。

傷害與療癒

世界各地的實驗室研究「雛形靈活性」已經數十年了，因為想要瞭解大腦與身體其他部位之間的關係，研究雛形靈活性是最好的方法。

這裡我必須提到兩位特別的研究者，第一位是在巴賽隆納大學與倫敦大學學院任教的梅爾·史雷特（Mel Slater），他做了一些很棒的實驗，包括讓虛擬化身長出尾巴，以便衡量受試者可以把尾巴的應用學得多好。[5] 他發現，人類其實很會使用尾巴。我們是在最近的演化過程中才失去尾巴的，所以大腦面對「失而復得」的尾巴時，一點也不訝異。我只是從梅爾的漫長職涯中隨便舉一個例子。這個例子可能無法充分顯現出他的研究有多重要，去查查資料多認識他吧。

另一位是在史丹佛大學任教的傑瑞米·拜蘭森（Jeremy Bailenson）。他對我來說別具意義，他還是學生的時候曾和我合作過，現在他主持的

---

5 http://publicationslist.org/data/melslater/ref-238/steptoe.pdf

實驗室比以前更棒，專門研究與虛擬化身有關的一切。[6]他的研究很大膽，令人難忘。例如，他研究虛擬化身改變時，人對彼此的觀感有什麼不同。唉，當一個人的虛擬化身變高時，他的社會地位也會跟著提升。沒錯，他的研究可以增加我們對種族歧視及性格上其他可悲面向的瞭解。

我和傑瑞米展開了一場長期的探索，想瞭解「可能的虛擬化身」所涵蓋的範圍。人類的大腦可以適應或預先適應哪些生物的化身？

傑瑞米的學生有時會來我的實驗室實習。這裡我忍不住想提一個最近才發生的精彩例子。安德莉亞・史蒂文生・汪（Andrea Stevenson Won）如今在康乃爾大學任教，二〇一五年她還是研究生時，使用虛擬化身設計出一套疼痛管理應用程式的原型。

概念是這樣：有慢性疼痛問題的病人在疼痛部位畫上虛擬紋身，接著在混合實境中與其他人互動，讓大家都知道那個紋身。接著，治療師會讓那個虛擬紋身逐漸消散。她的設計可能是降低慢性疼痛主觀強度的一個途徑。

那也是把傑瑞米發現的負面效應運用到良性專案的方法。沒錯，我們只要稍微調整虛擬化身的設計，就可以用 VR 來強化人們的種族歧視、恐懼感，或說是奴性。但我們也可以善用 VR 來減少疼痛。

我不得不再次強調，VR 科技仍處於發展初期，我們對它的瞭解依然太少。

6 http://onlinelibrary.wiley.com/doi/10.1111/jcc4.12107/full

12 黎明破曉

其他的追憶

我們在研發由手套控制的實驗性「表型互動」程式語言的時候，電腦還沒有好到可以設計出使用目鏡的 3D 社交 VR 原型。在黎明前的半明半暗之際，沒有正式的關係約束我們這個鬆散的群體。

湯姆、安、揚、查克、史蒂夫，還有其他幾個怪咖，對這個研究很感興趣，但他們都不是專職研究這個東西。我們都是時而投入，時而離開。安和揚仍在史丹佛攻讀博士學位。查克、史蒂夫、湯姆都是以自由工作者的身分接了多種專案，以支應日常的開支。

我也是。在創立第一家 VR 公司「VPL 研究公司」以前，我也曾投入別的計畫，和瓦爾特‧格林利夫（Walter Greenleaf）一起創立了另一家公司，在新創領域試試水溫。

當時瓦爾特在史丹佛大學攻讀神經科學博士學位，他剛好有一句校園裡最酷的搭訕語：「你願意到史丹佛大學的性愛實驗室當受試者嗎？」然後受試者會被接上感應器，並在引導下達到性高潮。

要抵達性愛實驗室，得先從仿文藝復興風格的圓頂底下，走上螺旋狀的樓梯。這棟破舊的建築物早先十分華麗，多年前是舉辦正式宴會的場所。接著，你會穿過帷幔，經過幾幅洋溢著迷幻風格的海報。醫學院

把大體放在地下室。這棟建築因成為研究人類生命的「一站式」大本營而聲名遠播，裡頭研究了所有人類生命中既神聖又神祕的接口：性愛、睡眠、死亡。

遺憾的是，那個地方不久就遭到夷平，被眾人所遺忘。如今那棟建築的原址成了一座停車場。（如果你想知道確切的地點，它就是蓋茲電腦科學大樓東邊那棟多層建築。）每次我把車子停在那裡時，總是盡量停在靠近以前圓頂聳立的地方。

約莫同一時期，史蒂芬・賴博格（Stephen LaBerge）也是在這個實驗室裡證明了「清醒夢」確有其事。

清醒夢是指你在夢境中知道自己正在作夢。只要多練習，就可以主導清醒夢裡發生的事情。你可以飛翔，也可以靠意志力讓鑽石宮殿憑空出現。那種夢不僅感覺「真實」，而是比現實還要真實，即使你明明知道一切都是夢境。

當然，在夢境中，大家可以飛翔及體驗超人般的性愛，也可以夢到海怪浮出水面，跟山一樣高。史蒂芬是如何測試清醒夢真的發生了、而不是受試者瞎掰的呢？

史蒂芬有一種實驗會事先要求受試者在清醒夢中以特定的模式轉動眼睛。（在睡眠中，即使身體的其他部位大致上是固定不動的，而且與夢中的事件毫無關連，但眼球仍會轉動。）

當他能夠觀察到，受試者在快速動眼期睡眠（REM sleep）中確實照著原先的要求轉動眼珠時，就證明了受試者可以在作夢時掌控夢境。史蒂芬也可以使用各種令人尷尬的感應器，來衡量受試者是否真的如他們所述那樣夢到性愛。

我有一個駭客朋友的約會對象去那個實驗室參與測試。她做清醒夢時，比其他的受試者達到更多次性高潮。（他刻意不問她夢裡發生了什麼事。）吹噓數量有點蠢，但這種吹噓至少比現今社群媒體上那些虛假的朋友數還有趣吧？

我學會做清醒夢時，剛開始覺得很迷人，但沒多久就覺得無聊。清醒夢全憑自己作主，只為自己編造夢境體驗。能夠記住夢境，讓大腦自

由馳騁，確實挺有趣。但除此之外，重點不在於現實的內容，而是與他
人的連結。清醒夢的比例不是真實的，即使你夢見一隻巨大的水晶龍，
那跟文字描述有什麼兩樣，除非你可以拿它做更多的事情，而不只是說
說——那只能靠大家協作才能辦到。

瓦爾特、史蒂芬，以及那群聚在我家的工作夥伴以各種方式協作。
我們請那些做清醒夢的受試者戴上 VR 手套，看能否偵測到夢中的微弱
動作，當時的結論是：對科學來說還不夠可靠。

其他的一切

一九八〇年代初期，很多人把清醒夢和 VR 視為學生研究專案，常
有人叫我比較兩者的異同。

> **第二十個 VR 定義：VR 類似清醒夢，但差別在於：**
> **（A）在同一體驗中，可以有不只一人擔任角色；**
> **（B）畫質沒那麼好；**
> **（C）如果你想握有掌控權（你應該會想握有掌控權），**
> **你得為 VR 設計程式。**
> **相對的，如果你沒有想要掌控夢境，夢境通常是最好的。**
> **連史蒂芬・賴博格也希望他的夢境大多不是清醒夢，**
> **因為在毫無拘束的夢境中，大腦才會出現驚喜和自我更新。**

當時有三種「萬能夢境」一起出現。清醒夢是其一，VR 是其二，
奈米科技是其三。

當時，艾瑞克・德雷克斯勒（Eric Drexler）正在把「奈米科技」，
這個術語推廣成一種迷幻程式，可以把物理現實改變成我們希望在清醒
夢或 VR 中實現的多種自由場景。我們把原子變成我們喜歡的形狀，藉
此學習掌控實境，而不是相信物理現實主要是由星星和岩石等非人造物

體構成的。我們會飛入太空，皮膚會自己產生一層金色的薄膜，以免直接接觸真空。我們運用意志，把自己變成龐大的太空野獸或天堂般的泡泡花園。

然而後來「奈米科技」出現了新的定義，意指某種雄心勃勃的化學精神，例如創造微型馬達。

但是，當時常有人要我比較奈米科技和 VR，我不太願意把兩者相提並論。

第二十一個 VR 定義：相較於「奈米科技」的舊式誇張定義，
VR 讓你體驗瘋狂的東西，又不會搞亂別人和你一起共享的實體世界。
VR 比較合乎道德，也不是那麼古怪。
我們不必做奇怪的臆測，也不必明顯違反基本的物理定律，
就能看到 VR 是如何運作的。

很多人反駁我的論點！他們說：「既然現在你隨時都能夠改變真實的世界，讓它符合任何可能的虛擬世界，那又何必大費周章為虛擬世界編寫程式呢？」他們始終抱持那種高高在上的傲慢推論。

但我不想完全否定 VR 的思路模式。或許 VR 可以帶給我們一些線索，讓我們知道未來科技更進步、選擇愈來愈多時，我們會想要什麼東西。我們可以現在就模擬「傑森一家」（Jetsons）[1]的生活方式。讓我們試試看，看我們是否真的喜歡那種生活。

第二十二個 VR 定義：VR 讓我們預覽，
未來科技更進步時，現實可能是什麼模樣。

---

1 〔編註〕《傑森一家》（*Jetsons*）是部美國動畫，為《摩登原始人》（*The Flintstones*）的未來版本。

之前的一切

當時最夯、影響力最大的東西是迷幻藥,它們是迷惑嬰兒潮世代的「一切夢想」。我通常是被歸為嬰兒潮世代的下一代,所謂的「X世代」,但嬰兒潮世代是那個年代的主宰,為我們做的一切奠定了脈絡。

一九八〇年代初期,我最常被問到的一個問題是:VR 和迷幻藥的關連。後來大家可以真正嘗試 VR 後,這個問題終於開始退散了。但是為了留個記錄,底下是我的看法:

第二十三個 VR 定義:有些人把 VR 和迷幻藥相提並論,

但 VR 使用者可以客觀地和大家共享一個世界,

即便他體驗的世界是稀奇古怪的,嗑迷幻藥的人則無法那樣做。

VR 世界需要設計和規畫,

尤其你願意努力創造及分享自身體驗時,效果最好。

就像騎單車,而不是搭雲霄飛車。

雖然有些 VR 體驗令人振奮,你永遠可以拿掉目鏡,

抽離 VR,你也不會失控。

VR 的畫質通常會比現實、夢境或嗑藥經歷的迷幻情境差一截,

雖然你需要自己磨練感官的敏銳度,才能注意到它們之間差異。

迷幻藥是現成的東西,VR 還需要發展一陣子才會達到夠好的境界。

VR 對你的子孫輩來說可能更強大。

蒂莫西・利里(Timothy Leary,蒂莫〔Tim〕)在 VR 概念中發現了轟動一時的新焦點,雖然當時還無法嘗試。如果你年紀太小,可能不知道蒂莫早年曾因為帶動縱欲狂歡的風潮,而被稱為「美國最危險的人」。當時他掀起的風潮不僅涉及迷幻藥,也宣告一切突然變得不同了。他呼籲大家,否定及忽視政府、大學、金錢等舊體制是最好的作法。

他認為,世界即將脫胎換骨,之後我們都會享有更多的和平與美

好。他認為迷幻藥是讓我們跨過阻礙、邁向新世界的關鍵。他是嬰兒潮世代文化中，影響力最大的人物之一。他幫忙定義了一個文化鴻溝，至今仍殘害著美國。

蒂莫一度宣稱 VR 是新的迷幻藥。我們兩人在這方面有強烈的意見分歧。

在地下雜誌之類的媒體上來回交鋒幾次後，蒂莫約我私下見面以釐清我的疑慮。他的見面計畫當然是充滿了曲折和搞怪。

當時他受聘到大蘇爾（Big Sur）的依沙蘭學院（Esalen Institute）開講習班，他叫我偷偷把他載離依沙蘭學院。首先，我需要去接一位專門假扮蒂莫的演員，把他偷偷載進依沙蘭學院，那個演員會幫蒂莫完成講習班的任務。接著，我把蒂莫藏在汽車的後車廂，若無其事地開車經過大門的警衛。基本上，整個過程就像在演一部黑色電影，背景是冷戰時期的柏林。好啊，有何不可呢？

由於是我開車，清理我的後車廂令人頭大。瓦爾特的史丹佛大學實驗室後方有個大垃圾箱，我把車子開到那裡，讓瓦爾特幫我一起探勘後車廂到底都裝了些什麼東西。我們挖出了數疊列印出來的文件，成堆的電腦磁帶，以及像餐墊一樣大的磁碟片。為了把蒂莫塞進後車廂，我們也扔了幾台好一陣子沒開機的電腦。那些電腦若是保留至今，應該是不錯的古董。裡面有一台 Apple III、一台昇陽電腦的原型、還有 LISP 機器的一部分。[2]

我努力裝出若無其事的樣子，避免目光接觸，稍稍向門口的警衛揮手時，心臟跳得飛快。我迅速瞥了一眼，發現警衛不是我畏懼的那種穿著制服的肌肉男，而是一個穿著紮染 T 恤、留著鬍子、看起來很迷糊的瘦小年輕人。

蒂莫的假扮者成功蒙混過關。據我所知，依沙蘭學院裡沒有人發現

2　LISP 機器是專為早期電腦程式語言 LISP 設計的電腦。LISP 在某個年代深受數學家和 AI 研究者的喜愛。

他是冒牌貨。學生可能是被下蠱了，這種調包手法竟然成功了！

當時，蒂莫確實可以躺進我們在後車廂為他騰出的空間。不過，他一躺進去，裡面一些沒清除的裝置馬上落在他身上。任務會成功嗎？蒂莫給了我一個地址，那是大蘇爾的菲佛岬（Pfeifer Point）一帶最氣派的豪宅。我們一抵達那裡，我就把他從後車廂拉出來。我們就在那個岬角上，與好萊塢的人共進露天晚餐。天上懸掛著滿月，岬角下方就是滾滾的海浪，背景音樂是臉部特寫樂團（Talking Heads）尚未發行的精彩歌曲。

蒂莫的周圍總是圍繞著一群仰慕他的嬉皮屁孩，但他也喜歡身處在好萊塢的魅力世界裡。他和我成了好朋友，但我並不認同他的觀點，這對我來說是很好的練習，因為後來我有愈來愈多看法歧異的朋友。

有一次，我在西班牙舉行的一場大會上演講。迷幻藥的發明者艾伯特・霍夫曼（Albert Hofmann）也是受邀的演講人之一。他主動走過來對我說：「你得到了蒂莫的真傳。」他以詭祕的眼神瞥了我一眼，我驚訝得說不出話。

我和蒂莫對於迷幻藥和 VR 該如何相提並論，並未達成共識。他確實同意稍微調整一下他把 VR 和迷幻藥混為一談的看法，那確實有一些幫助。畢竟，在 VR 成功問世以前，我們最不需要的，就是引起大規模的反對聲浪。

透過蒂莫，我認識了迷幻圈的其他人。我特別喜歡薩沙・舒爾金（Sasha Shulgin），他是極其出色的化學家，在隱藏於柏克萊後方的山間純樸小屋裡，成立了一間世界級的化學實驗室，並在美國政府的特別許可下，發明及測試了數百種新的迷幻藥。他是我認識腦袋最清醒、性情最討喜的人之一。

蒂莫有一小群追隨者喜歡滔滔不絕談論某種迷幻藥可以培養同理心，某種迷幻藥可以帶來歡愉感，還有很多迷幻藥可以保證世界和平、精神滿足、永恆的才氣。他們往往視藥如命，就好像電腦科學家可能把電腦視為有生命的人工智慧一樣，他們把迷幻蘑菇裡的迷幻分子視為可為人類帶來智慧的生物。（我不得不說，迷幻藥的研究者常為了掛名、

補助金，以及科學界的其他常見利益，而陷入爾虞我詐的無聊糾紛，所以那些迷幻藥的烏托邦效應不可能**那麼**強大。）

迷幻烏托邦有一種自動化的特質，後來竟然與科技自由派[3]的觀感融合得很好。那些強調大家需要為烏托邦而奮鬥的老派馬克思主義或艾茵·蘭德思想（Ayn Randian）[4]都已經過時了。

迷幻思維確實以一些方式讓我的 VR 理想主義更臻成熟。在他們追求烏托邦的背後，可以發現更有趣的概念，例如「心景與場境」（set and setting），意指迷幻藥分子在缺乏脈絡背景下，不會**真正**賦予任何特定的含義。例如，原本大家認為 MDMA（搖頭丸）純粹只是提供愉悅感，或是一種神入感激發劑（激發同理心）。後來發現，它在通宵營業的歐洲舞廳裡，還有興奮劑及感官增強劑的廣泛效用。現在研究人員正在測試它用來治療創傷後壓力症候群、甚至自閉症的療效。[5]

所以，精神藥物分子可以有廣泛的意義。雖然我從來不覺得 VR 和迷幻藥有相似之處，但「心景與場境」原則至少也適用於 VR。VR 可以是美麗的藝術和同理心，也可以是可怕的監視與操弄，其意義取決於我們怎麼設定。

當時科技圈嗑藥的風氣很普遍，賈伯斯很愛滔滔不絕地講迷幻藥。

當大家流行嗑藥，尤其是迷幻藥，或至少抽個大麻時，我面臨了很大的同儕壓力。我從來沒試過那些東西，連大麻都沒抽過。經常為此解釋原因實在很麻煩，大家總覺得我不跟著嗑藥很不給他們面子。

我直覺認為迷幻藥不適合我，就那麼簡單。我不是在批判誰的選擇，我覺得現代人不得不加入社群網路的壓力，跟那個感覺很像。對於

3　〔譯註〕科技自由主義（Technolibertarianism）的政治理念主張盡量減少政府監管，追求網路的全面自由。
4　〔編註〕艾茵·蘭德（Ayn Rand, 1905-1982），俄裔美國哲學家、作家、思想家和公共知識分子，其哲學和小說強調個人主義、理性的利己主義、徹底自由放任的資本主義，這些思想之後發展成「客觀主義」（Objectivist）哲學運動。
5　這也可能很危險，我不是在倡導 MDMA 的使用。事實上，一位 VR 夥伴的家長就是在服用 MDMA 時心臟病發而過世。

社群網路，我的立場也一樣。6

有些人說我騙人，因為他們覺得我「幻想及知道的事情」，只能靠吸食迷幻藥才能辦到。我想，我本來就是一個沉迷幻想的怪胎。蒂莫・利里幫我取了一個綽號：「對照組」。我總是現場唯一沒嗑藥的人，所以也許我可以當基準。也許迷幻藥讓人變得更坦率。

一群人之中，總是得有**某個人**當對照組。多年後，理查・費曼得知癌症開始蔓延時，他覺得自己體驗迷幻藥的時候到了。他的計畫是在大蘇爾的懸崖峭壁邊，和幾個嬉皮女一起泡在熱水浴缸中。7 他要求對照組在場，幫他注意懸崖的距離，以免墜崖。他吸食迷幻藥後，變得非常滑稽，完全失去計算能力。他開心地指著頭說：「機器故障了。」

有一種迷幻藥和 VR 特別有共鳴：一種亞馬遜地區的化合物，名叫死藤水（ayahuasca或 yage）。威廉・布洛斯寫過它，一些有名的著作也提過。8

這種藥物文化認為，它可以在人與人之間建立心靈聯繫。食用者的共有體驗是一種超越言語的交流方式。所以，大家對死藤水的理解方式，很像我對 VR 未來的看法。

兩者的相似處不僅於此，它們都可能讓人嘔吐。這句話可不是隨便

---

6 我不會指責任何使用社群媒體的人（例如自由世界的領袖）做得不好，我坦承我自己無法因應現今那種社群媒體。雖然我需要打書，也有其他的動機，但我沒有任何社群媒體的帳號。我在網路交流中曾經變得很鑽牛角尖、心思狹隘。我也曾經和喜愛或討厭我作品的人陷入永無止境的交流或筆戰，我們都曾經在網路上被逼到極端，這並非我所樂見。我擔心社群媒體會讓我展現出最糟的一面。

　　社群媒體也許對我的職涯有幫助，但那個理由還不至於說服我上社群媒體去接受傷害。我並不是說社群媒體一定對每個人都不好。或許它就像酒類，有些人喝了沒什麼影響，但有些人應該盡量避免。

　　我擔心另類右派的妄想症擴大，這不是立場偏頗的評論。右派對左派的批評，往往是罵大學生變得多冥頑不靈，說他們太敏感！太玻璃心了！你有沒有看出一種型態？右派批評大學生的人格功能異常，說那叫「玻璃心」，但美國總統川普就是展現出同樣的特質。整個政治光譜上，從極左到極右，隨處可見社群媒體上癮者，不分派系。

7 不是在依沙蘭學院。抱歉，我不會透露地點的。

8 卡洛斯・卡斯塔尼達（Carlos Castaneda）的著作極具影響力（表面上是寫不同地區的另一種迷幻藥），他的著作可能為這種迷幻藥奠定了基調。不過，我這個圈子裡，大家最愛的著作是《亞馬遜河上游的巫師》（*The Wizard of the Upper Amazon*）。

說說，它們都需要承擔風險、做準備，也可能需要犧牲。這些都是促成儀式崇拜的完美條件。

如今的 VR 已經很少讓人暈眩嘔吐了，我們現在連演示時也不準備嘔吐袋。不過，有些 VR 工程師仍對死藤水文化相當癡迷，而且最近巴西也放寬了對死藤水的管制。矽谷有一群 VR 的高階管理者常南下巴西體驗，加州也有一些活動試圖重現亞馬遜的儀式。

我從來沒試過死藤水，所以無法評斷其功效。我只想說，我從來沒看過證據顯示，喝下死藤水的人之間有心靈聯繫。我周遭有些人不只喝過一次，所以我談這個話題時，總是像走鋼索一樣提心吊膽。不小心偏左的話，就有人說你迷信；不小心偏右的話，就有人說你是化約論者（reductionist）。[9]

刺激城市

不管怎樣，讓我們回到一九八二年左右的帕羅奧多吧。

我和瓦爾特運用類似史蒂芬·賴博格那套實驗裝備的感應器，開發出一套追蹤生命徵象的簡易追蹤器，算是一種「半手套」。戴上那裝置後，你可以在螢幕上看到代表內臟的即時影像。肺部影像會跟著你的肺部運作。你深呼吸時，會看到螢幕上的影像擴大。你的心跳也是如此。

那些資料會記錄下來，但我們通常只存一點資料，做做樣子，因為那個年代儲存大量的資料很貴，況且還要派一個無聊的員工坐在那裡不斷更換磁片。

我們的想法是，我們從使用者身上收集資料後，最終演算法會找出與健康有關的相關性。也許那個系統以後可以用來診斷疾病，或是幫使

---

9 〔譯註〕化約主義（Reductionism）主要有三種意義：(1) 主張任何複雜的現象都可由分析現象之內的基本物理結構來解釋；(2) 極力簡化複雜的觀念、事件、狀態等，有低估、曲解且模糊事物真相之處；(3) 試圖將某種科學簡化為另一種科學，將某種科學所使用的關鍵詞用另種科學的語言來定義，而其結論也可從另種科學的命題中導出。

用者學習因應壓力或追蹤健康狀況。也就是說，那可以變成一個讓人更健康的玩具！

如今這個想法聽起來應該很熟悉，因為健身手環之類的玩意兒隨處可見，而且常常供過於求，但是當時那個概念還很新鮮，令人驚豔。

為了配合瓦爾特在睡眠實驗室裡的作息，我們通常在夜間合作。我會扛著一台電腦，通常是用行李帶綁著蘋果的 Lisa 電腦，到二十四小時營業的餐廳跟他一起工作。餐廳裡只有幾個位子旁有插座可用，搶那種座位需要一點技巧——「你願意換位子的話，我可以幫你付火腿和煎蛋的錢！」

某晚，我們在史丹佛附近的一家餐廳工作，這裡姑且稱那家店為「乳品店」。我必須先聲明，這家店**不是**目前帕羅奧多開的那家同名餐廳。釐清這點很重要，因為我去的那家店到了半夜會有一項餘興節目登場：看著老闆拿著叉子，試圖逮住在櫃台後方亂竄的老鼠，同時發出忍者般的尖叫聲。我們從來沒看過他抓到老鼠，但依然佩服他的決心。有幾隻比較活躍的老鼠還有暱稱，駭客圈有時聊起那些老鼠時，還會語帶感情。

「老闆實在是百折不撓，從來沒抓到老鼠，依然不肯放棄。」

「他要是在科技業工作，現在肯定已經開一家超大的公司了。」

「為什麼我們不試試看呢？」

於是，我們扛了一台原型機，開車到拉斯維加斯的消費電子展（Consumer Electronics Show）去展示我們的裝置。也許某家大公司會想要爭取我們的授權！

我們實在太天真了，找了一個不太可靠的商業夥伴，請他幫我們牽線及談生意。結果，他安排我們去住廉價色情旅館，最後什麼忙也沒幫上。

但我們確實學到一點世界運作的方式。瓦爾特記得我們的原型機獲得熱烈的反應。我記得幾位潛在客戶看到內臟的動畫圖像時感到反胃。

我也記得創業的喜悅。你可以發明東西，帶給大家，讓大家去體會與享受，然後一直重複下去。

　　一九九〇年代，VPL 消失後，瓦爾特致力於將 VR 用作研究和醫療工具，特別是運用在行為醫學上。後來，他與幫派分子合作，運用 VR 技術來掌控暴力衝動，也做了其他有趣的應用。進入二十一世紀後，瓦爾特介紹我認識現在的妻子，瓦爾特對她的第一句描述是：「她就像貝蒂娃娃（Betty Boop）。」沒錯，此言不虛。

正統性、毛髮、巨人的肩膀

　　現在說來或許可笑，但二十二歲左右，我很喜歡前面描述的一切，很喜歡當時的生活，但又擔心自己成了無可救藥的失敗者。對於我自己搞砸了學歷，感到丟臉。我猜想，母親若在世的話，應該會希望我成為哈佛教授吧。我因此冒出一個莫名其妙的念頭，覺得我應該想辦法獲得正統性。我想受邀加入學術圈的某個殿堂，即使矽谷將來可能把那個殿堂夷為平地。

　　負責銷售《月塵》的公司問我，能不能出席知名的電腦繪圖大會 SIGGRAPH。大會橫跨了產業界和學術界，所以我猜想，以正式身分出席那場會議也許是不錯的敲門磚。

　　那年的 SIGGRAPH 在波士頓舉行，全場熱鬧滾滾，生氣蓬勃。那是典型的反正統文化聚會，規模還沒大到容不下一點混亂，就像火人祭（Burning Man）[10] 剛辦的那幾年那樣。再說了，當年在小屋的時候，電腦都還不夠快，所以在摩爾定律把電腦的功率拉高以前，大家不得不搞怪以打發時間。

　　我第一次造訪波士頓時，天時地利人和正巧在那段期間匯集在一起。SIGGRAPH 結束之前，我已經決定搬去那裡住一陣子。我在那裡

10〔編註〕火人祭（Burning Man）得名於活動會在週六晚間焚燒巨大人形木肖像的儀式。自一九八六年以來，火人祭每年都會在美國內華達州黑石沙漠（Black Rock Desert）上演，眾人一起打造由多個主題營區構成的「黑石城」，九天後眾人將所有物品帶走，讓城市徹底消失、不留一點痕跡。此活動提倡包容、創造、分享、反消費、打破規範，以各種形式來「表現自己」，科技人得以在此實驗各種異想天開的想法，故成為矽谷冒險家的理想之地。

認識了幾位終身的好友，邂逅了我後來結婚的對象（雖然那段婚姻很奇怪，也很短暫），遇到我最敬重的人生導師，並獲得第一份真正的研究工作。

我幾乎是馬上和一群麻省理工學院的怪咖學生打成一片，彷彿我們已經結識多年。他們是「AI 領域創始元老」馬文‧閔斯基的學生。

數十年後的今天，其中一位學生仍跟我親如兄弟。大衛‧列維特的髮型跟我一樣，但顏色更深，當年他留著一頭中長型的髮辮。旁人瞇起眼睛打量我們時，會覺得我們根本是一個模子印出來的，雖然他是黑人，或是如他自稱的「猶黑混血」。他總稱我是「異母兄弟」。

我倆簡直是搞怪的天生一對，經常玩在一起。我們最喜歡的裝扮是顏色鮮明的西非長袍。大衛跟我一樣，自己發展出獨特的鋼琴彈奏風格。我的風格是來自史克里亞賓（Scriabin）、南卡羅、跨奏爵士鋼琴（stride）。他的風格則是來自美國爵士樂鋼琴家孟克（Monk）和散拍爵士（ragtime）。

大衛在麻省理工學院的博士研究專題是視覺程式語言，後來他也來到加州，加入我們。

他的父母向來對民權運動的激進派頗有微詞，但妙的是，大衛最近參選美國參議員，立場比舊金山灣區還左。

這裡很適合談一個經常冒出來的無聊話題：我這個髮型除了順應基因以外，別無其他目的。我不是刻意裝成黑人，也不是為了向牙買加或印度的聖像致敬，我天生就有一頭超級自然捲的頭髮。

把一頭自然捲梳理平整是永無止境的麻煩，那會干擾我的生活，所以我早就放棄了，乾脆編起雷鬼頭，就那麼簡單。一九八〇年代初期有一本書，名叫《職場程式設計師》（*Programmers at Work*），封面有我拆了髮辮的肖像，那張圖是一段短暫歲月的唯一記錄──當時我還願意浪費幾小時整理頭髮，讓自己看起來沒那麼怪。

但現在這頭髮辮已經太長了，為我帶來另一種不便，我可能不得不

把它剪短，但我又一直拖著沒剪，我實在不喜歡煩惱頭髮的事。[11]

那個年代，白人極少留雷鬼頭，所以我簡直是個異類。但如今白人留雷鬼頭已經很稀鬆平常了，而且往往不太好看，我也沒辦法。

矽谷或麻省理工學院裡，都沒有人在乎我的頭髮。不過，對我來說，待在麻省理工學院比待在矽谷更自在一些。那裡很像加州理工學院，但這次我終於擁有我需要的那個愚蠢東西：正統性。

這時艾倫・凱已經離開全錄 PARC，並在雅達利的贊助下創立一個新的實驗室。他提供我一個暑期的研究職位，那個職位通常是給研究生的。於是，我回歸研究圈了！洗刷了之前黯然離去的恥辱。

雅達利的實驗室設在麻省理工學院的肯德爾廣場（Kendall Square）。幾年後，麻省理工學院的「媒體實驗室」（Media Lab）才成立。雅達利贊助的實驗室可說是「媒體實驗室」的前身。

---

11 既然講到頭髮，我想可以順便講一下我的體重。這其實不容易，我出院約一年後，減掉了嬰兒肥，但到了青春期，體重又回升了。二十幾歲的時候，我花了很多功夫減肥，也確實減下來了，但一再復胖。每次似乎都以不可思議的力道復胖回來，長期來看是愈減愈肥。我懷疑我當初不努力減肥的話，搞不好今天還比較瘦。

有時陌生人會開心地告訴我，我應該再加把勁減肥，並分享他們的親身經驗，說減肥很容易，但緊接著又抱怨他們募不到創業資金，或寫書無法出版，或抱怨自己遭逢不幸，覺得自己很無辜。

矽谷充斥著各種勵志及追求效率的門派，那些東西理論上應該可以幫人把生活的各方面塑造到一個理想的境界。那樣做不僅愚蠢，也有破壞性。想要假裝我們已經無所不知，那是不科學的，就像反疫苗或反演化運動一樣。那也是一種盲目的從眾，彷彿每個人都應該接受一樣的「效率」和「成功」的定義，還有一樣的審美標準。

關於體重和宇宙，現在有許多源自正統科學的研究結果，那些結果混雜不清，還經常相互矛盾，其中還有大量操弄人性的偽科學。但實際上，宇宙中有許多大家尚未理解的東西，那只不過是其一罷了。

不過，有朝一日，大家可能會明白「體重」究竟是怎麼一回事，而且那天可能很快就來了，因為如今有許多美好的工具可以用來探究生物學。未來，當我們可以自己選擇時，應該可以做多元的選擇，多元性本身就是一件好事。

體重對我的生活有造成負面影響嗎？某些方面也許有影響吧。瘦子比較上相，也許我瘦下來的話，需要打書或辯論當下熱門的網路話題時，會更常上電視。但是以我個人的偏好來說，我現在的人生已經夠成功了。某種程度上，我可能無意間還迎合了大家對某種人的想像，因為大家總覺得聰明的科技人應該看起來有點怪，例如愛因斯坦的奇怪髮型。整體來說，體重對我的影響不大，主要是因為一個簡單的原因：我是男性。我很遺憾地說，今天要是換成一個胖女人的話，她可能無法擁有我這樣的職業生涯。

我在那裡認識了馬文·閔斯基，他或許是我這輩子遇到最親切、最大方的人生導師。

我曾在以前的著作中提過我在麻州劍橋的那段歲月所發生的一些事情，例如在馬文雜亂無章的住家中迷失方向；與理查·史托曼爭論自由軟體的初始。這裡我就不再重複那些故事了，但我希望讀者能看我於二〇一六年馬文過世那天所寫的追悼文（這是為約翰·柏克曼〔John Brockman〕的網站 Edge.org 寫的）：

幾個月前，我最後一次見到馬文時，他待在舒適的住家裡，前門沒鎖，好讓學生可以自由進出他家。一位麻省理工學院的年輕學生暑假去馬戲團打工，所以拱形天花板上很自然地掛了一個鞦韆。我們爭論 AI 時，她像貓一樣悄悄地站上鞦韆，來回擺盪著。當下的情景就像四十年前一樣。

我還記得那個鞦韆是何時裝上去的，那時我還很年輕，深受關照。為什麼鞦韆會掛在那裡呢？我不記得了，但是低音大喇叭放在鋼琴底下也是在那個時候。如今那個位置堆滿了書本、望遠鏡的零件，以及許多奇妙的東西。

當晚我去探望馬文的途中，接到一位共同朋友的電話，他說：「別跟他爭論，他現在很虛弱。」我不敢相信那句話，我說：「但馬文辯論時，總是愈辯，精神愈好。」

我想的果然沒錯。馬文說：「你幹嘛批評 AI？ AI 很棒啊。如果你的大方向是錯的，你會讓 AI 變得更好，畢竟很多設計很糟糕。如果你的大方向是對的，你就是對的，那很棒啊！」

如今我們思考自己的方式，約有一半是馬文發明的。他描述 AI 的獨到方式，令人充滿了遐想。他講述的機器未來是大家害怕的，但那都是些枝微末節。

真正重要的是，馬文對於人及情緒的思考方式，已經多多少少取代了佛洛伊德的錯誤觀點。例如，皮克斯的《腦筋急轉彎》（*Inside Out*）感覺起來、甚至看起來都很像數十年前馬文的講課內容（比方

說，他曾叫我們想像大腦在事物或活動的記憶上塗色，好讓我們以某種特定的情緒來因應那些事情）。

這些都可以視為他為電腦科學奠基以外的成就，以及他對許多其他領域的技術貢獻。最新的 VR 光學系統就是受到馬文發明的影響，例如共軛焦顯微鏡。

為什麼馬文對我那麼好呢？我讓他難過，處處跟他唱反調，我從來不是他的學生，但他依然指導我、激勵我，特地騰出時間來幫助我。他的良善是無私的，那是一種與眾不同的良善。

一九八〇年代，馬文造訪加州，那時我二十幾歲，大家對 VR 的接受度開始提升。他戴著頭戴式 VR 裝置──那是在模擬一個人身在大腦的海馬迴裡，神經元不斷發射的情境嗎？──同時彈奏一架真正的平台鋼琴，完美協調了虛擬實境和實體世界。

更別說音樂了！大家都知道馬文即興演奏鋼琴時，會有精心構思的對位，近似於巴哈的風格，但他從來不落俗套。他對那些我從世界各地帶回來的冷門樂器，跟我一樣著迷。對馬文來說，任何東西永遠都是新鮮的，連他即興演出的巴哈風格也一直是全新的。他永遠不會感到厭倦或無聊，也不會因為經常接觸新奇的現實而不再感到驚訝。

我記得馬文曾對他的女兒瑪格麗特和我談起他對艾倫・瓦茨的看法。瓦茨是研究東方智慧的大師級哲學家，他與馬文各自專精的領域可說是天差地別，看起來再遠也不過，但馬文覺得瓦茨對死亡的見解極其睿智。我還記得馬文談過瓦茨對輪迴的看法，他覺得輪迴是以波狀來詮釋人類，而不是以粒子形式來詮釋人類。（就這點來說，無論是馬文還是瓦茨都並未接受個體透過輪迴轉世存續下去的概念。他們認為，一個人的特質或型態，終究會以新的組合重新出現在新的人群集合中。）

我記得某個春日，我們一起在劍橋那些活力小店的附近散步，我們看到一個嬰兒坐在嬰兒車裡。馬文開始談論「它」（it），彷彿嬰兒是一個裝置、一個小玩意兒，我完全知道他這樣講是為了激怒

我。「它可以追蹤視野內的物體,但互動能力有限。它還沒有累積一套觀察的行為特質,無法建立物體和視覺刺激之間的關連。」

喔,那調皮的笑容!他以為我會受到刺激,從而證明我受到個人想法的羈絆。馬文看起來非常和藹親切,所以那招激將法並未奏效,我們都笑了。

馬文把幽默與智慧連在一起。幽默讓他的大腦發現哪些漏洞該填補,那是讓他變得更睿智的方法。每次想起他,我就想到他總是會想辦法讓每一刻變得更有趣、更睿智、更溫暖、更和善一些。我覺得他在這方面不曾失敗過。

噢,馬文!

雅達利研究室(Atari Research)擁有許多真正的資源,例如,我們可以用雷射印表機列印,互相發送 email,還可以做一些充滿未來感的數位化東西,那些東西在當時都是菁英階層獨享的。我已經跨越了鴻溝,回到大科學的世界。

我研究一些非主流的程式語言概念和一些奇怪的觸覺遊戲,包括機器掃帚。你可以在模擬器裡騎著那支掃帚,像女巫一樣。這玩意兒也帶有一點性感的特質。

說到這裡,我已經講了許多我在劍橋期間所發生的事情,包括結識新朋友、遇到人生導師、研究工作等等。那女人呢?

我不會提到她的名字,但她本來就沒什麼名氣。她令人驚豔之處,在於她的存在。她是那種斑斕閃耀、魅力四射的女神,典型的金髮美女,帶點迷幻的嬉皮感。

挑逗、鬼點、囉嗦、事業線、所有的一切,刻意的冷漠。我愛過其他的女人,但這次墜入情網簡直像自由落體一樣,是全然不同的體驗。

但怪的是,我其實沒有感覺到自己直接受到吸引。更確切地說,是其他人都受到她的吸引,以致於我也陷入那股社交浪潮中。

她是一種地位象徵,我感覺自己好像誤打誤撞地加入了某個古老的神祕教派,一個標榜權勢和美麗的祕密社團。

　　第一次見到她時，我尚未出名，只是一個毛髮旺盛、生性好奇、有點小聰明的小屁孩罷了，像我這樣的年輕人在麻省理工學院一帶隨處可見。她是性感的北極星，路人總是忍不住回頭看她，就像小貓看到搖晃的玩具，目光跟著移動一樣。

　　她有遠大的社交抱負，而且抱著志在必得的決心。我們的第一次對話時，她說：「哦，蒂莫・利里把我送進哈佛大學，以便引誘麻省理工學院的電腦天才加入迷幻革命。」這是別具歷史意義的祕密使命！

　　當時我們之間沒發生什麼事，但總之我後來娶了她，雖然那段婚姻很短暫。稍後在適當的時機，我會再談到那段日子。

南方的未來主義

　　那段身為正統研究員的迷人歲月，不久就進入了尾聲。

　　馬文的女兒瑪格麗特正在麻省理工學院攻讀觸覺博士學位。她要我陪她去北卡羅來納大學（UNC）教堂山分校，造訪該校的 VR 實驗室。

　　南方的感覺重新勾起了我的情緒起伏，我覺得自己難以正常運作。步調緩慢，氣候濕熱，隨處可見野葛攀爬覆蓋。南方人客氣有禮，帶有一些隔閡。感覺我似乎不該好好享受那種氛圍，就好像配料不對的辛辣料理，或是在瀕危動物的燒烤上加醋一樣。

　　不管任何人對那一區有什麼觀感，那裡的實驗室實在太棒了。我不該偏袒任何單位，但教堂山分校無論當時和現在，都是我心目中最好的學術 VR 實驗室。

　　這個實驗室是由弗雷德・布魯克斯主持，他是真正的南方紳士，曾帶領團隊為 IBM 開發出第一套商務作業系統，並定義了 ASCII，以位元來呈現字母的方式。他是推動數位時代的元老，也寫了少數堪稱電腦經典著作的《人月神話》，書中第一次細膩地說明了，人類設計電腦程式是什麼樣子。

　　最重要的是，布魯克斯也是 VR 研究的先驅。我第一次造訪時，布魯克斯對觸覺特別感興趣，這也是瑪格麗特的興趣所在，所以我們花了

很多的時間，研究以機器手臂來感覺虛擬物體的邊緣。

UNC 實驗室的另一大將是亨利・福克斯，他也是我最喜歡合作的對象之一。他是出色的天才，講話速度幾乎難以跟上驚人點子的湧現速度。數十年來，他的學生一直是 VR 領域的佼佼者。少了福克斯，就沒有現代的 VR。

UNC 可能擁有那個年代最快的繪圖電腦，令我深深著迷。福克斯的團隊不計成本，為了 VR 的視覺效果而自己打造電腦。Pixel Planes 是第一批專為 VR 需要的圖像而進行優化的電腦，但我第一次造訪教堂山分校時，它呈現每幀圖像仍需要幾秒的時間。不過，根據摩爾定律，以後的速度肯定會愈來愈快，所以我們都幻想著活在未來。

回加州的日子就快到了。我尚未在加州找到正式的工作，但我還是覺得回去重要。有什麼正在醞釀。

螞蟻行動

「哇，我不曉得你回來了！」

「喔，嗨！很想你，我才剛回來。沒想到這裡陽光那麼多，空氣也好，可以好好地呼吸。麻省理工學院附近只要一到夏天，空氣就黏膩得跟糖漿一樣。」

當時安的外型是所謂的「西雅圖風格」，黑髮又長又直，一雙大眼像小鹿一般，「趁現在好好享受吧！這一切即將消失，帕羅奧多的另一條沙土路才剛鋪上柏油。」

「天啊！太糟了。但妳聽！哇，我真想念那聲音。」我們那條路上有一家貓咪收容所，你可以聽到上百隻貓喵喵叫，像氣勢澎湃的弦樂。

「是啊，你在開玩笑吧。再聽個二十分鐘，你就會抓狂，到時候你肯定又要找我抱怨了。喔，對了，我應該告訴你，你有螞蟻入侵。」

「喔，無所謂啦。」

「我是指上百萬隻的螞蟻大軍，跟流動的河川一樣。」

小屋附近有座廢棄的果園，我們那群夥伴占據了果園的破舊地段。

安和揚帶著孩子搬進我對面的同型小屋，兩家只有一條沙土路之隔。其他人則偶爾會住進附近的小屋。

我真希望矽谷現在仍有類似那樣的古怪角落，但恐怕老早就消失殆盡了。我隔壁的鄰居是當時少見的頂尖女性電腦商務顧問，但她罹患多重人格障礙，你永遠不知道你當下遇到的是哪個人格。有時她會變成講話尖酸刻薄的龐克搖滾樂迷來騷擾我，有時她又變成能言善道的仲介者，要我幫她打進某大科技公司，以便做那家公司的生意。

原來是我的冰箱故障了，不僅吸引了螞蟻大軍前來殖民，而且整個冰箱根本就裝滿螞蟻，彷彿阿基米德是用螞蟻做實驗，而不是用水。我必須把那台生鏽的老冰箱推到小溪旁，讓它橫躺下來，清空裡面的東西。它看起來像一台扁平的太空船，就像一九五〇年代根斯巴克的科幻雜誌封面上可能刊登的那種，就是以前艾勒里寫過專欄的科幻雜誌。那艘太空船吐出了大規模的入侵部隊，如今已戰死沙場。冰箱的鉻材質反射著陽光，我只能瞇起眼睛。

我身後出現另一個聲音，是那位多重人格的鄰居。她今天聽起來很正常，感覺反而有點突兀：「你看起來很開心，好像在慶祝什麼！今天是什麼好日子？」

我和劍橋的一些朋友有時會想一些搞怪的點子，例如去巴里連鎖商場（Bali）買一大件色彩鮮豔的防風夾克，然後在衣服上剪開新的洞，以便側著穿，讓兩個軟趴趴的袖子一起垂掛在左側。

「我想，應該是慶祝『螞蟻清理日』吧。不，我開玩笑的，我一直以來都是這個樣子。我去劍橋的這段期間，這裡的每個人似乎都變得更正常了，這是怎麼回事？」

「說的也是，你不說的話，我還沒注意到。」

我不在矽谷的這段期間，我們那群駭客的穿著，從古怪的嬉皮風變成如今所謂的「Normcore」那種舒適簡約風格，我不禁想要挖苦嘲諷一番。「每個人看起來很正常，但又不像正常那麼好，感覺蠢蠢的，那是怎麼回事？」

「我猜那是我們表達毫不在乎的方式。」

我用水管沖洗冰箱後，接著以旋轉的方式，逐步把冰箱轉回我的住處。我說：「也許那是現在的世界真的需要 VR 的跡象！」

「哦，你可能不知道，現在我們稱帕羅奧多（Palo Alto）為『膚淺奧多』（Shallow Alto）。」

「有變那麼多嗎？」

「感覺有趣的事情已經從這裡消失了。『自殺俱樂部』（Suicide Club）現在是在城裡，《全球概覽》搬去馬林。唉，連『生存研究實驗室』（Survival Research Lab）也不來了。有趣的人再也付不起這裡的租金。」

你可能沒聽過這些早期出現在矽谷的機構。自殺俱樂部是一個龐克風的城市探險俱樂部，他們常做一些非法探險的事情，例如去攀爬金門大橋。它也是火人祭的先驅之一，火人祭的「無痕」原則（Leave No Trace）就是來自這裡。[12]

生存研究實驗室是利用一些從矽谷各地尋覓的裝置，來呈現大規模又危險的巨型表演藝術，例如讓一隻無人監督的白老鼠操作真的坦克車（坦克車附有射程長達九公尺的火焰噴射器）。你必須簽字同意放棄個人安危，才能去現場觀看。這些場景都有助於後來第一家 VR 公司的創立，但當時我並未意識到這點。

「他們離開了也無所謂，我們會在這裡做出有史以來最有趣的東西。」

「你似乎更有衝勁了。」

「妳不說的話，我還沒注意到。」

步上正軌

多年來我一直在培養一種使命感，現在我終於變得更專注了。我鼓

---

12 「無痕」是火人祭出名的最高指導原則。火人祭每年吸引數萬人到內華達州的荒漠地區，參與稀奇古怪的藝術活動，大抵上沒有任何規定，只要求參與者遵守這個原則。

勵夥伴去開發一些讓大家社交往來的 VR 機器，並把 VR 塑造成一種強度恰到好處的魅力來源，而不是魏納擔心的思維控制遊戲及愚昧的東西。VR 將會是 AI 的替代品。

不過，即使大方向的策略已經逐漸明朗，基本的計策依舊模糊。我們應該試著創業嗎？還是該想辦法說服某所大學或某家大公司贊助我們的 VR 實驗室？我們只要從遊戲或任何東西賺到足夠的錢來支援研發，不必管任何先例嗎？

我們都想知道我們是在打造什麼類型的組織，但沒有人有任何概念。或許是一種融合左派和商業理想的形式吧？一家以共識決策為基礎的科技公司？這個想法很瘋狂嗎？（二〇一七年的傑容可能會大喊：「**對，很瘋狂！**」）但是當時，一切似乎都有可能成真，每個人都充滿了理想，也很年輕，可以為了搞定最新的演示程式而徹夜不眠。

一九八三年那一整年，我們對打造 VR 專案愈發癡迷。

有一點很明確的是，我們無法一切全靠自己。對此，我的情緒一直很糾結，但我逐漸明白：完全的「表型互動」是個橫跨好幾個世代的專案，不是短短幾年就能完成。不過，只要即時的 3D 電腦問世，VR 就可以登場了。

大衛在麻省理工學院實驗過一種視覺程式語言，名叫資料流（dataflow）。我跟查克和大夥討論，最後決定採用一種折衷的方式，涵蓋我們開發的一些內部技巧，例如高階遞增式編譯器架構，但是為 VR 軟體選擇一種大家已經瞭解的資料流設計典範，因為兩者一定可以匹配。[13] 大衛剛拿到博士學位，所以從麻省理工學院搬來加入我們。（現在的數位藝術家可能很熟悉一種名叫 MAX 的設計工具，那就是使用資料流。）查克把我們新的 VR 控制程式命名為「電體」（Body Electric）。

我們也需要一種 3D 設計程式，但 3D 建模器可不是上個街就能買

---

13 抱歉，這裡提到很多專業術語，可能對非科技圈的讀者造成困擾。我在談「表型互動」運算的附錄二中，會介紹其中一些術語。

一九八〇年代末期，凱文·凱利（Kevin Kelly）造訪 VPL，並拍下安早期繪製的概念圖，那些圖現在仍釘在牆上。**左上圖**：VPL 眼機的最早概念圖。我們就像後來製造 VR 頭戴裝置的所有團隊一樣，低估了裝置最終需要的最小厚度。**右上圖**：使用中的眼機。**左下圖**：兒童化身為潘趣木偶戲（Punch and Judy）裡的人物。**右下圖**：一個人化身為一隻雞，並使用虛擬的 X 光玻璃來窺探虛擬物體的內部。我們去國防部談合作案時，在簡報中加入類似這隻雞的圖案，但他們依然想跟我們合作。

到。於是，揚接下了這個挑戰，並啟動一項專案，最後做出 Swivel 3-D。

我們也在追蹤問題上花了很多時間，不過那是下一章的主題了。

13 六度空間
（略談感應器和 VR 資料）

眼睛必須漫遊 [1]

　　湯姆第一次製作 VR 手套時，量了手指的彎度，但沒有量手在空間裡的位置，或手的傾斜方式（物體在 3D 立體空間中的位置和方向需要六個數字來描述：X 軸、Y 軸、Z 軸、翻滾〔roll〕、俯仰〔pitch〕）、偏擺〔yaw〕）。

　　顯然，如果我們希望虛擬化身的手能夠拿起虛擬物體的話，我們需要知道手的位置及其傾斜的情況。這種判斷物體位置的裝置，通常稱為「追蹤器」（tracker）。

　　適合追蹤人體活動的追蹤器已經上市了，只是價格十分昂貴。怪的是，一九八〇年代佛蒙特州曾是追蹤器產業的龍頭，四家追蹤器公司的總部都設在佛蒙特州的同一山谷，他們的客戶把追蹤器應用在機器人、工業設備，甚至飛行模擬器上。

　　當時，追蹤器總是搭配一台外部裝置：一個基地台，作為追蹤器的

---

1 沒錯，這個標題發想自《時尚教主——黛安娜佛里蘭》（*Diana Vreeland: The Eye Has to Travel*）這部紀錄片的標題。

參考點。例如，兩家老字號的佛蒙特州追蹤器公司（Polhemus 和 Ascension）專門用磁場來追蹤位置。所以，大型的外殼裡有一個巨大的電磁鐵，發出脈衝場。我們則是在手套上安裝很小的磁場感應器，後來也把感應器裝在頭戴式裝置上。

除了使用磁場以外，還有很多其他的追蹤方法，例如雷射、無線電波等等。我們花了很多時間研究追蹤方式。

為什麼要在頭戴裝置上安裝追蹤器？還記得前面提過間諜潛艇嗎？它必須進行探測。

回想一下 VR 中的視覺基本原則，我在第四章的「鏡像顯示」那一節提過：「為了讓 VR 的影像部分發揮作用，你必須思考你環顧四周時，眼睛應該在虛擬世界中看到什麼。在眼睛四處張望時，VR 電腦必須不斷推算，而且最好是立即推算你在虛擬世界中看到的圖像。你向右看時，虛擬世界必須向左轉作為代價，以營造出一種錯覺：你的外在是靜態的、與你無干。」

第二十四個 VR 定義：一種模控學結構，
用來測量人類觀感的探測方面，以便相互抵銷。

這裡我必須講清楚一個關鍵：視覺顯示的品質，不是 VR 的視覺體驗品質中最重要的部分。追蹤遠比視覺顯示的品質更重要。[2] 也就是說，視覺圖像對頭部或眼部活動的反應有多快、有多好？

---

2 追蹤有幾種不同的類型。由於眼睛近似球狀，而且大致上是繞著球心轉動，你只要知道眼睛的**位置**，而不是眼睛看哪裡，通常就能追蹤視線的移動。只要你能夠呈現出眼睛周圍夠寬廣的虛擬全景，眼睛就能環顧四周，正確地看到虛擬的東西，這就是所謂的**眼動追蹤**（eye tracking）。事實上，眼球在頭內轉動時，位置是相當固定的，所以有時只要做**頭部追蹤**（head tracking）就能取代眼動追蹤。在某些 VR 顯示器中，你需要知道眼睛看的方向，而不僅是眼睛的位置，那就是所謂的**視線追蹤**（gaze tracking）。（追蹤是毫無止盡的，就像測量也是毫無止盡的。有時必須追蹤每隻眼睛的焦距或虹膜的擴張程度。）

大腦整合

第二十五個 VR 定義：一種測量比顯示更重要的媒體科技。

感覺（sensing）有一個普遍存在的問題：它是一個過程，所以需要時間。如果你成為 VR 圈子的專業人士，大家會叫你用「潛時」（latency）這個術語來表示 VR 系統中的延遲。

潛時的重要地位，在一九八○年代初期是以戲劇性的方式呈現。美國太空總署的艾姆士研究中心（Ames）設立了一個 VR 實驗室，由麥克‧麥格里維（Mike McGreevy）主持，後來才改由史考特‧費雪（Scott Fisher）接掌。

麥克嘗試了一個實驗。他製造了一款黑白顯示的 VR 頭戴裝置，每隻眼睛的解析度只有 100×100 畫素。以當時可用的顯示技術來說，那已經是最高的解析度了。核心呈現仍然是以向量圖表示，一個鏡頭對準向量圖以驅動畫素顯示。當時，光是在頭戴裝置中使用畫素，就算是很新奇的作法了。這可能也是飛行模擬器以外的首例。

100×100 對一個圖示來說是可行的解析度，但是對虛擬世界來說則低得可笑。別忘了，圖像是攤放在你能見的視野上，所以每個畫素可能看起來像一片牆壁的磁磚那麼大！不過，那種效果還是很驚人。

我透過麥克的頭戴裝置看衛星的簡單輪廓模型時，大吃了一驚。那個模型竟然看起來很合理！你可以看到比畫素更小的細節，大略知道那個奇怪物體的 3D 立體形式是什麼樣子。

祕訣在於頭部追蹤要夠快且夠精確。「潛時」愈小，視覺體驗愈好！那就好像解析度神奇地翻倍了。

視覺體驗需要整合你看到的所有內容，並預期你接下來要看到的內

容。大腦看到的比眼睛還多。[3]

戴著麥克的頭戴顯示器（HMD）時，[4]大腦每一刻都從每個稍微不同的視角，擷取虛擬世界的模樣。只要時刻掌握精確，也就是說追蹤器運作得宜，視角也會是精確的。那表示大腦可以把連串的低解析度圖像結合成解析度更高、更精確的內在體驗。

對大腦來說，這沒什麼特別，只是它的日常工作。人類的眼睛很奇妙，但它也是一種濕濕軟軟、不太一致又古里古怪的感應器。基於眼睛的先天構造，大腦總是看得比它該看的還多。為了使 VR 看起來更清楚，大腦就像處理日常的現實那樣，很樂於以半猜半騙的方式腦補影像。

一九八〇年代，即使 VR 新手可以親身體驗 VR，我們還是很難向他們解釋 VR 這個基本特質。我花了好幾年的時間，尋找最適合用來解釋這個簡單概念的用語。如今，大家應該都已經很瞭解這個概念了。

第二十六個 VR 定義：一種把刺激認知動態看得比
精確模擬環境還重要的媒體科技。

一種移動體驗

如果你是 VPL 那個古怪實驗室的早期受試者，你在剛開始會體驗到「相信」虛擬世界的過渡階段，這就叫「轉換時刻」（conversion moment）。

---

3 日常生活中有一個非常戲劇性的例子：盲點（blind spot）。你的兩隻眼睛在離視野中心不遠處，都有一個很大的區域是看不見的，因為那是視神經連接視網膜的地方，阻斷了視覺功能。你不會知道大腦正在幫你腦補那個看不見的地方。

4 HMD 是 Head Mounted Display（頭戴顯示器）的縮寫，是 VR 頭戴裝置（VR headset）的早期稱法。

這些年來，隨著 VR 的進步，在戴上頭戴裝置後，轉換時刻發生得愈來愈快。約莫二十一世紀初，連轉換時刻也消失了。[5]

如今多數人戴上頭戴裝置的感覺，是立刻感到震撼，並對幻影的品質感到驚喜，而不是逐漸注意到自己的觀感正在轉變。

這可能也是「技術進步不見得比較好」的例子。更加瞭解自己是種難能可貴的體驗，以前那些性能較差的 VR 裝置，也許更能讓人瞭解自己的感知過程。

但我們不該那樣想！或許將來會有 VR 設計師在現代的 VR 裝置上發明一種巧妙的「緩慢啟動」體驗，刻意突顯出「轉換時刻」，而且效果比以前的 VR 裝置更好。

總之，以前的使用者會經歷「轉換時刻」，但那只是第一步。由於我們的重點是多人體驗，系統很快就會介紹你認識 VR 內的另一個人。

那個人是以早期的虛擬化身形式呈現：色彩鮮豔、外觀平滑的人物，有一個像卡通人物的頭，身體幾乎沒有特色，雙手靈巧，但卻是奇怪的管狀。這個時期的 VR 視覺品質還很模糊。

臉部是通用的模式，每個人都必須共用虛擬化身。在資源有限下，只有極少數人能繪製出有效的虛擬化身，而且基於同樣的原因，變化性也很小。VR 中第一個虛擬化身的臉是由安・萊絲可用二十個多邊形設計出來的，是一張類似折紙形狀的臉。

5　這個例子說明了一個重要的原則：便宜的晶片可以提高其他零件的性能。

　　隨著機器視覺的發展，可透過慣性來感應動作的晶片愈來愈進步，也愈來愈便宜。如今，每個可攜式裝置都內建加速計。結合加速計的資料與鏡頭的資料，就有可能創造出更快、更精確的追蹤器。摩爾定律解決了一切問題。

　　此外，晶片變快後，也使得預測未來更值得一試。這常需要用到的數學是卡爾曼濾波（Kalman filter）。就像人腦（可能是小腦）可以預測你的手需要伸到哪個位置，才能接到飛過來的棒球一樣，卡爾曼濾波也可以預測頭部將要定位的位置。更專業的演算法可以利用身體和頸部的特殊組織結構。你的頭只能以特定的方式移動，所以沒必要考慮不可能的頭部動作。

　　而且，等你呈現出 3D 場景時，那可能已經有點過時了，因為即便是今天的廉價晶片，想繪製 3D 圖形依然要費很大的功夫，所以高性能的 VR 裝置會根據比較簡單的基礎做最後的微調，使圖像顯得更流暢（例如，整個圖像可能會被移動、傾斜和扭曲。）

然而，儘管視覺細節很貧乏，還是可以呈現出人的形狀，效果雖然怪異，卻也令人吃驚不已。在日常生活中，你接觸到另一個人時，不會特別注意你的觀感狀態有什麼不同。但早期粗糙的 VR 系統會突顯出那種差異，那感覺令人震撼，寒毛直豎。

你突然看到另一個人出現在眼前，而且是以區區幾個多邊形呈現！你可以感受到對方，感受到人類存在的溫度。

那是怎麼回事？如果你錄下一個人的動作，再以那些動作來啟動虛擬化身，虛擬世界裡的人可以明顯看出，當下那個虛擬化身裡沒有真人。當你的化身和另一個人的化身互動時，那是截然不同的，你通常連對方是誰都可以看得出來。

這些對虛擬化身進行的早期實驗，很像長期以來研究「生物運動」（biological motion）觀感的科學圈所做的實驗。那個圈子有個典型的實驗是這樣的：受試者穿上包覆全身的黑衣，將自己隱蔽起來，但身上有些地方貼著鮮豔的亮點，接著再為受試者拍下影片。那些影片都顯示幾個亮點四處移動。

當受試者看自己拍的影片時，會出現特別的情況。他們通常可以光憑那幾個移動的點，就認出影片裡的人，或意識到影片中陌生人的性別、情緒和其他特質等細微之處。

關於人從那些「移動亮點」的影片中能看出什麼及不能看出什麼，目前仍有爭議。無論你對「生物運動」偏好哪種假設，虛擬化身或許可以顯示的東西更多，因為虛擬化身是那些實驗的互動版本。

在虛擬化身中，人類存在的真實感很深切，是我在 VR 中最強烈的感覺。互動性不僅是 VR 的一個特點或特質，更是體驗核心的自然經驗流程。是我們認識生命的方式，它就是生命。

第二十七個 VR 定義：強調互動式生物運動的媒體。

這個定義排除了多數的數位體驗，例如以典型的控制器來操作的遊

戲，因為它們只需要按按鈕，不會傳達身體的持續動作。這個定義包含了最吸引人的 Kinect 體驗，甚至包括最具挑釁性的多點觸控設計，它是新的數位先驅。

追蹤器不僅是讓 VR 顯示器能夠運作的關鍵，還可以測量使用者，以便把使用者轉變成彼此眼中的虛擬化身。感應器確實是 VR 的核心科技。與其說 VR 是一種人工合成的科學，不如說它是種測量的科學。

每次我們安裝一套經典的 VR 系統時，第一步都是設定及校準追蹤器。我們都希望那個步驟只要做一次就好，以後都不必再做了。

有個叫鮑勃・畢夏普（Bob Bishop）的學生，博士論文是研究「使用機器視覺來淘汰外部追蹤基地台或參考點的可行性」，除了北卡羅來納大學教堂山分校，還有哪裡的學生能想出這種點子？這樣做確實可行，但還是需要一個準備就緒的環境，以視覺目標作為參考點。

在 HoloLens 問世之前，沒有人設計出內建獨立機器視覺追蹤器的頭戴裝置。以前的頭戴裝置仍需要準備就緒的環境或基地台。

不暈船，不暈 VR

在對抗「潛時」方面，大家可說是無所不用其極，細膩到以微秒（譯按：亦即百萬分之一秒）為單位。[6]

第二十八個 VR 定義：最努力對抗時間的數位媒體。

如果你在 VR 中感到暈眩想吐，往往和追蹤問題有關。

有個故事我從來講不膩：一九八〇年代 VR 首度變成流行文化的熱潮時，我接到導演史蒂芬・史匹柏的電話。「你一定要來洛杉磯一趟，

6　某些觀感延遲降到約七毫秒或八毫秒（譯按：亦即千分之一秒）時，VR 的感覺會開始變好。

向娛樂界演示一下 VR。也許我們可以為主題樂園設計 VR 遊樂設施，或其他的東西。」

「你是認真的嗎？VR 系統需要用到巨型電腦和很多高級裝備，你應該叫他們自己來矽谷看演示，搭飛機一下子就到了。」

「這裡是好萊塢，都是別人來找我們。」

「矽谷會改變**那個情況**的，等著看吧。」

「也許吧，但現在我們會付錢請你來……而且是很多錢！」

「呃，好吧……」

於是，我們推出了「行動現實」（Reality on Wheels），以十八輪的大卡車，裝載價值數百萬美元的 VR 演示裝置，從矽谷一路開到好萊塢（如今類似的 VR 演示只要幾百美元就能搞定）。那台大卡車在各大製片公司分別停留了一週。

當那輛大卡車終於抵達史匹柏正在拍片的環球製片公司時，他擔心我們已經造訪過他的競爭對手迪士尼了。有人在我的耳邊低聲警告：「迪士尼可不是省油的燈！」

環球製片公司的負責人盧・沃瑟曼（Lew Wasserman）是東歐猶太人，他在一旁看著我們把亟欲嘗試 VR 的志願者帶進大卡車內，去嘗試那奇妙的新體驗。當然，他們每個人都看得出神。

現在我偶爾會遇到那個年代做 VR 演示的人，其中有些人仍活躍在 VR 圈，他們後來寫了有關 VR 的電影和電視劇本，或變成創投家，出資贊助 VR 新創公司。

沃瑟曼把手心朝上，指著我，接著彎曲那枯瘦的食指，像揮舞魔杖一樣召喚我過去。我像隻小兔子一樣興沖沖地跳過去。

「孩子，他們在裡面會吐嗎？」

我喘著氣、快速地回應：「沃瑟曼先生，問得好！我們一直在研究這個問題。目前，每一百次體驗中，僅出現一次暈眩想吐的狀況。在不久的將來，那個比例會降至數萬分之一，到最後會變得愈來愈罕見。我們已經掌控了這個問題。」

他對史匹柏咆哮：「你幹嘛找一個根本不懂娛樂業的小鬼來這裡？」

接著對我說：「孩子，我想在報紙上看到新聞標題寫著，我家的管理員因為嘔吐而中途放棄那個玩意兒。」平心而論，那年代因嘔吐而離場，其實是炒作《大白鯊》（*Jaws*）和《大法師》（*The Exorcist*）等電影的宣傳手法。

「沃瑟曼先生，如果那是你想要的，沒問題！」

如今我們已經大幅降低使用者在 VR 中昏眩的機率，就像我之前向沃瑟曼先生承諾的那樣。

然而，儘管我們在處理模擬器的暈眩方面已經有進步，但還不夠完美。偶爾還是有人光看別人演示 VR 就感到頭暈目眩，即使其他人都沒事。

我甚至看過有些人光是想著 VR 就感到暈眩。但是，除非變成思想警察，否則不可能解決一切與主觀經驗有關的問題，所以我們永遠都得接受一點不完美。

我要是有沃瑟曼先生那種炒作話題的天賦就好了。

虛擬現實主義 vs. 虛擬理想主義

設計 VR 裝置或體驗時，一項標準當然是盡可能使 VR 成為幻象，但我認為勾勒出幻象的邊界可以讓 VR 的效果更好。

於是，我們遇到一個有趣又根本的矛盾狀況。VR 的一個目標是讓幻象盡可能讓人信服，不然又何必模擬實境呢？但 VR 的最大樂趣在於不完全被幻象說服，就好像你看魔術表演一樣。

微軟推出 Kinect 時，就遇到這種矛盾狀況。Kinect 的出現讓我非常興奮！

一九九〇年代末期，我領導一個研究聯盟：美國遠距實境專案（National Tele-immersion Initiative），以深度地圖創造出第一個互動體

驗。[7] 這表示，人和環境是以全 3D 形式來即時感知容積。在以前的 3D 互動中，例如戴上西雅圖上空的「資料手套」，你的身體感覺是由幾個分散的點組成。但是在這種即時感知的情況中，你的整體形狀是持續以 3D 形式掃描呈現。那個軟體把你當成移動的雕塑，而不是只有幾個關節的木偶。

當年這種技術還是實驗室裡的新奇玩意兒，但才過了十年多一點點的時間，Kinect 這種消費性裝置就為一般大眾帶來這種互動方式，實在令人振奮！

Kinect 的問世，也為虛擬理想主義和虛擬現實主義之間的矛盾，提供了一個非常清楚的例子。微軟推出不少設計精良的遊戲，例如《舞動全身》（*Dance Central*）這種熱門的學舞體驗，但並未公開原始資料、內部結構、裝置實際運作的真相。

這些揭露上的落差令人著迷，因此引發熱烈的迴響。坊間出現名為「Kinect 祕技」（Kinect Hacks）的文化現象：業餘的程式設計師自己為 Kinect 編寫軟體，並在 YouTube 上發布影片。

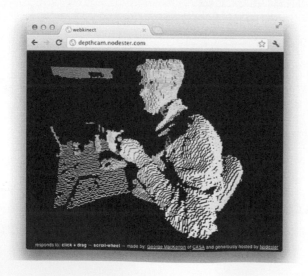

一支「Kinect 祕技」影片的截圖。

7　http://www.scientificamerican.com/article/virtually-there/

這些影片並不精緻，事實上它們離精緻的程度還很遠，通常充滿宅味又粗糙。多數影片只揭露原始資料，你可能會看到一般人在家裡穿 T 恤的模糊 3D 動態數位模型。

那樣揭露原始資料是否破壞了幻象的宏大美好？並沒有！ Kinect 的內在本質被揭露出來時，許多人為之瘋狂。看到原始的內部結構，反而使那個裝置顯得**更加**迷人！

Kinect 祕技駭客可能只有幾千人，但 Kinect 的銷量多達數千萬套，使它成為史上最暢銷的消費性電子品。所以 Kinect 祕技真的重要嗎？抑或那只是消費市場那片汪洋上微不足道的泡沫？

我覺得確實很重要，儘管 Kinect 祕技駭客為數不多，但他們的文化能見度很高。這些駭客解說那項裝置，並為數百萬人欣賞那個裝置的方式奠定了基調。

看到第一代Kinect原始資料[8]——也包括其中的雜訊、瑕疵等等——有一種非常現代的奇異感受，令人興奮陶醉。大家終於看見電腦能看到的東西，進而闡明他們所處的數位世界的一個層面。

如果把「Kinect 祕技」運動集結成一個發聲的實體，它會說：「這些裝置能看到什麼，你就能看到什麼。現在你看科技高手為我們帶來的新世界時，不像以前那麼盲目了。」

Kinect 祕技駭客參與了主導文明的對話（觀賞那些祕技影片的人或多或少也是）：大家如何修改我們認識及影響這個世界的感覺運動迴圈？數位文化就是在修改那個迴圈，而那些 Kinect 祕技影片大多展現出奇特的轉折。[9]

例如，那些駭客把自己的身形變成一顆膨脹大圓球，或者變透明人、變怪物，又或以揮手的方式掌控一波波的聖誕燈明暗。

那是我們那個年代的典型文化活動：為我們與現實的因果關連增添

8　第二代 Kinect 的資料平順、精密許多。
9　https://www.youtube.com/watch?v=ho8KVOe_y08

一點轉折，並運用數位裝置來做演示。VR 演示就像幽默感，可以稍稍打開一個人的思維。

第二十九個 VR 定義：一場文化運動，駭客藉由操作裝置，來改變演示中的因果關係和觀感。

HoloLens 不像 Kinect 那樣在剛開始隱藏了原始資料。每次我戴上 HoloLens，環顧四周，看到整個世界被數位化，一切事物盡收在模擬搜尋器的大網裡時，那種最簡單的體驗至今仍令我深深著迷。

過去幾十年間，我目睹了這個流程不下數千遍，但依然深受吸引。轉變的是演算法世界的運作，那不是表象，而是實際的轉變。那是具體的，解放的。那些運算很驚人，但不完美。偶爾會遇到障礙，出現落差，不太精確。

優秀的編劇從來不會想把英雄塑造成完人，但我們這些科技人常犯菜鳥級錯誤，就是想以純粹方式來呈現科技成果。

這是本有關 VR 的書，但我不得不說，這種想呈現柏拉圖式理型的天真科技思維不僅存在於 VR 圈，也遠遠超越了 VR 圈，遍及整個科技界。公司設計大數據演算法以便向用戶推薦該和誰上床或該看什麼電影時，預期使用者是沒有好奇心又容易輕信他人的人類。大眾通常也很配合，不想過問公司究竟是使用什麼資料，或演算法究竟是怎麼運作的。

我最喜歡 VR 文化的一點是，許多使用者面對其他數位服務公司的吹噓和伎倆時，雖然願意照單全收，但他們使用 VR 時，依然抱持著好奇心，甚至要求看看 VR 科技背後的東西。

那很合理，因為 VR 資料是衍生自個人視角的體驗，是即時的感受。你看 VR 資料時，它帶有某種風格，你可以瞭解它。VR 讓人感到好奇，那對一項科技來說也是最重要的功能。

第三十個 VR 定義：一種科技，
它的內部資料和演算法是即時個人體驗的轉換，很容易理解，
因此激起使用者的好奇心，想要一探背後究竟。

該是回頭窺探我人生故事的時候了。

14 創業

先上車後補票

一九八四年是充滿重要大事的一年。

揚正在開發 3D 設計工具,查克正在研究動力,史蒂夫正在鑽研使用者體驗,湯姆正在打造不同類型的追蹤器。蘋果剛發表的麥金塔電腦讓我們激動不已,並設法讓 VR 相關的體驗在第一代麥金塔上呈現。當然,那還不是真正的 3D。當時麥金塔才剛問世,上市前的消息也保密到家了,但我們其實一直很關注麥金塔的開發過程。賈伯斯有時會徹底惹毛蘋果的工程師,導致人才憤而離職,所以偶爾會有一些線路外露的原型機外流出來,綁在摩托車的後座,出現在我家門口。

蘋果發生人事大震盪不久,[1] 撰寫麥金塔作業系統的安迪·赫茲菲爾德也離職了。他來到我家,我們一起用麥金塔打造了一套 VR 演示,它把我們的反語言方法和高階程式設計結合在一起,並搭配手套操作,還有連結追蹤和其他類似超文字的元素。這恐怕又是一個舊神器因舊平

1　蘋果開除了賈伯斯,震驚業界,後來整個麥金塔團隊都辭職了。在賈伯斯回歸蘋果之前,蘋果差點掛了,後來又變成全球最有價值的公司。這就是為什麼馬克·祖克柏(Mark Zuckerberg)如今備受敬重的原因。

台消失而跟著灰飛煙滅的例子。我連我們當初怎麼稱那玩意兒都忘了。安迪真的很會寫程式，真不是蓋的，他是我見過最好的程式設計師之一（順道一提，安迪**不是**洩漏蘋果機密的人，但我不會說是誰洩露的。）

接著，我們意外獲得一次媒體曝光的機會。我早期做的一項視覺程式設計登上了《科學人》的封面。

之所以會登上封面，是因為全錄 PARC 的科學家賴瑞‧泰斯勒（Larry Tesler）看過我的設計。多年來我獲得很多貴人的提攜，至今依然覺得不可思議。賴瑞以發明瀏覽器著稱，這話的意思不是他發明像 Edge 或 Firefox 那種網頁瀏覽器，而是發明更根本的概念：為探索資訊架構而打造的選擇導向介面。以前有個年代連那麼基本的東西都需要發明出來。後來賴瑞先後到蘋果和亞馬遜主導研究部門。

總之，那期雜誌準備出刊時，我接到雜誌編輯的電話，要求我提供所屬的工作單位。當時我不僅沒有上班，也抱著一種駭客心態，根本不想上班，沒想到那竟然成了問題。

「藍尼爾先生，這裡是《科學人》。我們的編輯指南上清楚寫道，索引和文章刊頭上需要標明作者所屬的工作單位。」經過幾輪荒謬的爭論後，我投降了，乾脆瞎掰一個單位。

「我的工作單位是 VPL 研究（VPL Research）。」

編輯聽我這麼一說，似乎鬆了一口氣，彷彿鞋裡那顆礙腳的石頭神奇地消失了。「VPL 是什麼意思？是視覺程式語言嗎（Visual Programming Languages）？」

「不是，是虛擬程式語言（Virtual Programming Languages）。」

突然間，我也不知是哪根筋不對，突然說：「哦，對了！你把它寫成 VPL 研究公司（VPL Research Inc.）吧。」也許有朝一日 VPL 會變成

一家公司,誰知道呢?

雜誌出刊後,造成轟動。

矽谷的創投業先驅艾倫·帕特里科夫(Alan Patricof)看到《科學人》雜誌上那個虛構的單位名稱後面多了「Inc.」(公司),特地跑來帕羅奧多參觀我們那個冷清又古怪的工作空間。他看了一下演示,接著說(這真的是他說的,一字未改):「年輕人,你需要創投資金。」

我回他:「但我們又沒有公司!」

「我們可以馬上解決那個問題。」

「你可以給我兩三天考慮一下嗎?」

「矽谷沒有時間等慢吞吞的人。」

「好吧。」[2]

烏合之眾

如今箭在弦上,我只有短暫的時間可以決定要不要做。我應該放手一搏,創立一家矽谷公司嗎?

那年代沒有前例可循,沒有新創企業的育成中心,沒有年輕創業家獎,更沒有群眾募資(crowdfunding)網站。況且,我又不是在長輩呵護下成長,也沒有做律師的表哥剛好認識銀行家。我毫無人脈,根本對創業一無所知。

如今的矽谷從遠處看來很瘋狂,有種異軍突起之勢,但實際上很有架構,井然有序。矽谷已經變成知名人士的小圈子,他們投資新創企業和一些大公司,之後再決定要不要收購那些公司。但在我那個年代,一切架構還在草創時期。

我對於自己想成為什麼樣的人,還很糾結。我心中有一隻模糊的「老虎」蠢蠢欲動,心想也許我該成為像賈伯斯那樣的英雄式執行長。

---

2 帕特里科夫是 VPL 的投資者中,最終未能獲得利益的一位。我覺得很遺憾,聽說他後來再也沒投資過 VR 了。

但另一部分的我又覺得，當個駭客、永遠嘲笑那種執行長，比較適合我的個性。駭客文化認為，執行長要嘛是白癡，不然就是聰明的混蛋，沒有中間路線。3

在小湘菜館裡，一位留著大鬍子的駭客朋友說：「你一定要創立一家公司，而且擁有完全的掌控權。」他甚至不屬於我們的 VR 團隊。

另一個說：「別羞辱他了，他何必自甘墮落去當西裝仔呢？」

我無法讓那些人閉嘴。「天哪，各位！我們現在連會不會開公司都還不知道。」

「你一定要擁有完全的掌控權，否則董事會那些白癡會覺得他們應該要**做點什麼**，他們那些人一向是精神變態的白癡。」這傢伙最近才剛逃離蘋果。

「那想法不錯，我沒看過駭客創立公司後，把公司搞得有聲有色，而且還持續握有掌控權的。」

「有朝一日會的，總有一天會發生的！」大夥兒低聲加油打氣。

所謂的有朝一日，事實上是數十年後才發生，但駭客掌控公司的夢想，終於在二十一世紀實現了。Facebook 成為第一家確實由單一技術人才掌控的巨型「公開上市」公司。但我們還是回到當時那間湘菜館吧。

我開始說起白日夢：「也許我們不需要創立公司。如果那只是一個藝術專案呢？我們可以製造 VR 裝置，像城裡的免費印刷店（Free Print Shop）4 那樣，免費發送。」

「我不知道耶，你經營過電子產品的工廠嗎？那種東西要做得正確很難，我也沒看過志工團隊搞這個東西。」

「況且，誰負責接聽客服電話？」

真是一語中的！

當數位商品依然是新奇事物時，我很難確切傳達那種客服電話是什麼樣子。顧客可能打電話來說：「我剛剛給孩子買了《月塵》。紙盒裡

3　以前那是真的，但如今情況已經不同了。矽谷現在有一些絕頂聰明但絕非混蛋的執行長。

4　〔譯註〕免費印刷店（Free Print Shop）是灣區一家專門印製激進、未經審查內容的印刷店。

只有一個塑膠盒，閃光和音樂在哪裡？我需要搖晃紙盒嗎？」

「你需要把那個小塑膠盒插進電腦的對應插槽。」

「我們也買了一台電腦，但是插入後，似乎沒有反應。」

「你把它連到電視了嗎？」

「電腦要連接電視嗎？」

「對，然後電視上就會出現閃光了。」

「可以把小塑膠盒直接連到電視嗎？」

「不行，它們之間要靠電腦連接。」

像這種電話會在上班時間源源不絕湧入。顧客花四五十美元買《月塵》的遊戲卡匣，結果你的心力大多是耗在電話上，傳授他們基本的電腦運算知識。

一講到客服電話，小湘菜館裡的每個人都沉默了，大家各自想像 VR 的客服電話會是什麼樣子。別忘了，當時還沒有 VR 產品，甚至連 VR 實驗看起來都不像我們今天所想的 VR，一切仍只是空想而已。

「天哪，你說的對。這需要成立一家公司才行。除非你付錢，否則沒有人想要整天回應那些超白癡的來電。」

「你覺得共產主義註定失敗嗎？」

「以前我從來沒那樣想過，但沒錯，如果我們想要有大量的電腦，以後就要找很多人來做那些非常無聊的事情，只有資本主義才有辦法讓人接受無聊的工作。」

「根據摩爾定律，二十世紀末，世界上會有**數十億**台電腦。在哪裡呢？在門把上嗎？想想那些密碼！人口成長速度跟得上電腦激增的速度嗎？」

「唯一的可能是讓大家免費做自己的技術支援。」

「不可能。」

「當然可能。我們可以用電腦來訓練大家如何維修電腦。這樣一來，他們雖然是自己維修，但還是會付錢給我們。」（這傢伙後來成為 Google 的早期員工。）

「**各位**！別吵了，目前為止，還沒有公司，也沒有公社。現在先給

我們五分鐘，讓我們做點事吧。」

大夥兒都閉嘴了，靜悄悄地吃著擔擔麵。

虛線

接下來要面對的利害關係人，遠比前面那群人更重要，也更敏感。我無法一次面對整個團隊，所以選擇逐一跟工作夥伴談 VR 未來的走向。

「你為什麼要當執行長？你有點怪怪的。」

「是啊，我知道，我也一直在想這個問題。或許我可以成為阻止董事會那些白癡毀掉公司的執行長，我們可以聘請一個總裁來負責日常的營運。」

「我不知道耶，如果你真的要開公司的話，不是應該由你自己來經營比較好嗎？」

「是啊，那也是我一直擔心的。」

「那股權呢？你要怎麼分配股權？」

「真要開公司的話，為了維持公司的穩定，我會持有大部分的股權，但我們可以想辦法以其他的方式讓大家獲得報償。真的很投入公司的人，或許可以保有專案的部分所有權，這樣比較公平。」

「聽起來很複雜。」

「我猜我們只能放手一搏，把它當成冒險了。」

「我們還很年輕。萬一這是個愚蠢的錯誤，我想也不至於要我們的命。」

「不知怎的，我覺得一般人在創立卓越的公司時，不會講那樣的話。」

我回電給帕特里科夫先生，說我決定創立公司了。「很好，讓我跟你的律師聯繫吧。」

「呃，好吧，我今天晚一點再打電話給你。」

「你**真的**有律師吧？」

「當然，我只是需要思考一下找哪位律師來處理這件事。」

我馬上打電話給幾位 GNF，當天下午我就進了矽谷某位知名律師的辦公室。

有自己的律師，那感覺實在太炫了。我問那個人，萬一我遭到逮捕，該怎麼做？然後我靜候他的回答，彷彿我剛剛問了一個多了不起的問題。我的意思是，我以前住在新墨西哥州時，根本沒想過自己還請得起律師。現在有自己的律師，那感覺好像有人認證蓋章，證明我現在終於發達了。那個人是商務律師，他覺得我的問題太奇怪了，不知該從何答起。

「帕特里科夫嗎？這是怎麼回事？誰介紹你認識他的？」

「他自己突然打電話給我的。」

「很好的開始。那你這一輪準備找哪些人來投資？」[5]

虛張聲勢的時候到了。「嗯，一直有人打電話給我。我想，我需要的投資者都會出現，我不是刻意講得很玄，而是圈子裡已經有人耳聞我們做的東西，他們會打電話來。」

我那稚氣靦腆的鄉下男孩樣貌，日後終究會消失，但是當時我依然是那個稚氣未脫的青澀模樣。

「嗯……那也許可行。你不介意我指引你去找其他可以幫你的人吧？切記，我是**你的**律師。你不需要把我當成外人。」

「好，如果你能幫我，那就太好了。」

文件擺在我面前的桌上。簽完後，第一家 VR 公司就成立了。

我拿起筆，感覺時間慢了下來。我手上那枝筆滑過了幾道曲線，把快乾墨水烙印在紙上。

怪的是，人類這種大型的雙足哺乳動物竟然會在脆弱的紙張上留下這些小小印記，然後把它們看得極度重要、饒富意義。

---

5 新創公司必須為連續幾輪的融資定義股數、成本、股東權利。通常一輪融資募足後，才會啟動下一輪的融資。早期投資者可以得到較好的交易條件，但風險較高。

募資風雲

結果，「第一輪」募資可以說是既簡單又複雜。

簡單的是，因為我們的 VR 演示令人驚豔，又有傑出的人才。潛在投資者來看 VR 演示時，往往興奮得不能自已。我不只一次聽到參觀者驚呼，他們經歷了「宗教般的體驗」。

別忘了，當時我們的演示與現在你能體驗到的東西完全不一樣。如果能搭時光機回到過去，以現在的期望來體驗當時的東西，我想你可能覺得那沒什麼。一切都是相對的。

至於當初被小湘菜館那群夥伴揶揄的「獲利問題」，我提出了一個簡單的商業計畫，分成三部分：（1）開發高階的 VR 產品，以每套數百萬美元的價格出售給企業、軍事單位、學術實驗室；（2）把 VR 遊戲手套之類的消費性商品和 3D 設計工具切割出去，另外成立一個事業；（3）創造有價值的專利，以授權智慧財產權。

我們可以靠這「三大支柱」壯大成長，或至少存活下來。最終會有大企業來收購我們，或者我們會一直撐到 VR 對消費者來說變得夠便宜，這時公司就可以公開上市了。

目前為止，一切進展得還算順利，但我同時以太多種方法推動 VPL進行實驗。例如，我堅持「持有多數股權」（這很麻煩），但同時又想維持純技術的工作，不想做高階管理者。也就是說，我想找個總裁來負責日常的營運管理，卻又不給他太多的權力。

投資者不喜歡那樣，但他們接受了，那不是唯一的問題。讓技術主管保有一定程度的自治權，就可以制衡我對股權的掌控，但投資者擔心那樣難以塑造團隊的凝聚力。後來證明，那些投資者的擔憂是對的。

如今回想起來，如果當初那些投資者堅持立場，每個人也許可以獲益更多，但他們也拿我沒辦法。經過漫長又棘手的考慮後，這一輪募資終於完成了。

高階管理副手

另一個挑戰是聘請一位總裁，讓我不必獨自承擔管理工作。有些潛在人選的履歷看起來很好，但實力卻不怎麼樣。

這點到現在依然令我訝異：商務界有一群人很擅長針對各種高階工作來包裝自己，卻沒什麼實力扛起那些工作。有個傢伙看起來很認真，但他把很多時間都花在確定公司的介紹手冊該用哪種藍綠色色調，我實在很受不了。「嘿！我才應該對創意那麼龜毛吧，你應該負責招募人才來改善生產線的運作才對啊。」

我開始學習怎麼當執行長，但大約在公司成立的第一年間，我都還是嫩到不行，天真得要命。踏入正統世界的璀璨榮光，使我看不見最根本的遊戲規則，至少剛開始時是如此。整個矽谷地區，就屬我最不擅長擺出一張撲克臉。

我有如誤闖森林的小白兔。有一次，我代表 VPL 簽署一份重要的合約，我以為律師都已經審查過了，就沒有檢查合約的背面內容。沒想到，對方竟然在合約背面加了額外的文字，占我們便宜。不過，我們並未因此結下樑子，後來我和對方又再次合作。

面對科技業這種跋扈囂張的文化，你需要懂得大方因應。二〇一三年左右，我去參加矽谷一場盛大的婚禮，一位當時的投資人走過來（他是其中數一數二知名又具代表性的大老，我說的不是帕特里科夫，這一位投資人比較晚出資），開心地回憶起往事，說以前要惡搞我有多容易。我想也是，以前的我實在太嫩了。我們一起笑談那段往事。

幸好，史丹福研究院 VALS 計畫、同時也是 GNF 的瑪莉‧史彭格勒幫我介紹了一個適合當總裁的人選，他是尚－雅克‧格里莫（Jean-Jacques Grimaud）。原來史丹佛研究院正在幫一家法國新創企業嘗試做一個比 VPL 研究的 VR 更不成熟的東西。

「口袋大腦」（Pocket Big Brain）是第一款看起來像智慧型手機的裝置。平心而論，它有一吋厚，畫素低，只能切換兩種灰度，沒有背光，最糟的是，當時還沒有可連結這裝置的無線訊號，所以彷彿是在資料的

荒野中做無效的呼喚。但它的整體設想和設計已經落實了，有觸控螢幕、圖示、一套 app、電池。其研發者也提出一種無線標準，名叫3G，聲稱有朝一日可以實現全球資料相連的夢想，即使在戶外也可以上網。後來 3G 確實問世了，但那是數十年後的事了。

當年，「口袋大腦」是比 VR 更瘋狂的專案，因為我們至少創業一開始就可以向特定客戶銷售昂貴版的 VR，已經有生意可做了。但那時**沒有人**願意花上百萬美元，買一個無法連上任何訊號的口袋裝置。

所以瑪莉心想：「何不讓做這個瘋狂專案的人，去做比較沒那麼瘋狂的東西呢？」

於是，尚－雅克成了我們的總裁，也帶來一群歐洲的投資者、客戶、合作夥伴。VPL 突然變成異數，成了一家跨國的新創企業。

足跡

我們搬進了單調乏味的辦公室，就像那些從車庫起家的新創企業一樣。這對我來說是很困難的轉變，我依然深受情緒的影響，難以身處在單調乏味的空間中。

不久之後，我就受不了了。我們搬到紅木城（Redwood City）舊碼頭區一棟風格奇怪的紅木建築中。我們的辦公室大多是設在二樓，剛好在水面上。每個辦公室都有玻璃滑動門，並共用一個大陽台。有的「VR人」（Veeple）——我們就是這樣稱呼自己的——就住在船上，碼頭上還有一家小巧的熟食店。這裡實在太棒了，但不用說你也可以猜到，那地方老早就被拆了，為了給許多外觀一樣的高級公寓讓路，矽谷就是這樣演變的。

當時還沒有在中國設廠製造這回事，無法像現在這樣聯絡中國的工廠，要求它按你的規格生產一小批的產品。當時矽谷就有製造廠，生產晶片、蘋果電腦等東西。那可能是當時和現在最大的差別，VPL 必須建立自己的生產線。

我們在紅木城設立了一家小工廠，以製造頭戴裝置、手套等等。我

們做的事情，如今看來似乎不可思議。我們雇用當地的勞工並培訓他們，「在地藍領工作」！來自矽谷的新創企業！這是確實發生過的！

　　但是當時的狀況並不完美。新創企業的其他面向都可以找到顧問提供諮詢，但製造面仍屬於老字號企業的旗下單位，是美東「舊經濟」的一部分，而不屬於美西的「新經濟」。沒有人支持矽谷的小規模生產——要嘛量產，不然乾脆不要生產。我不禁懷疑，當初那道鴻溝兩側若是銜接起來，美國的科技製造業也許不會失去那麼多的江山。

　　所以，那也成了我對硬體始終無法維持高品質產出的藉口。直到今天，我仍為此感到內疚。

　　我努力想在美國本土採購零件。當時一位懂科技業的田納西州參議員艾爾‧高爾（Al Gore）[6] 對此很感興趣，幫我們聯繫了幾家仍在製造顯示器的美國公司，可惜沒有結果。我們後來是從日本採購大部分的零件，那時我常到日本出差，每週往返東京兩次也是很稀鬆平常的事。

我們出貨了！

　　VPL 為數千個實驗室和企業提供 VR 裝置，讓他們做基本的 VR 研究，以及製作工業 VR 應用的原型。我們常和客戶合作，一起推出創新的 VR 應用程式。

　　VR 的穿戴裝置很貴。一九八〇年代，一副普通的「眼機」要價逾一萬美元。不過，坦白講，那效能幾乎不夠用。要價五萬美元的 HRX 模組比較好，它的性能相當於這本書出版時要價僅幾百美元的頭戴裝置。

　　我們賣出許多「眼機」和「資料手套」單品，但我們的旗艦產品是完整的 VR 系統「RB2」。RB2 是 Reality Built for Two 的縮寫，意指「雙人實境」。其實 RB2 不限兩人使用，使用者在彼此眼中變成虛擬化身，

6　〔譯註〕艾爾‧高爾（Al Gore, 1948- ）就是後來曾任美國副總統的高爾。

但我喜歡「雙人協力車」的比喻。

艾倫・凱曾把電腦比喻成「大腦的自行車」，套用在 VR 上，感覺寓意加倍豐富。蒂莫・利里和一些早期的 VR 研究者已經把 VR 想像成「電子致幻劑」，但享受 VR 其實需要專注力、用心，也需要技巧。使用 VR 像騎自行車，而不是坐雲霄飛車。此外，我一直想強調 VR 促成「人與人聯繫」的概念，而不是超人類的「心智圈」（noosphere）。[7]或許我們可以集體創造出一個全球虛擬空間，但即便如此，我們仍應該重視自己與另一個體之間的聯繫。

一套 RB2 很貴，要價高達數百萬美元。RB2 中最大、最昂貴的部

7 以前駭客喜歡以「心智圈」來指「世界大腦超有機體的後人類 AI」，他們認為網路上的演算法應該會促成那種東西。「心智圈」可能把人類納入，作為認知元素，也有可能無人運作，大家覺得兩者沒多大的差別。那個詞是一九二〇年代由法國思想家德日進神父（Pierre Teilhard de Chardin, 1881-1955）原創的，他以此作為專注思考人類思想領域的方式。如今的駭客思想不太使用這個詞了，但它依然涵蓋未來全球組織的願景，那超越了宗教、市場、國家等早期的結構。（譯按：這個字源自希臘語的 voῦς〔noûs，「心智」〕和 σφαῖρα〔sphaîra，「圈」〕。）

分是電腦，通常是視算科技公司製造的，跟冰箱一樣大。

販售個別裝置（例如「眼機」和「資料手套」）和販售整套系統（例如 RB2）之間的主要差異，在於購買個別裝置的顧客通常會自己寫軟體。他們對於 VR 該如何運作，有自己的想法，我們很樂於幫他們實現理想。

如果客戶是訂購整套系統時，VPL 就會附上軟體。硬體後來變成可拍照留念的古董，所以給大家的印象比較深，但軟體才是 VPL 的核心。「眼機」曾是電影道具，但你沒用過軟體的話，很難說明那是什麼東西。

我自己覺得，我們當時的 VR 開發工具比如今我知道的工具更好，這也許是我的個人偏見吧。以前 VR 運作時，你可以改變其中的一切，你可以使用視覺程式來改，也可以用看起來比較傳統的介面來改。

我們的軟體並不完美，那是 VPL 的怪異結構造成的。（公司的結構和其採用的軟體架構難免會相互反映。）

電腦高手對個人偏好的堅持，當年深深影響了我們，力量之深遠延續至今，實在很有意思。揚以 FORTH 這種程式語言編寫出我們的 3D 設計工具「Swivel」，FORTH 本身帶有某種叛逆的吸引力，但查克沒有使用 FORTH，所以不同程式中的動態和幾何結構需要跟著調整。那兩套東西可以同時運行，但概念上存在著人為的鴻溝。系統的設計若能統一，運作效能會更好，但我們不曾推出統一的設計。事實上，當初我們若是推出統一的系統，那可能成為今天大家採用的標準，畢竟我們率先制訂了規格。矽谷就是這樣運作的，我們的設計影響深遠，無論那影響是好是壞。

雖然我們的產品運作不夠穩定，但我還是很愛它們。現在我寫作的桌上仍擺著一副「眼機」和「資料手套」，它們依然令我感到溫暖窩心。

15 成為自己的金字塔頂錐
（關於 VR 的視覺顯示）

回憶眼機

眼機不僅是第一個上市的 VR 頭戴裝置，它可能也是第一個看起來經過設計、沒有金屬線外露的例子。就我所知，即使把研究實驗室裡的產品算在內，眼機也算是第一款彩色的 VR 頭套。

眼機真的很棒！我依然記得每次即將戴上眼機時，那種迫不及待的心情。外型上，最早的眼機看起來有點像現在的 Oculus Rift，是黑色的，搭配魔鬼氈的扣帶，明顯外凸。主觀上，它的視覺體驗最像現在 Sony PlayStation 的 VR 頭戴裝置，以類似的發散式視覺畫質來呈現虛擬世界。

早期眼機最大的問題可能是重量。

VR 目鏡剛問世的前半個世紀，重量是一大問題。蘇澤蘭把一九六九年他用來支撐頭戴顯示器的支架稱為「達摩克里斯之劍」，因為它必須從天花板垂掛下來。一九七〇年代，另一套沉重的頭戴顯示器（屬於實驗性軍事訓練系統的一部分）因電線故障而造成一起死亡事故。

VPL 的早期眼機採用很厚的立體放大鏡[1]（一家名叫 LEEP 的精品

1　將安裝在眼睛前面的小顯示幕聚焦，並填滿廣闊的視野。

光學公司製造的），那可以靠脖子的
力量支撐，但確實撐得很辛苦。另一
家早期的 VR 公司 Fakespace 也是使用
相同的光學元件，但他們是用小彎臂
來幫使用者撐住目鏡。

一九八〇年代，你行經帕羅奧多
大學道（University Avenue）旁的露天
咖啡座時，可以輕易看出誰在前幾天
剛去 VPL 體驗過 VR，因為眼機的重
量會在他們的臉上留下明顯的紅色印
痕，以前我們稱之為「部落印記」。

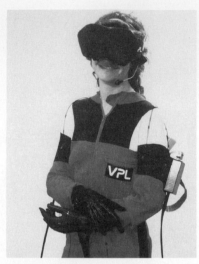

從外部拍攝正在使用 VR 的安。（自攝）

一九八〇年代後期，VPL 改用比
較輕的菲涅耳透鏡（Fresnel）——由同心圓脊組成的輕薄放大鏡。VPL
的菲涅耳透鏡大多是由麥克‧泰透（Mike Teitel）設計的，他也是早期
的「VR 人」。

當時我們做出來的解析度和視野已達今日的水準，但定價高達每副
五萬美元，而且那個金額尚未經過通膨調整。多年來我一直很懷念那種
輕型目鏡，最近新出來的一批 VR 創業家又再次發現輕型目鏡的美好。

頭戴裝置

大型經典 VR 目鏡最糟的缺點，也是它最好的優點。VR 頭戴裝置
是最不時髦的時尚配件，但我很喜歡這點。

它那明顯的笨重感，正好可以抵銷它可能帶來的毛骨悚然感。當你
知道自己戴著那玩意兒，看起來像一九五〇年代大眾科幻小說裡描繪的
火星曲棍球員時，就無法假裝自己不在 VR 內，那是 VR 該有的樣子。

第三十一個 VR 定義：你在 VR 中享受有趣的體驗，
但在旁人眼中，你看起來呆得可笑。

從外界看傑容身處在 VR 裡的模樣。

　　我一直覺得，想把 VR 裝置盡可能變隱形是錯誤的。以 Google 的頭上顯示裝置 Google Glass 來說吧，設技師愈想把那眼鏡設計成臉上的小小時尚配件，反而使它變得愈顯眼，就像青春痘一樣。

　　關於設計中該突顯什麼，始終是權力協商的一部分。Google Glass 和相關裝置的設計之後藏有一個既定想像，他們覺得配戴那種裝置的人最終會獲得萬能透視的祕密超能力。但是對配戴者周邊的一般人來說，他們會覺得那個裝置就像監視器，彷彿人臉被重新設計成一種歐威爾式的惡魔面具。

　　但核心問題在於，無論是佩戴者，還是那個監視裝置所看到的一般人，其實都是受到宰制的。從資訊優勢的角度來看，從遠方操作雲端電腦以監控這一切的人，才是宰制配戴者和一般人的主宰。連配戴著也受到掌控。

　　所以，追求超級英雄那種神奇的心理特異功能，反而是一種接受權威監控的掩護。眼前掛的微小鏡片，讓整張臉都顯得更卑微。

　　一如既往，我的立場很矛盾，因為推動 Google Glass 專案的一些人是我的老朋友。[2] 我試過類似 Google Glass 的設計，如果其中有一個設計

2　我寫這本書時，最流行的 VR 裝置可能是 Snapchat 推出的 Spectacles 目鏡。

熱賣了，或許我會發現愛上它的合理解釋。只有你們這些讀者才能判斷我的看法是否客觀。

總之，這裡有一個不錯又實在的原則：在資訊裝置的設計中，直截了當的呈現是好事。權力關係是無可避免的，但如果你毫不掩飾，在道德上比較站得住腳一點。

如果鏡頭對著你，它就應該要讓你看見。如果你漫遊的世界並非真實，就應該明顯地展現出來。人類的心智有很大的幻想力，即使幻象不完美，我們也沒有損失太多。由於我們很容易產生幻想，強調幻象的界線通常是比較正派的作法。

魔術師的舞台與現實世界是分隔開來的。少了那個舞台，或不事先聲明那是魔術表演，魔術師就成了騙子。

也許一個人對於這些問題的態度，與他喜歡實體世界的程度有關。我熱愛自然的世界，喜歡活著的感覺。VR 是美好宇宙的一部分，既不是脫離宇宙的方式，也不是改善宇宙的幻術。

我也非常非常喜歡 VR，但我對 VR 的喜愛，讓我更不想把它變成隱於無形或無法察覺的東西。我喜歡古典樂，但我遇到有人為了「營造放鬆氣氛」任古典樂兀自播放，便感到難過。你若願意給古典樂機會，好好聆聽，就會明白它不僅是背景音樂而已。簡潔往往讓世界更加豐富，因為注意力不是無限的。

有所不為

VR 頭戴裝置在設計上即將面臨的另一個道德抉擇是：落實混合（擴增）實境的方法有兩種。你可以用光學元件來結合真實世界和虛擬世界，像 HoloLens 那樣。你用 VR 裝置看到的現實世界圖像，和你不戴裝置所看到的現實世界，是由同樣的光子構成的。

但另一種作法稱為「影像直通」（video pass-through），指朝向世界的鏡頭為傳統，或說是經典的 VR 頭戴裝置提供圖像流。你看到的一切都是源自於頭戴裝置的顯示器，但確實代表真實的世界。「影像直通」

的頭戴裝置與夜視目鏡沒有多大的差異。

當你使用「影像直通」法時，就多了很多種可能性。例如，你可以修改自己的手和身體，甚至可以變成一隻迅猛龍。

世界也可以改變。微軟研究院（Microsoft Research）的蘭‧蓋爾（Ran Gal）為這種頭戴裝置製造了一個濾光鏡。透過它，你看到的一切雖然保有原來的功能和大小，但在看到的當下都被重新設計過了，看起來像出自「企業號」飛船的場景。那超好玩，也很吸引人，蘭的這項發明作為研究來看實在太棒了。

有朝一日，社會可能會進步到一個程度，要求這種消費性商品必須符合倫理規範。但目前我們尚未達到那個境界。

我們已經看到假新聞肆虐對社會造成的傷害。[3] 虛假元素的氾濫不僅危險，也可能導致權力濫用到瘋狂的境界。當你掌控一個人看到的現實時，也控制了那個人。

我們周遭充斥的可笑錯誤

有一件事，我一直拖著不談：為什麼你在科幻電影、概念影片、電視節目中看到的多數 VR 是不可能實現的？原因說起來實在令人感傷。

我們一再看到他們讓虛擬的影像浮在半空中。《星際大戰》裡的莉亞公主（Princess Leia）就是那樣，這幾乎已經成了普遍的作法。

我不介意科幻片出現這種場景，但國防承包商及宣傳 VR 產品的公司也在影片中搞這種騙人的演示。還有人在「群眾外包」網站（Crowdsourcing）上用這種方式來欺騙大家投資。

更糟的是，這一切往往是以一種**自欺欺人**的方式發生！我常遇到軍方或科技業的高層人士深受那些影片中的浮動全像圖所吸引（而且那些影片還是他們自己委託製作的），並投入大量的資金去做那種實際上不

3　附錄三討論了這個問題。

存在的技術，至少到了現在都還不存在。

這個問題代價不斐！多年來，由於大家認為虛擬的東西可以隨意投射在現實世界的半空中，而不是投射在特殊的光學表面上，或不需要配戴頭戴裝置或藉由其他的干預來實現，我們因此浪費了大量的資金。我隨便數幾筆，那些金額就高達**數十億**美元。

那是不可能的！

好吧，我也知道科幻大師亞瑟‧克拉克（Arthur C. Clarke）的名言：當專家說某件事不可能時，最後幾乎都可以證明他是錯的。也許有一天我們可以操縱一個異常強大的人造重力場，讓它和光子互動，在房間裡把它們精確地折射，而且又不會撕裂旁觀者的肉體。或許不是絕對不可能，但是在現今可選擇的世界裡，是完全無法想像的。

原因在於：物理學家現在已經非常瞭解光子了。描述光子的量子場論在預測每個實驗的光子行為時，幾乎已經達到百分之百的完美預測。

我們確切知道的一點是：光子內部沒有任何記憶暫存器，無法記住未來的軌跡變化指令。它們一旦朝著某個方向行進，只會一直前進，直到遇到折射它們的物體。

這意味你不能把一個光子發送到一個房間裡，並要求它照著預先設定的那樣右轉，轉到你看得見的地方。你必須看著或看穿一個實體的東西，那是光子進入你的視網膜之前所碰到的最後一個東西。

這個最後一個光學物件，可能是最初產生光子的螢幕中某個像素（一般電視機或電腦螢幕就是如此）；也可能是鏡面反射的光子波陣面（你看自己刷牙時就是如此）；或是一些光子用力穿透玻璃鏡片，最終朝著修正的方向前進（一般的眼鏡就是如此，我們稱之為折射）；或是光柵或全像圖中的微觀結構可能為光子指引方向（我們稱之為繞射）。

但是，在瘋狂科學家的目鏡或特務的槍管前，不會有虛擬的物體浮在空間中，像肉眼看到那樣。

我知道揭露這樣的真相令人失望。[4]

第三十二個 VR 定義：一種常被誤解的科技，
大家以為能利用它把全像圖投射在半空中，但實際上做不到。

你可以感受到我的無奈。為什麼投資人和軍事規畫者那樣的聰明人竟然難以理解這個道理呢？那感覺好像在說服大家別買昂貴的假藥。人類喜歡相信不可能的事情。

幸好，我們有很多方法可以為 VR 設計可行的顯示器。每當我覺得所有可能的 VR 策略都已經發明出來了，就會有人提出奇怪的新點子。只要你願意嘗試，你會發現那些可能的作法比不可能的作法還要有趣，也更好玩。

---

4 有幾種方法可以稍微偽造出不可能的狀況。你可以用強大的雷射加熱空氣，直到它離子化，藉此在半空中創造出發亮的藍色小星星。少量的那種閃光可以充分地協調及回補，以形成初步的 3D 浮動幻象。（這是一般人預期充滿活力的日本 VR 研究圈可能做出來的極端 VR 實驗。）參見 http:www.Lashistar81;p/pdf/2016to6.pdf。

空氣不是虛的，它會稍微彎曲光線。協調密集的聲波時，有可能創造出密集的氣囊，把光線彎得更大，但還不足以把光子從房間的中央硬是轉向眼睛。但也許有辦法至少做出很炫的演示。據我所知，還沒有人初步利用這種方法來演示不可能的景象，但遲早可能會有人這樣做，那實在是非常不切實際的作法。

目前為止，最接近讓全像圖浮在半空中的方法，可能是我那位充滿創意的朋友肯·珀林（Ken Perlin）創造出來的原型。肯的裝備使用不可見光雷射，掃描一個懸空小空間的灰塵，接著馬上以較強的可見光雷射來照亮那些灰塵粒子以製造效果。雖然讓灰塵亮起來的方法有點效果，但最後的結果難免是模糊、昏暗、斑點狀的。

另外還有一些類似的方法：一台明亮的投影機可以把圖像投射到房間裡的任何實體物件上。微軟研究院的一些同事，尤其是安迪·威爾森（Andy Wilson），已經探索過讓投影的圖像配合房間裡已有的實體物件可以創造出什麼。那樣做可以營造出房間正在跳動的幻覺，以及其他有趣的效果。如果實驗者戴著 3D 眼鏡，就可以把 3D 圖像注入房間的體驗中，但那樣做就偏離了「無眼鏡」的幻想。

如果你剛好特別喜歡光滑、但非亮面的純白室內裝潢，你可以把整個房間當成一般的投影表面。這種效果在舞台製作以及一些精心策畫的互動式藝術場景中很實用。藝術家麥克·奈馬克（Michael Naimark）是使用這種方法的先驅。這種方法有時稱為「投影擴增實境」（projected augmented reality），這方面有很多相關的文獻。

各種裝置定位

底下那張圖是根據 VR 裝置為了創造虛擬幻象而介入的位置，整理了多種 VR 可行的光學演示方式（亦即相對於不可能的懸浮式全像圖）。我們剛創立 VPL 時，我畫了一張類似這樣的簡圖，以決定我們該製造頭戴裝置或其他種視覺裝置。

這張圖中列了九種 VR 顯示器，共有十七種方式可以顯示 VR 的影像，但這還不是完整的清單！我知道這張圖可能會嚇到沒有技術背景的人，但其實裡面只有幾個重點需要瞭解。

我最喜歡使用「近眼顯示器」（我們熟悉的 VR 頭戴裝置，例如舊式的眼機或現在的 HoloLens），所以我把那些選項框起來，但我幾乎用過這張圖中顯示的每種裝置。這個清單之所以不完整，有個原因在於我和同事都希望能再增添新的項目，故我現在還不打算透露這些資訊。

為什麼這張圖要畫得這麼複雜呢？為什麼要列那麼多項？原因在於，任一形式的視覺 VR 儀器都不是終極的完美設計，每個 VR 顯示器各有其優缺點。我期待各種 VR 裝置都可以在世界上找到合適的定位。

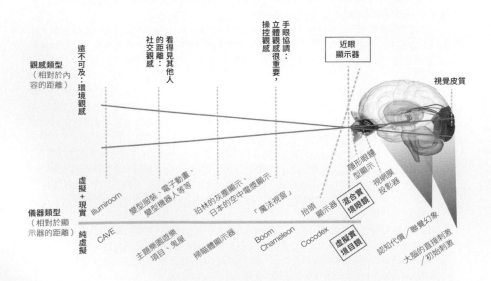

VR 終究是跟人及大腦有關，所以我是以大腦為中心來整理各種VR 的使用方式。從 VR 科學家的角度來看，觀感是根據距離和位置的區域來區分，每個區域強調不同類型的注意力和觀感。

例如，你觀看「可用手操控的現實」和觀看「遙不可及的東西」時，兩種觀看方式是不同的。例如，在兩者的分界上，在靠近你的那一邊，立體視覺最重要。

我們也會進一步區分「你聚焦的東西」（在你眼前）和「你周遭的東西」（外圍視覺），兩者需要的敏銳感不同。你對周圍的某些運動、地平線，甚至稍微不同的顏色會更加敏感，尤其是在黑暗中。設計良好的 VR 頭戴裝置會把這些細節都納入考量。

圖中有一條很長的水平線。線的下方是只能看到虛擬東西的 VR 裝置；線的上方則是混合實境，又稱為擴增實境，你會看到虛擬與現實交織在一起。

各裝置間的內部極端

我們先來看圖中最右邊的選項，因為它顯示了 VR 實務理念的一個面向：利用電子刺激來察覺可見光已經實現一陣子了。

初步實驗是刺激視覺皮質或視神經，以及試圖安裝人造視網膜，結果仍很粗略。那些研究是定位成醫學研究，而不是媒體研究，而且患者通常只能看到少量幾個點。多數實驗是侵入性的，但發展進度穩定，所以盲人若是想有更好的義眼，未來絕對可能實現。

那是否意味未來的 VR 應該是以直接連接大腦的方式來實現？這是我從 VR 開發初期最常被問到的一個問題。

在某些情況下，直接刺激大腦可能有道理，但這個問題搞錯方向了。它假設感官是可有可無的，但實際上我們必須模仿感官，才能模擬感官體驗。大腦和感官是個有機的整體。當我們還是胎兒的時候，它們指導彼此該變成什麼形式；在童年時期，它們也是相互訓練。

切記，眼睛不是插上蛋頭先生大腦的 USB 攝影鏡頭，而是間諜潛

艇的入口，用來探索未知的世界。探索就是觀感。

因此，問「跳過眼睛、直接刺激大腦是不是比較好」其實搞錯方向了。真正的問題是，何時該模擬眼睛的存在，以及眼睛觀看、探測、探索的方式？這種差異可能聽起來很學術，但至關重要，因為對掌控眼睛動向的人來說，眼睛是權力中心的一部分；直接傳送訊息到眼睛，意味權力會留在訊息的源頭。

外部的極端

圖中顯示的多數光學策略是位於眼睛的外部，而且是根據使用離眼睛有多遠來排列。裝置因距離的不同，各有其獨特的形式。最左邊的例子離眼睛最遠，VR 顯示器變成一個內建驚人儀器的特殊空間。VR 空間的典型例子是完全由 3D 顯示牆組成的 CAVE（洞穴自動虛擬環境，Cave Automatic Virtual Environment）。不過，你通常必須佩戴 3D 立體聲眼鏡才能使用它。（在小說裡，對應的幻想設計是《星艦迷航記》中的「全像甲板」〔Holodeck〕）。

CAVE 很適合用於身體沒有奇幻變化的體驗，而且虛擬的東西是在遙不可及的遠方。這一類別包括許多科學的視覺技術，在巨大的資料雕塑裡很實用。例如，你可能處於一個大腦的巨大模型中，觀察神經元發射的 3D 型態。或者，你可能飄浮在市中心的超大建築上方。

CAVE 是由卡洛琳娜‧克魯茲─內拉（Carolina Cruz-Neira）發明的。當時，她在伊利諾大學求學，師從丹‧桑丁（Dan Sandin）和湯姆‧德凡蒂（Tom DeFanti）。如今她管理一個奇特的地方：阿肯色大學小石城分校的倉庫裡裝滿了多種不同風格的實驗性 CAVE。另一個例子是加州大學聖巴巴拉分校的 Allosphere，那是一個球形的 CAVE，中央懸掛著一條狹長的人行通道。[5]

---

5 Allosphere 和微軟研究院旗下的 Station Q 只隔著一個大廳。Station Q 是設在加州大學聖巴巴拉分校的校園裡，那裡是數學家和物理學家努力瞭解一種量子運算的地方。

　　我猜，以後自駕車裡會出現許多VR。坐在自駕車裡實在是無聊透了，況且我們經常一坐就是好幾個小時。對VR儀器來說，汽車的內部空間夠小，不會有太多的麻煩，但車子也夠大，足以解決雙向通訊的問題，這點我稍後會解釋。你甚至可以用VR來抵銷路上的移動感，以防暈車。VR和自駕車可說是完美的結合，比開車時聽的廣播還要速配。我也很好奇，以後沒有房產的人會不會花很多時間在VR裡。因為在裡頭切換不同的地方，比固定待在一個地方便宜。

　　VR顯示器與眼睛的距離愈近，體積也變得愈小。VR顯示器位於伸手摸不到的地方、但還不到牆壁那麼遠時，它的大小和形狀可能跟大型電腦螢幕或電視機差不多，只不過多了3D和深度的功能。

　　在圖中，我使用「人造實境」這個詞，這是為了向邁倫・克魯格（Myron Krueger）致敬。克魯格比較喜歡這個詞，他開創了螢幕上的視覺互動。他的研究成果如今反映在一些互動性很高的螢幕技術上，例如微軟的Kinect，但目前完整的VR螢幕尚未上市。[6]

　　回到那張圖，我們先暫時跳過幾個項目（變形服裝、掃瞄體顯示器、灰塵演示），往眼睛更靠近一些。手可以抓住狀似「平板電腦」的裝置[7]（通常稱為「魔法視窗」〔magic window〕）。那需要傳達深度及立體聲，追蹤眼睛，就像前述的大型螢幕那樣。（能做到這樣的顯示器，稱為「光場顯示」〔lightfield display〕。另一種沒那麼強大、但功能也夠好的顯示器，稱為「多視圖顯示器」〔multiview display〕。）

　　就像更大的VR螢幕一樣，目前沒還有「魔法視窗」上市，但有一

6　這裡必須區分幾種聽起來很像、但其實不同的裝置。大家都看過3D電視。一個有大螢幕的VR裝置在功能上和那種3D電視是不同的。首先，你在VR裝置上可以看到深度。3D電視提供立體聲，那表示每隻眼睛看到不同的圖像。此外，「深度」意味眼睛可以聚焦，所以遠處東西看起來模糊，附近的東西看起來清晰。但更重要的區別在於眼動追蹤：VR顯示器知道你每隻眼睛在哪裡，並時時刻刻調整視角以配合眼睛的移動。（我在前面的章節解釋過為什麼這很重要。）最重要的是，VR大螢幕和任何VR顯示器一樣，必須有VR輸入法。你不是只在VR中啟動影像，你還可以雕刻、拋擲、黏合東西。

7　我們會說這個裝置有平板電腦的「形狀因數」（form factor），那是矽谷常用來描述東西大小和形狀的術語，以前主要是用在電路板上，現在是用在任何你能想像的產品上。

些 app 可以讓一般的平板電腦產生近似的效果（VPL 的大衛・列維特開發出一款 app）。

接著，我們回頭來講大家熟悉的 VR 頭戴裝置。

鏡頭鑲著羽毛 [8]

沒有 VR 頭戴裝置堪稱完美，但追求完美的頭戴裝置往往成為資助 VR 專案的動力因素，因為我們非常重視視覺效果。這是一種過度的偏執，因為其他感官模式的重要性並不亞於視覺。之所以會有這種偏執，是因為工程師覺得頭戴式光學元件有誘人的工程挑戰。[9]

根據我的經驗，工程師剛投入 VR 時，通常會耽溺於一種只能解決

---

[8] 如果你看不懂這個笑話，請查一下詩人艾蜜莉・狄金生（Emily Dickinson）的作品。（譯按：她有一首詩的標題是：「希望」鑲著羽毛〔"Hope" is the thing with feathers〕）

[9] 顯然，你不能只是在眼前掛一個小螢幕，因為那樣會失焦。因此，你至少要對準焦點，但那樣還不夠，以下我列出部分的必要條件：

- 視野往往會變成一種氣勢比賽。誰有辦法設計出最廣的視野？馬克・博拉斯（Mark Bolas）做了一項實驗，結果顯示：對消費性的經典／封閉型 VR 頭戴裝置來說，90 度是合理視野的標準。
- 圖像不該扭曲，立體聲配對在整個視野中都必須是正確的。
- 在現實世界中，眼睛看不同距離的物體時，會有不同的聚焦。所以虛擬裝置若能提供眼睛那樣的選擇，那很好。業界術語稱為「調節」（accommodation）。
- 重量必須輕巧，因為脖子可能抽筋或麻痺。
- 頭部戴著頭戴裝置時，重心應該與沒戴裝置時相同。
- 圖像必須夠清晰，以便閱讀小字。
- 頭部周圍不該有太多電力，以免造成危險。
- 不該變熱。
- 不該出現冷凝現象。
- 最好不接線，亦即靠電池的電力或採用其他的充電方式。
- 應提供至少跟現實世界一樣好的對比度和色域（色彩範圍）。
- 不該閃爍或出現其他破壞性的電波。
- 畫素的紋理、時序、分布和其他特質，應該細微到覺察不到或讓人感到舒服。
- 夠平價，以便實際運用。

以上清單只適用於僅看到虛擬東西的經典／封閉型 VR 頭戴裝置，例如原始的 VPL 眼機、最近上市的 Oculus Rift 或 HTC Vive。如果是混合實境的頭戴裝置（例如 HoloLens），那清單更長，必要條件也不同。混合實境的頭戴裝置遠比經典 VR 的裝置更難設計。

部分光學／顯示挑戰的方案。在團隊取得資金後，便只針對某個方法開
發出一套完整的 VR 系統，他們以為其他的問題都會迎刃而解，但目前
為止，這種情況從未發生。

值得一提的是，頭戴式顯示器的光學設計通常是從光具座開始。我
很喜歡這個研究的初期階段。雷射器和鏡子安裝在特殊抗震台的小金屬
樁上。打造這些東西時，總讓人覺得自己宛如是個瘋狂的科學家，特別
是關了燈、看到雷射光的純淨顏色之後。

我的同事喬爾・科林（Joel Kollin）是 VR 視網膜顯示器的共同發明
人。他曾建議我們在實驗室的牆上貼張海報寫上「事物在光具座上看起
來更美好」。多數高風險或奇怪的 VR 頭戴式發明只要一離開光具座，
就失敗了。

VR 頭戴裝置已經有數百種光學／顯示設計，但每一種只能解決部
分的挑戰。偏偏你又無法說服年輕的 VR 工程師相信，他們最終可能需
要妥協，並為妥協作好打算。他們總是事後才感到**震驚**，每次都這樣！

擴展

實務上，打造一套有效的 VR 系統向來需要追求平衡，而且那套系
統總是專精於一個目的或情境。儘管近年來元件進步很多，但要放棄權
衡取捨仍需要一段時間，也許那一天永遠也不會到來。

**第三十三個 VR 定義：一種終極的媒體科技，
也就是說，它永遠處於尚未成熟的狀態。**

在每個可行的 VR 裝置設計中，它的妥協與平衡各有其魅力。就好
像我們不能說黑白攝影這種表現形式已經過時。它自有其文化，自有其
氛圍。

觀感就像其他一切一樣，是有限的。只有輕描淡寫其他事，才能突
顯出某件事的重要性。沒有焦點，就沒有觀感。

在進化過程中，每種形式的 VR 都是自身的媒體。如今我們費盡心力，不斷更新設計，卻沒花時間真正去瞭解任一種形式。我猜想，未來的 VR 愛好者或許會回顧我們的腳步，欣賞各種發明之間的細微差異。

雙向通訊問題

這章最後，我會談 VR 頭戴裝置的設計中一個尚未解決的問題──VR 這門學科還很年輕，依然充滿了神祕。

我們在 VPL 做過幾個獨一無二的實驗眼機，把感應器朝向臉部安裝，為什麼呢？別忘了，在 VR 中，測量比顯示重要。所以，即使無法馬上知道最終目的，但只要能更深入地測量出一個人，測量結果通常就很重要。

也許將來程式設計師會利用臉部表情來調整演算法設計的細節。畢竟，臉部表情是如此豐富。

那是長期的目標，但當前的動機是讓虛擬化身有張表情豐富的臉──當你的臉露出微笑時，虛擬化身也跟著微笑。

一九八〇年代，把這種能力納入產品中很不切實際，因為當時的光學感應器還不夠好。我們只好用微型滾輪來測量皮膚怎麼移動。（那個年代的滑鼠是靠軌跡球在桌面上移動，而不是 LED）。

如今感應器不是問題了。把精心挑選的光學感應器朝向臉部安裝，不僅可以測量出眼睛看往哪裡，還能量出瞳孔的變化；除了眼皮形狀的變化，還能量出眼周皮膚的透明度；不只嘴巴的形狀，臉色泛紅程度也可以知曉。鏡頭確實變得夠小巧、精確、便宜、低功率了。

我一直覺得臉部追蹤很好玩。我最喜歡的一次經驗，是受邀到美國樂器產業的大型商展 NAMM 上演講。我設計了一組聲音，搭配一套有趣的臉部表情，接著我一直練習，直到我可以用重複的瘋狂臉部抽搐，彈出穩定的節奏。這是我在舞台上做過最好笑的事，比其他的嘗試都還「笑」果持久。為什麼這招尚未在流行文化界流行起來呢？若是用在嘻哈裡，效果一定很棒。這又是一個謎。

總之，現在我們可以測量臉部正在做什麼，但我們在 VR 頭戴裝置中裝上適當的感應器以驅動虛擬化身的臉部時，結果可能不太誘人。我們會陷入著名的「恐怖谷」（uncanny valley）中。

人類的大腦能以極其細膩的方式來觀察人臉，因此只要臉部稍有偏離，那種詭異很快就會讓人感到毛骨悚然與驚恐不已。之所以稱為「谷」，是因為要是情況**真的**很怪時，例如化身為龍蝦之類的，大腦反而不太介意。

當大腦有充分的理由預期它與外界協調運作時，就不能違背那種信任。當虛擬化身很奇怪、但表情豐富時，大腦會受到吸引。當虛擬化身稍有偏離時，大腦會感到恐慌。

你可能以為，抽搐音樂或龍蝦臉就足以驅動市面上那些 VR 頭戴裝置的臉部感應器。你錯了！測試人員和焦點團體總是希望至少嘗試人性化的設計，但之後他們又因為「恐怖谷」效應而感到不安。接著，當財務部抱怨產品的成本太高時，人家只好決定不用臉部感應器。我看過這個流程在多家公司反覆上演好幾次了。

如果我們可以跨過恐怖谷 —— 至少在 VR 頭戴裝置和虛擬化身中——可能會得到很大的回報。那可能使遠端協作的效果更好，也可能減少人類的碳足跡。便利的交通讓大家可以聚在一起開會、上課、看喜劇表演，但那也燃燒了很多碳，並造成交通阻塞。

鏡頭對鏡頭的直接聯繫，例如大家熟悉的 Skype 體驗，可以做很多事情，但還不足以滿足我們的需求。還記得我之前提過，人與人之間有一種潛意識的資訊通路是靠頭部動作來傳遞嗎？其實眼球移動、膚色、表情的細微變化，以及我們還不知道的其他因素肯定也有同樣的效果。麻省理工學院的山迪·潘特蘭（Sandy Pentland）把這些因素稱為「誠實訊號」（honest signals）。少了那些訊號，我們對彼此的觀感會變得比較不開放，也不自在，尤其是在陌生人之間。

有些人戴太陽眼鏡以隱藏那些訊號，但效果不彰，因為太陽眼鏡無法隱藏頭部動作和其他訊號的傳遞。佩戴者可以假裝訊號隱藏起來了，便能提升自信，就像化妝一樣。那也沒關係，但是萬一訊號真的完全擋

住了，人與人之間便無法和樂相處。

為了真實感受誠實訊號，我們必須在 3D 中精確體驗對方。例如，你需要能夠辨識對方的眼睛在哪裡，才能夠與他目光相接。即使雙方處於不同的房間，一切東西的比例都要正確。（當然，我的意思不是說一定要有目光接觸，這因文化而異，但一個人**不**正眼看對方時，那本身通常蘊含了很多意義。）

重點不只是目光接觸。觀察的角度對膚色、潛意識的頭部動作、肢體語言，甚至語調的感受也很重要。這是值得另外寫一本書來探討的主題。

使用 VR 頭戴裝置來看由多個 3D 立體容積鏡頭（volumetric camera）即時掃描出來的對話者，是一種很棒的體驗。你可以四處走動，從任何位置觀察那個人，就好像你們在同一個房間一樣。那種傳輸感覺像傳送對方的真人尺寸移動雕塑，看起來很逼真，顯然不是真人，但模擬得很細膩。

一九九〇年代，我領導美國遠距實境專案時，曾經首度演示過這個效果。最近，沙拉姆・伊扎迪（Shahram Izadi）領導的一支微軟團隊演示了更好的版本，稱為「全像傳送」（Holoportation）。

試過這種體驗的人都可以明顯看出，有這種功能的產品更容易建立信任，可避免會議偏離主題，或避免開會者放空發呆。

但是，由於你正戴著頭戴裝置，無法建立雙向對話。如果對方可以看到你，他們會看到你戴著頭戴裝置。

那是因為，3D 立體容積鏡頭必須至少跟對方的臉部保持一點距離，才能像攝影鏡頭那樣運作。如果你把鏡頭放在 VR 頭戴裝置中，那會太貼近，你必須搜集基本資料來重建臉部。於是，你又回到了恐怖谷。

現在你可能正在納悶：「解決這個問題很難嗎？」難道不能設計一種描繪演算法以避開恐怖谷？或者，你難道不能讓容積鏡頭把頭戴裝置變成透明狀嗎？又或者，打造一個夠大的頭戴裝置，以便為鏡頭騰出足夠的距離，但依然實用恰當嗎？

我們在 VR 領域裡努力解決很多複雜的問題，上述問題就是絕佳的

範例——涵蓋了認知科學、文化研究、感應器物理學、高階演算法、工業設計和美學。對於 VR 的雙向通訊問題，已經有數十個片面的解決方案，但依然沒有方法改變世界。

　　聽起來很容易解決嗎？一旦解決了，就會覺得真的很簡單。

　　第三十四個 VR 定義：有朝一日可以傳輸誠實訊號的工具。

回頭來看一九八〇年代的帕羅奧多吧。

16 VPL 的經驗

捲入漩渦

矽谷新創企業的回憶錄寫到這裡時，通常會進入「八卦模式」。接下來會寫董事會明爭暗鬥、爭權奪利、相互辱罵、憤而離開、背後中傷、背叛出賣的精彩故事。

VPL 當然也經歷了所有一切，這些橋段也許是不錯的故事題材，但這不是我打算講的故事，以下是幾個原因。

首先，你必須瞭解創業經歷的最基本特質：你拚命工作的程度，遠遠超乎你的想像。當時我們都很拚命，拚到實在沒太多的時間去思考那些正在發生的事情。我們一心只想讓公司存活下去，拚命在水裡掙扎求生。

用陷入黑洞來比喻也許更恰當。你永遠看不到黑洞，因為光都被吸走了，但天文學家還是會觀察它們。怎樣觀察呢？物質被吸入黑洞時，會開始像漩渦一樣旋轉，就像水旋入排水口一樣。物質被吸入黑洞的過程中，可以看到很多活動。那些活動顯示黑洞的存在，但不是黑洞本身。

VPL 開始運作後，光是工作的密度就足以讓人忽視其他的一切。這本書目前為止所寫的，就好像一個漩渦正在進入一段時期，但我的大腦沒有空間去妥善記錄那段歲月中不太重要的記憶。

　　至於另一個原因，還記得在新墨西哥州有位女性搭我便車嗎？她覺得如果沒有人知道她的去向，她比較沒有壓力。她也覺得別人對她的關注，是在干涉她的心靈。

　　我現在寫書的想法也跟她一樣。目前為止我提到的故事，大多未涉及他人的記憶，但 VPL 成立後，涉及的利害關係對其他人來說突然變得很高。有些人覺得金錢和自尊很重要，但是 VPL 也涉及了身分和使命——那是人生的寶貴元素，難以獲得。

　　我知道有些人依然十分在乎 VPL，我也知道他們講的故事版本可能不一樣。

　　既然我已經不太記得那段最密集的經歷，**而且**我也知道無論我怎麼描述那段經歷，都會不小心傷到其他人，那我又何必描述那段歲月呢？或許我把那些人看得比讀者更重要；或許讀者應該有資格讀到一些精彩的舊日政治角力故事，即使那些故事可能惹毛其他的當事人；或許那是我身為作家該盡的責任；或許我若沒為了讀者而傷害一些人，就不算真正的作家。

　　但還有第三個原因。我之所以不太記得 VPL 那段肥皂劇般的過往，是因為那些東西實在很無聊。我要告訴你的，是類似前面那些有關抱負與衝突的故事。

　　總之，我能告訴你的故事，對我們這個時代來說是很新奇的。你會讀到重要的東西，那些東西本身就很精彩。

VR 人

　　在最新的 VR 潮流中，如今大家聽到的許多小故事和冒險，竟然與數十年前 VPL 的老故事出奇的相似。二〇〇五年初，維爾福公司（Valve）[1] 的一位工程師發了一則推文，描述他在 VR 中睡著、然後在

1　維爾福公司是在二〇一〇年代跳入 VR 產業的公司之一。它可能也是那一群新加入 VR 的業者中，最有魅力的一家，最常讓我回想起以前的 VPL。維爾福也以 Steam 遊戲平台聞名。

VR 中醒來的特別體驗。那則推文促使世界各地的工程師都想複製那種體驗。畢竟，駭客本來就常睡在實驗室裡。沒錯，這種事也發生在一九八○年代的 VPL，一開始是偶然發生的，後來是刻意為之。順道一提，那確實值得一試。

那時我們都很年輕，很調皮。一九八○年代中期，瑪格麗特・閔斯基（閔斯基的女兒）在 VPL 工作了一陣子，負責研發我們幻想出的情色穿戴式裝置。那玩意兒名叫「挺愉悅內衣」（Very Pleasurable Lingerie）。概念是：內衣一經觸摸就會發出音樂和弦；持續撫摸內衣時，會出現和弦進程。觸摸到某些地方時，和弦進程會轉為主音。我最近在 Kickstarter 之類的群眾募資平台上，看到有人重提這個創意，希望現在正在開發這個玩意兒的人能夠完成專案，這個東西很值得開發。

我們也在震動器的尾端接上 MIDI（用來控制音樂合成器的一種電線），把震動器放在 VPL 接待室的桌上，目的是為了驚嚇訪客。我忘了那個東西是否做了什麼，也不記得當初是誰做出那個東西。大家從來沒追問過，我只看到音樂家布萊恩・伊諾（Brian Eno）盯著它看了很久，但他也沒說什麼，也許他是在看我們觀察他。

我是 VPL 裡年紀最小的，為什麼？難道我還在找一個媽媽，找一群年紀較長的人（就算只比我稍大一點也好）圍繞著我嗎？就算我拒絕長大，我還是很難迴避成人的角色。我想當個叛逆的怪咖，但我周遭都是比我更資深的怪咖，他們都比我還怪。

有次我接到國務院打來的緊急電話，說 VPL 的一位同事在日本被逮到走私大麻。我不會透露那個人是誰，但那件事特別棘手，因為在日本走私大麻可能被判終身監禁。我嚇死了，沒想到那個人很快就動腦筋搞定了日本警察，導致他們無法證明他走私大麻。整件事後來不過是椿高風險的駭客八卦，馬上就被忘得一乾二淨。

我無法一一點名一起工作的每個人，但我會提到幾位「VR 人」。例如米奇・奧特曼（Mitch Altman），我們叫他「彗星米奇」（Comet Mitch），因為他跟彗星一樣有「季節性」。他可能來公司半年，幫湯姆處理硬體，然後就離開了。後來，他變成創客運動的元老。

還有安・麥科密克・皮斯塔普（Ann McCormick Piestrup），我該從哪裡開始講起呢？她當過修女，天性樂觀活潑，彷彿從莫內的畫布中走出來的人物。她後來對電腦教育的潛力非常癡迷，創立了「學習公司」（Learning Company）。那家公司販售羅賓奈特開發的那個開創性電玩《洛基的靴子》。那個電玩可說是《當個創世神》（*Minecraft*）之類建築遊戲的始祖。安希望我們能為孩童開發 VR 工具並改變教學方式，尤其是數學的教學。

另一位傑出的程式設計師是比爾・艾雷西，他有望成為有史以來最棒的程式設計師。他本來在惠普（HP）工作，在惠普以「程式之神」著稱。他渴望成為音樂明星，也有在音樂界發展的天賦和外貌。當時帕羅奧多市區還殘留著幾家多采多姿的破舊旅館，他住在其中一家，那家旅館類似紐約市的切爾西旅館——他也住過切爾西旅館。[2]（不用問了，那家舊旅館當然早就拆了。）他半夜寫程式時，有時會暫停下來，跑去城內的龐克俱樂部演出，但不管怎樣他都會回來把程式寫完，而且寫出來的程式毫無漏洞。

另外還有更多、更多的人。例如，帥氣的喬治・扎克里（George Zachary）努力解決行銷早期 VR 時所遇到的各種奇怪問題，最後變成知名的創投家。麥克・泰透是另一位全像攝影師，同樣來自麻省理工學院，是個討喜隨和的人，他設計了新一代眼機的光學元件。我在 VPL 的最後一段時間，VPL 的規模變得很大，我已經無法認識每個人了。我們的員工塞不下那個可愛的碼頭區。（你住矽谷的話，可能知道聖馬刁大橋〔San Mateo Bridge〕南邊那棟高樓，就是頂端有八角形大窗的那棟，我們就在那裡。）

約翰・佩里・巴洛（John Perry Barlow）擅長偵測周遭出現哪些迷人的女性，並為這種「美女雷達」偵測功能感到自豪。他常告訴我，那棟

2　〔編註〕切爾西旅館（Chelsea Hotel）建成於一八八四年，一九○五年開始以旅館的面貌對外營業，以波希米亞風格、四百間全然不同裝潢的客房等特色聞名，接待過的作家、哲學家、藝術家不計其數，作家馬克・吐溫、《2001：太空漫遊》作者克拉克與導演庫力克都曾在此落腳。

大樓裡有哪些有趣的女性,但我從來沒見過。他說有個單身女子長得很像奧黛麗·赫本,是法國作家卡繆(Albert Camus)的後裔。也許真有此人,天曉得?

我在 VPL 不僅認識了新朋友,也看到了新版的自己。我從一個悠閒的郊外嬉皮,變成壓力大到不行的執行長,很難相信那還是我。但是,天啊,我連脾氣都變差了。

在摒棄所有的迷信思維後,我想我該講一個連自己也無法解釋的例子。VPL 的工程師信誓旦旦地說,每次我發飆,就會導致附近的電腦當機,即使電腦有牆隔著也無法倖免於難。公司裡還留有這些當機記錄,並做了統計分析。

不僅軟體當機,連硬體也受到威脅,而且我的破壞力不只是透過心靈感應。我記得有次我們和一家供應商開會,現場氣氛緊繃,對方想延後交付我們需要的零件,但又不想支付合約裡規定的違約金。我惡狠狠地瞪著那家公司的業務代表,當著他們的面,慢慢地徒手把一台電腦拆成碎片,全程不發一語。後來我們準時拿到了需要的零件。

事後,向來斯文有禮的湯姆小心翼翼地收拾會議桌上的電腦殘骸,拿去回收並做記錄。我當時的樣子,連我自己也不喜歡。

VR 可以拿來幹嘛

我最常被問的一個問題是:「VR的殺手級應用(killer app)是什麼?難道只用在電玩上嗎?」

我撰寫本書之際,VR 的發展其實才剛開始而已,所以我仍然期待未來 VR 的應用可以讓我大開眼界。但目前看到的是,我們在一九八○年代創新開發的東西,如今仍一再出現。我猜想,它們終究會成為大家心中的殺手,或至少幹下一些壞事。

底下,我按合作夥伴的類型來說明我們在 VPL 開發的應用程式。VR 的重點始終在於合作開發,VPL 是 VR 的推動及促進者,但從來不是獨立開發者。

毅力過人的莎莉‧羅森塔（Sally Rosenthal）
使用太空總署一九八〇年代開發的虛擬環境
（virtual enviroment）系統，搭配 VPL 的手
套。那個頭戴裝置和整個系統是由 VR 先驅
史考特‧費雪和他的團隊設計的。

　　（有幾家特殊的合作夥伴不是只研發 VR 的單一運用，而是研發許
多不同的應用程式。有些是學術部門，有些是新創公司。還有一些特別
的合作夥伴是集客戶、合作者、旅伴、共同發明者的身分於一身，例如
美國太空總署[3]、華盛頓大學[4]、北卡羅來納大學[5]、另一家新創公司
Fakespace。[6] 我覺得只提及對這個故事很重要的人物和地點，還不足以

3　我在麻省理工學院時，瑪格麗特‧閔斯基介紹我認識史考特‧費雪。他後來前往矽谷，在太空
　　總署的艾姆士研究中心擔任研究員，他計畫在那裡設立一個 VR 實驗室。事實上，史考特比較喜
　　歡的稱法是「虛擬環境」。那個實驗室是研究具有當代指標性意義的東西。他自己製作頭戴式
　　顯示器，搭配 VPL 販售的第一代手套。史考特後來在南加州大學創立了一個系所，在那裡任教。
4　湯姆‧弗內斯是 VR 界的另一位關鍵人物。之前，他一直在空軍裡研究類似 VR 的科技（例如
　　模擬器、平視顯示器等等），後來決定轉往大學研究。他在西雅圖的華盛頓大學創立了業界數
　　一數二的卓越實驗室：HITLab。這個實驗室的氣氛特別融洽，它和 VPL 之間做了多種合作。本
　　書開篇提到那個讓我的手變得很巨大的虛擬西雅圖，就是 HITLab 開發出來的，但手的尺寸錯
　　誤跟他們無關。
5　多年來，我有幸榮獲多項獎項和榮譽，但令我最振奮的榮譽，是看到北卡羅來納大學的實驗室
　　使用 VPL 的裝置，因為我期望的事情確實發生了。藉由提供基本的工具，學術研究得以加速進步。
6　其他小型的 VR 公司是出現在一九九〇年代初期。他們往往是我們的合作夥伴，也是競爭對手，
　　但他們當時都沒有瘋狂到自己製造及銷售整套 VR 系統，他們是多年後才那樣做。其中我最喜
　　歡的一家公司，是由馬克‧博拉斯（Mark Bolas）和伊恩‧麥克道沃爾（Ian McDowall）創立
　　的 Fakespace。他們製造出一種由迷你支架撐起的 VR 頭戴裝置，性能有點像 VPL 的眼機。他
　　們也像 VPL 一樣，跟有趣的客戶合作及簽約，有時也與我們合作。
　　馬克後來去南加州大學擔任教授，在二〇一〇年代的 VR 復興中扮演了吃重的要角。他設

突顯出他們的重要，但至少我可以給一些提示。）

　　現在我們來看一些其他更專業的合作夥伴兼客戶，以瞭解為什麼一九八〇年代有人願意花數百萬美元購買 VR 裝置。

外科訓練

　　喬・羅森（Joe Rosen）是重建整形外科醫生。VPL 營運期間，他在史丹佛大學工作，現在在達特茅斯學院工作。他受過雕塑訓練，對身體觀察敏銳。他優遊於藝術界，幫馬克・波林把炸斷的手接回身體（馬克就是前述那個讓白老鼠操作真坦克的「生存研究實驗室」幕後推手）。

　　我和喬一開始是合作研發他的「神經晶片」，那是世界上第一個修復性神經。當神經束遭到切斷並重接起來時，癒合的時候會出現配對錯誤的現象，也就是說，個別神經接錯了目的地。因此即使整個神經束癒合了，大腦還是需要花多年的時間去學習因應那種混亂。我們的想法是在神經束癒合的路徑上放一個帶孔的晶片，讓晶片為神經做好正確的接合，但是我們如何找出正確的接合呢？

　　我們設想的情境是，截肢患者重新接回肢體時，也裝上神經晶片，讓神經束透過神經晶片癒合（很不幸的，喬的手術室裡常出現截肢的患者）。接著，患者戴上「資料手套」。當他試圖彎手或握拳時，手套會偵測到實際運作的詳情，演算法會跟著調整晶片裡的神經訊號傳輸，直到手開始按照患者的意念反應。

　　這項研究的難度，超越了那個年代的技術，所以無法研究得很深入。但喬做出了晶片，並做了大概的演示。

　　又過了不久，我和喬及安・萊絲可做出第一個即時的手術模擬器：

計了一款開源版的紙板智慧型手機台座，名叫 FOV2GO。FOV2GO 可以把手機變成基本的 VR 頭戴裝置（順道一提，那是由微軟資助的專案），而且比 Google 發表的版本早了好幾年。FOV2GO 首度使 VR 變成多數人負擔得起的平價裝置。馬克也讓學生設計更精密的頭戴裝置，其中有些人後來創立了 Oculus 公司。

虛擬膝蓋。這項研究後來分拆出去，成立另一家新創公司，最後演變成所謂的醫療資訊公司。多年後，輝瑞（Pfizer）以數十億美元的價格收購了那家公司。但那是我離開多年後的事了。

第一個手術模擬器的誕生，比較像是在證明概念的可行性。第二個手術模擬器更有挑戰性，這次是模擬膽囊手術。我們的醫療合作夥伴是軍醫瑞克·沙塔瓦上校（Rick Satava）。他後來在國防高等研究計畫署（DARPA）啟動一項非常有影響力的醫學 VR 研究計畫。

喬·羅森醫生和安·萊絲可。喬正要試戴 VPL 最頂級的 VR 頭戴裝置：眼機 HRX。

在我參與開發的所有虛擬世界中，手術模擬器是我最滿意的成果。

第三十五個 VR 定義：
任何領域的訓練模擬器，不限於飛行領域。

商機吹來

日本與早期的 VR 文化有特殊的連結，史考特·費雪特別喜歡前往日本。部分原因在於，日本文化充滿異國風情，特別能彰顯出我們在實驗室裡所探索的新世界的奇妙感。夜間漫步在燈火閃爍的新宿街頭，感覺就像置身於未來的虛擬世界。早期的賽博龐克帶有濃濃的和風，尤其是在威廉·吉布森（William Gibson）的作品和電影《銀翼殺手》（*Blade Runner*）中。

　　此外，日本人也很喜歡虛擬實境。VR 發展初期，日本各地都有卓越的 VR 實驗室，參訪起來更是令人驚豔。我和亨利・福克斯曾為虛擬實境的研究提出一種分類方法：單人或多人、擴增與否、有無觸覺等等。但我們只能把「日本的奇怪實驗」單獨歸為一類，無法歸入其他類別，因為他們不斷推出最奇特的專案。

　　有一次我受邀去京都演講 VR，我在演講中開玩笑說，製造虛擬食物有多難。「光想到那個致動器就覺得噁心，你需要把黏糊糊的機器突出物放入嘴裡，它會模擬不同食物的口感，並在你咀嚼它時，釋放出美味的化學物質。」

　　一年後，我收到日本某個大學實驗室稍來的消息，那個實驗室是 VPL 的客戶。「我們很高興地宣布，最近我們的研究成果已經有能力讓你感到噁心了。」果然，他們為那種噁心的裝置打造出原型，那個裝置每次做演示以前，都需要先做三種形式的消毒。我很好奇那玩意兒現在進展到什麼程度了，至少該用在音樂錄影帶中。

　　VPL 在東京有個展示廳。訪客都是日本文化圈和科技圈最有趣的人物。我們以前常上日本的電視節目。我們的產品品質達不到日本的標準，總是令我尷尬不已。我們跟日本人比起來實在是太隨性邋遢了。

　　令我意外的是，早期的 VR 應用程式中，最有利可圖的一個例子是日本的廚房設計工具。那是和日本的產業巨擘松下合作開發的。我們在東京一個高級廚房展示廳中提供 VR 體驗。松下派了一支團隊過來，把既有的廚房加以數位化。消費者可以進入 VR 展示廳，體驗各種廚房改造的可能性。

　　這個專案中最難的問題是如何不讓眼機弄亂體驗者的髮型，因為女士往往頂著一頭貴婦髮型來體驗要價不菲的新虛擬廚房。對 VPL 的所有工程師來說，他們根本沒想過髮型會是一個問題。那個廚房設計模擬器獲利還不錯，持續運作了多年，直到後來 VPL 結束營運、無法再提供技術支援。

**第三十六個 VR 定義：在動手改變真實世界以前，
先嘗試改變提案的方法。**

我們的巴黎經銷商把高級的展示廳設在塞納河對岸，正對著艾菲爾鐵塔。他們從米蘭請來一位年輕的男性模特兒，打扮完美，讓他待在一個高懸在訪客頭頂上方的玻璃櫃裡，表演對著沒插電的麥金塔敲鍵盤一整天，純粹是作秀。直到今天，我還是搞不懂法國人在想什麼。

透過法國的經銷商，我們有機會和石油探勘技術公司施蘭卜吉（Schlumberger）合作。施蘭卜吉家族的一個孩子甚至來 VPL 工作了一陣子。我們一起開發了早期的資料融合地理視覺化（data fusion geo-visualizations）。你可以在石油礦床的上空飛翔，模擬不同的鑽井策略。這種運用在現在很普遍，但是當時是令人震驚又新奇的技術。

我們的客戶也包括城市。我們用本書開篇提到的虛擬西雅圖作為靈感來源，協助新加坡建立卓越成長計畫的模型。我們也與德國大學的優秀研究團隊及德國的合作夥伴 ART+COM 合作，幫助柏林在柏林圍牆倒下後，規畫城市復興工作。我認為當時繪製出來的虛擬柏林，是第一個有即時陰影和倒影的虛擬世界。後來我們再度使用一個柏林地鐵模型，幫環球影城打造一個恐怖虛擬世界的場景。在那個虛擬世界裡，長如火車的巨蟒潛行其中並展開攻擊。

第三十七個 VR 定義：盡可能清楚呈現資料的工具。

幾個美國專案

我們曾幫波音公司的機艙設計、場站修護、生產線設計等作業打造模擬器。波音後來成為混合實境（或如他們所稱的「擴增實境」）的早

期關鍵驅動者。

我們也協助福特和其他汽車製造廠運用 VR 來設計原型，後來那成為汽車界的普遍實務作法。我們也和設計火車及船隻的公司做同樣的合作。交通運輸專案是我們每年合作最多的領域。過去二三十年間，你搭乘的每種交通工具都是先以 VR 設計原型。這可以算是低調的殺手級應用，至於連環殺手級應用呢？

我們有個客戶是家擁有巨大商業機密的藥廠，當時他們正打算推出名叫「百憂解」（Prozac）的藥物，史上第一個全球熱賣的抗憂鬱藥物。

我們參與設計了一個虛擬世界，以便向精神科醫生說明百憂解的運作原理。醫生戴上眼機後，坐進模擬的諮詢室裡，裡面有個模擬生成的憂鬱症患者躺在長椅上。要想呈現出人類，得動用當時地表最強的電腦繪圖功能，反正客戶負擔得起。我們成功設計出一個看起來很憂鬱的人物，我挺自豪的。

一番運作後，進入虛擬世界的精神科醫生就像科幻電影《聯合縮小軍》（*Fantastic Voyage*）裡的人物一樣被縮小了，飛進患者的虹膜，沿著視神經進入大腦。接著，他又被縮得更小，我們讓他飛進神經元的突觸。他可以抓住百憂解的分子，把它塞進受體中以產生化學反應。這可能是當時難度最高的虛擬世界，把化學模擬和其他的難題融為一體。

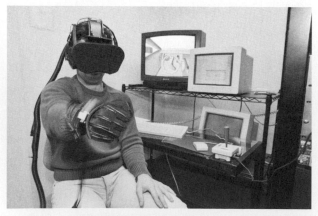

VPL 的喬治・扎克里正在試用駕駛模擬器。

我開發那套系統時，並未料到以後我會在精神科醫生的年會上度過疲憊又奇異的一天。在那些會議上，我要忙著讓那些全球頂尖的精神科醫生進入虛擬世界，並在那個世界裡縮小[7]他們的身軀。那個情境比 VR 本身還要超現實。在那個年代，他們之中有一半的人看起來像佛洛伊德的冒牌貨。

第三十八個 VR 定義：讓人進入廣告的終極方法。
希望這類 VR 的運用愈來愈少。

當時我很好奇，憂鬱症患者若是進入我們設計的那個迷人廣告世界，會不會有療癒的效果。後來，VR 確實也用來治療憂鬱症了。

士兵和間諜

起初我對軍事合約有點顧忌，而且有充分的理由，其一是多數 VR 人認為自己是和平主義者。我也擔心那些與軍方簽約的公司通常受到較多的限制，無法發揮太多的創意。簽約的重點往往是為了達到事先協定的目標。然而，當時 VR 才剛出現，我們**從來無法**事先知道我們的目標是什麼，一切都是放膽豁出去做。

儘管有此顧慮，我們還是學會了「假裝知道自己在做什麼」，並與國防高等研究計畫署及其他軍事單位簽了一些合約，打造了一些在當時史無前例的瘋狂東西，但我依然無法透露那些研究。

隨著認識的軍方人士愈多，對他們的敬意也日漸提升。那個世界裡也有一些極其慷慨大方及聰明絕頂的人士。

但我也同時看到高科技工具如何迷惑軍方的心智。我擔心我們的技

---

7 〔譯註〕精神科醫師的俗稱是 shrink。這個字作為動詞，剛好也有「縮小」的意思。

術可能**削弱**軍力，而非增強軍力。但我也不知道如何清楚表達我的顧慮，以便讓他們瞭解。如今對科技愛好者傳達那種顧慮還是很難。無論一個人對和平主義抱持什麼想法，沒有人希望軍力減弱。我依然擔心高科技工具可能令人產生過度期待而失焦。

有些專案是把 VR 裡的複雜資料加以視覺化，讓人更容易理解。當然，我不會透露那是什麼資料。

如果你把複雜資料轉變成一個虛擬世界，變成你可以漫遊的宮殿或遊覽的城市，大腦會記得更多，也注意到更多的細節。在印刷術出現以前，世界各地的文化發展出所謂的「記憶術」，亦即人們想像宮殿或其他的場所，以便在不同的地點放置不同的記憶，藉此強化記憶力。在歐洲，這種方法稱為「記憶宮殿」（memory palace）。[8] 你在假想的宮殿牆壁上，在那些漂亮的框架內，標記著需要記憶的事實。澳洲原住民發明的方法可能是最精心設計的例子，他們稱之為「歌之徑」（songline）。[9] 大腦為了記憶地形，可以變得更有效率。當我們把複雜的記憶轉化為地區版圖時，就能輕易駕馭那些記憶。

第三十九個 VR 定義：落實「記憶宮殿」的數位方法。

這個方法也可以幫助記憶力受損的退伍軍人，讓他們更扎實地記住新的記憶。[10]

8　夏洛克・福爾摩斯（Sherlock Holmes）也以這種記憶法著稱，至少在班奈狄克・康柏拜區（Benedict Cumberbatch）主演的版本中是如此。

9　〔編註〕「歌之徑」（songline）在澳洲原住民傳統文化裡，指的是跨越土地的音樂途徑，他們會將旅途中遇見的景色、交流、儀式等萬事萬物都化為歌曲，各式各樣的「歌之徑」構成了社會的集體記憶。

10　這份 VR 的應用清單中，顯然較少提到對殘疾人士的幫助。其實我們在這方面做了很多，例如手語手套、失語症患者的治療等等。但我已經厭倦了 VR 在殘疾應用上的大肆宣傳，所以近年來我比較喜歡埋著頭做，不太提這方面的研究。高調的宣傳很容易，就像毒品一樣容易上癮，那對願意堅持到底並帶來真正影響力的資助者和組織來說，可能是障礙。

第四十個 VR 定義：強化認知的通用工具。

透過軍方，我們認識了民事執法人員。我們和聯邦調查局（FBI）一起設計了一套工具，以找出威脅公開活動的狙擊手所在位置。不過，最難的部分，是在那個年代把精確的城市模型輸入電腦中，我們是依賴勘測員來取得資料。

第四十一個 VR 定義：資訊時代作戰的訓練模擬器。

聯邦調查局認為上述的應用程式很成功，但那也揭開了其他暗黑應用的可能性。另一個機構看到演示後，問我那能否用來挑選鏡頭定位，以便持續以最少的攝影機來監控一個人在城市裡遊走的情況。嗯，當然可以啊。

過了不久，又有人來問我一樣的問題，只不過這次角色對調了：如果外國的城市也利用這個功能，安裝攝影機來追蹤我們派出去的間諜，未來我們的間諜還能運作嗎？間諜如何避免被追蹤呢？

我給客戶的建議是，駭入國外網路，製造數千個間諜在城市中遊蕩的假像。這樣一來，對方就得花時間辨識哪個訊號才是真實的。利用老派的聲東擊西方式來智取敵方，這種計策是現今的慣用招數。

（後來，我為電影《關鍵報告》的一個場景貢獻了靈感：主角逃離警方的追捕時，他的影像被投射在他行經的每個廣告看板上。這樣一來，警方就可以輕易掌握他的行蹤，任何人都知道他的動向。事實上，我在某次腳本會議上還演示了一套技術模型。）我們那個極度保密的客戶很喜歡我的建議，那次演示相當成功。但我離開客戶的辦公室時，突然背脊發涼，心生懷疑，就好像你在登山時，突然間察覺腳步不再那麼有把握了，發現旁邊就是很深的裂縫。停一停，思考一下。

數位網路可以用來隱藏真相，而且是在資訊的洪流中明目張膽地這

樣做，我們憑什麼那麼確定網路有助於促進整體的真實度？

不過，我們還是回頭談早期 VR 應用中比較開心的故事吧。

人物

我們可能是第一個販售動作捕捉產品的業者，我們的 DataSuits 在當時就賣了不少套給娛樂圈的人士。那年代還沒有人可以為電影做出逼真的 CGI 人物（電腦合成影像），但還是有些嘗試。

例如，有個短命的電視遊戲節目讓參賽者穿著 DataSuits，控制螢幕上的火柴人動作以完成任務，我已經忘了是什麼任務，但整個節目概念值得再次嘗試。

我們還和奧運會合作了一個專案，試圖在 VR 中打造一種新的運動。這在那個年代可說是為之過早，不過現在還是值得再細細研究一番。

我們也打造了主題樂園的原型，大多是由環球影業出資，但開發出來的原型都尚未落實。我們的主要合作對象是導演艾利克斯・辛格（Alex Singer）。後來他利用「全像甲板」執導了《銀河飛龍》（*Star Trek TNG*）劇集。我喜歡去拍攝現場探班，那可能是最後一部兼具創意、人

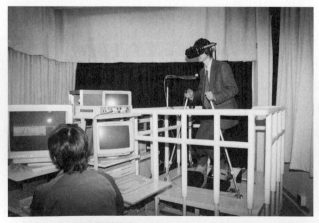

利用眼機 HRX 的滑雪模擬器。

性、樂觀精神的科幻影集了。

多年後，蘭迪・鮑許（Randy Pausch）[11] 和迪士尼合作時，VR 才成熟到適合在主題公園裡公開亮相。不過早在 VPL 時代，蘭迪剛開始在維吉尼亞大學擔任教授時，我們私下就都認為，VR 將會變成一種新語言。（你們可能聽過蘭迪這號人物，但不是因為他在 VR 領域的研究，而是因為他的知名演說〈最後的演講〉（Last Lecture），他在那場演說中談到生命及善終。蘭迪與我年紀相仿，但他於二〇〇八年因罹患胰臟癌，如塵世的聖人般離世了。[12]）

當時有一些人嘗試把 VR 技術應用在劇場中。喬治・科茲（George Coates）設計了一個用濾光網隔開的傾斜舞台，以營造出真人演員正在虛擬世界裡四處走動，並與虛擬事物互動的幻象。他在舊金山早期一棟摩天大樓內搭建舞台，那裡有個類似大教堂般的寬廣空間，營造出來的效果令人著迷。VPL、太空總署、視算科技公司的人會偷偷把裝置運給他，並協助程式設計，但我們的數位工具在正式表演期間常故障失靈。

傑瑞・加西亞（Jerry Garcia）[13] 的女兒安娜貝爾（Annabelle）曾使用「資料手套」以及我們從外科模擬研究中開發出來的手骨，在死之華樂團（Grateful Dead）的演唱會上投射出一個巨大的骷髏手掌。她說，她喜歡看歌迷的目光跟著那個骷髏手掌移動，他們的眼神全集中在一處，好像貓咪盯著鐘擺一樣。

---

11 既然提到鮑許，我也必須提到他的博士學位指導教授安迪・范丹（Andy van Dam）。安迪是布朗大學資工系的學科主任教授。他指導的多位高徒發明了我們的時代，其中幾位已經出現在本書中（例如赫茲菲爾德），他們遍及各個領域。

12 www.cmu.edu/randyslecture/book

13 年輕的讀者可能不知道，加西亞的身分形同「死之華」樂團的團長，雖然團長這個詞與該樂隊的理念正好背道而馳。網際網路出現後，很多記憶反而消失了，這點始終令我訝異。青少年時期，我知道不少前幾個世代的歌手，例如歌舞雜耍秀時代的天后伊娃・坦格（Eva Tanguay）。對一九八〇年代和九〇年代的矽谷來說，「死之華」樂團有時感覺比電腦的出現還要重要，但現在和我共事的千禧世代大多沒聽過這個樂團。死之華樂團與迷幻藥有關，他們與觀眾之間有一種形同心靈感應的連結。有些歌迷對他們相當癡迷，甚至跟著樂團巡迴演出，過著四處移動的生活。（我自己不算死忠的歌迷，但我是異數。）

我們與木偶師吉姆‧亨森（Jim Henson）[14] 合作，做出簡單的電腦繪圖木偶原型，名叫瓦爾多（Waldo）（後來瓦爾多經過改造後，變得比原型更精緻。）在實驗室裡與木偶師合作是很美好的經驗。我很喜歡去紐約拜訪亨森那個熱鬧雜亂的木偶工作室。我們從木偶師的身上學到許多有關人物和表情的知識，他們從我們這裡學到奇怪的新概念，例如我們設計虛擬化身時，不必注意鏡頭的視角）。亨森真的超迷人。

第四十二個 VR 定義：數位木偶戲。

我們也遇過一些稀奇古怪的客戶。某年冬天，客戶派出私人飛機，載我去加拿大的蘇聖瑪麗市（Sault Ste. Marie），跟奧吉布瓦族（Ojibway）的長老見面，以評估 VR 能否用來保存他們的語言。他們的語言是引用部落神話中的事件做比喻，所以不適合以字典的形式保存。（那次經歷間接為《銀河飛龍》帶來靈感，有一集了描述某個外星族群面臨類似的問題。）

傑容教吉姆‧亨森的木偶彈奏錫塔琴（sitar），旁邊是木偶師戴夫‧高茲（Dave Goelz）。

14 亨森是著名木偶師，他是科米蛙（Kermit）、豬小姐（Miss Piggy）等木偶的創作者。

經營 VPL 期間，拜訪客戶和合作夥伴是我覺得最有成就感的事。無論那段期間還發生了什麼事，VPL 都達成了核心任務，推動並加速了 VR 的發展。

獨立事業

上述清單很少提到消費性的 VR 應用，原因很簡單，因為那個年代的 VR 對消費者來說不夠便宜。不過，我們也做了一些東西。

其中最出名的，可能是之前提過的「威力手套」。

我們也為消費者體驗設計了美好的原型，但從未上市，以後可能也沒機會重現。其中一個是利用舊的 Amiga 電腦，搭配 3D 眼鏡（3D 電影或電視使用的那種眼鏡，比「眼機」簡單及便宜許多）和威力手套，以打造介於彈珠台和壁球之間的體驗。但 Amiga 電腦沒有流行起來，後來也沒有及時出現其他可用的家用電腦（十六位元的彩色電腦），因此這個專案後來就不了了之了。

我們也打造了一些玩具原型。例如，在 VR 中打造泰迪熊的虛擬化身，名為「大鼻子」（Nostrildamus），部分原因在於鼻子裝了感應器，另一個原因是 VPL 早期有個商標，我們稱之為「鼻子」（V 看起來像朝上看的眼睛側面，P 像耳朵的耳廓，L 像是伸出拇指的拳頭）。

揚的 3D 建模器後來發展成為獨立的產品，那也是 Mac 電腦上的第一個 3D 設計工具，名叫 Swivel 3-D。那個產品後來獨立分拆出去，成立 Paracomp 公司，之後 Paracomp 又和第一個推出 Mac 動畫編輯器的 Macromind 公司合併。合併後的公司稱為 Macromedia，最終被 Adobe 收購，所以有一小部分的 VPL 仍在那裡存續。Swivel 仍是我最喜歡的 3D 設計工具，雖然它無法在現今任何電腦上運行了。

由於我們向投資者承諾會有專利收入，所以我們也申請了一些專利。VPL 的專利一直是充滿爭議的議題。一方面，新興的駭客理想主義不屑談智慧財產權。另一方面，我們因為比較早接觸 VR，能夠把許多基本的 VR 功能列為專利。那個年代還沒有人在講如何連接同一世界的

多位人物，如何連結虛擬化身和真人的動作，或如何像拿取實物那樣用手拿起虛擬物件。

我的駭客朋友不希望我們為這些概念申請專利，投資者則希望我們盡量申請專利，愈積極愈好。於是，我們想出了一個令人玩味的折衷辦法。

我們確實申請專利了，但我們也把所有概念的原始程式碼全部列進去，讓它不再是商業機密。一方面，擁有那些專利的人可以進一步開發代碼，以申請更多的專利。後來，昇陽公司收購 VPL 後，就是那樣做。

但另一方面，我們完全揭露了作法。這樣一來，想要避免侵權的人可以知道他們需要知道的一切。也就是說，這同時兼顧了開源碼和智慧財產權。

這樣做有效嗎？當時沒什麼效果。大家覺得那些專利有很高的價值，爭相搶奪專利的所有權。過度的爭執可能因此破壞了許多機會。

如今 VPL 的專利都已經過期了，成了歷史。

17 徹底翻轉的圈子
（關於 VR「影」音的二三事）

影像圈

　　一九八〇年代「經典」VR 系統的主要事件，以及我對這些事件的完整看法，我們幾乎都巡過一遍了，只剩兩個部分尚未提及：配合 VR 使用的攝影機，以及製作立體聲的方法。

　　葛蘭・史密斯（Graham Smith）是個友善的加拿大人，他率先開發出環繞式的「全景」影片，[1] 可透過 VR 頭戴裝置來觀賞。葛蘭到 VPL 工作以前，就已經自行製作了頭戴式顯示器，那是非同小可的成就。他為我們設計了環境影像擷取及播放產品，稱之為 VideoSphere。

　　VideoSphere 是另一個領先時代的 VPL 產品，是個造型奇怪的攝影機，可以一次拍下全方位的場景，雖然它的幾何形狀比球體更棘手一些。

　　這種攝影機如今並不罕見。現在你可以在演唱會或熱鬧的市區拍攝全景影片，之後播放影片時，使用者只要戴上 VR 頭戴裝置，就能四處張望觀看全景。

1　實際作法比拍攝真正的 360 度影片更複雜，但他開發出來的東西已經接近了。

這裡我必須岔題談點別的東西。

拍攝全景影片的侷限性，在於它缺乏互動性。你戴上頭戴裝置，感受到大型演唱會上從舞台環顧四周的視角，確實很有趣，但你無法**做**任何事情。你不是真的在現場，只是一個幻影。稍早前我談過這點。

但 VideoSphere 錄下的影片可以增添其他的東西。你可以把虛擬的事物疊加上去，也可以讓電腦生成的角色在你錄製的實體空間中遊走，他們是完全互動的。他們可以回應你，讓你彷彿身臨其境。

現在的電腦已經變得夠強大，我們可以互動式修改立體擷取的影像。影像擷取不再只是現實記錄。

立體影像通常比傳統的平面影像更容易修改，因為演算法處理的資料中有比較可靠的鉤點。假設有一段平面影片的內容是警察開槍，要偵測出影片是否經過修改並非難事，例如某個細節看起來很突兀或接合處漏餡了。但修改沉浸式的立體影片時，可以追蹤每個接合處，預先看到各種可能的錯誤，所以修改起來更容易。例如，如果演算法可以讀取手和槍的完整形狀，你改變手和槍的動作時，比較容易確保它們投射出來的陰影是正確的。

這很快就會變成一個政治問題。現在有一群記者是以烏托邦的觀點來看待全景影片，這不禁讓我回想起往日的歲月。我曾預測，立體影像擷取技術的普及將會促進世界和平，擴大同理心，大家會真的看到暴力和戰爭的可怕，因此難以忍受暴力和戰爭的存在，從而確保世界太平。但咱們就等著瞧吧，通訊科技愈強大，大家愈有可能用它來編造謊言。

總之，葛蘭加入 VPL 後，致力研究了數十年，運用「遠端呈現」的技術，幫助住院的病童改善了生活。他發現一種確實可以運用科技來改善世界的方法。

音效圈

史考特・福斯特（Scott Foster）設計了 VPL 的 3D 立體聲技術。當時 VPL 公司設在碼頭上，工程師住在船上或偶爾搭船上下班並不罕見。

但史考特是我唯一記得開小飛機通勤的人。他從優勝美地（Yosemite）旁邊的簡易跑道飛過來，把小飛機停在碼頭邊。

史考特設計了特製的印刷電路板來計算立體聲。使用者可以從眼機內建的音頻耳機聽到聲音。

什麼是立體聲？這很複雜！我們之所以能聽到這個世界的立體聲，部分原因在於我們有兩隻耳朵，大腦可以比較兩耳聽到的有何不同。例如，聲音抵達每隻耳朵的時間稍微不同，大腦可以利用那個差異來感應聲音來源的左右軸方向，但那只是觀感的第一線。

大腦也很擅長解析回聲，雖然不像蝙蝠那麼厲害，但比我們平常意識到的功能還強。你聽到的回聲模式可以傳遞許多資訊，例如所在空間的形狀、空間的表面質地、空氣濕度、你在空間中的位置等等。

所以 VR 的聲音子系統有兩個明確的任務：它必須分別計算聲音到達每隻耳朵的時間，也必須模擬在真實空間中迴盪的回聲。

但是，耳廓也很重要。耳廓就是耳朵從頭部突出來的那個奇怪結構。為什麼耳廓是一塊不規則的螺旋狀呢？這個奇怪的形體是用來收集聲音的。它收集前方傳來的聲音時，比其他方向傳來的聲音更清楚一些。但耳廓也會使不同方向傳來的聲音呈現出不同的音色。

史考特設計的印刷電路板是運用卷積（convolution）來模擬耳廓的功能。你可以把卷積視為一種數學隱喻（mathematical metaphor）。系統衡量到以前的訊號已經改變時，卷積演算法也會以類似的方式改變新訊號。我們在 VR 中常使用卷積。

在這種情況下，一些倒楣的研究生被迫待在毫無回音的安靜房間，也就是消音室裡，耳朵裡塞著不舒適的微型麥克風。接著，我們會四處移動一個播放測試音的喇叭。卷積演算法會分析耳朵裡所錄下的、從特定方向傳來的聲音，並把相同的轉變套用在虛擬世界中發出的新聲音上。

結果出奇良好。事實上，盲人在 VR 世界中依賴聲音遊走的效果，比在現實世界更好。模擬的立體聲比現實的聲音更清晰。

如今，晶片變得又好又便宜，VR 系統中都有內建立體聲的功能，

但很多新系統的立體聲似乎不太精準。東西一旦便宜後，大家對精準度反而不再講究了。

關於立體聲的介紹，若是不提相關的戲劇化詐騙史，就不算完整。有一種簡單的方法可以取得無互動性的立體聲，那是錄音技術剛出現時就已經存在的方法。你把兩個迷你麥克風塞在假人的頭中，位置相當於真人耳膜的位置。麥克風會透過假人的耳廓收集聲音。

每隔十年左右，大家就會重新發現幾個經典的假人人頭錄音演示，最常見的一種演示是理髮。我不太記得真正的理髮是什麼感覺或是什麼聲音，但記得那種感覺的人告訴我，聽到剪刀在頭部周圍修剪的聲音時（這是來自錄音，錄下理髮師在假人頭旁邊剪東西的咔嚓聲），那聲音逼真到令人起雞皮疙瘩，打冷顫。（如果想惡作劇，甚至可以把剪刀的聲音移到顱內。你只要在假人頭內開一個夠大的洞，以便把剪刀伸進頭裡就好了。）

數十年來，有人一再使用這種聳動不實的演示，向傻呼呼的投資人募集鉅額的資金。那些投資者從來沒料到那一招竟然那麼簡單。

18 場景

演示

　　我們 VR 人常花一半的時間做演示，另一半的時間則是想辦法避免做演示。畢竟，以前的機器那麼貴，實在不可能為了娛樂訪客而專門打造一套布景。但我們又承受極大的壓力，必須向訪客演示我們的研究成果。VPL 的演示可說是世間難得的體驗。

　　公司的董事或投資者會要求我們向西裝筆挺、但身分不明的訪客做演示。那是矽谷內常見的祕密交易方式。有幾次，客戶覺得演示珍貴到需要納入合約條款及爭議和解中，所以我們依法有做演示的義務。大客戶會要求我們為他們的員工或剛好來舊金山出差的顧客做演示。

　　我們的午後 VR 演示時間大約都像這樣：巨蟒劇團（Monty Python）的成員兼導演泰瑞・吉連（Terry Gilliam）來 VPL 體驗 VR。他進入某個陰森、超現實的虛擬世界，我稱它作「儀式世界」（ritual world）；吉連走到一個休息點，開始從虛擬世界裡說話；他告訴我，當我年齡增長（那時的我還難以想像自己變老），就得開始擔心年輕人搶鋒頭了。他說：「那些年輕人出奇地厲害。」

　　這時，總機人員突然打開演示間的大門，以濃濃的蘇格蘭口音大喊：「接下來直接為作曲家雷納德・伯恩斯坦（Leonard Bernstein）做演示，

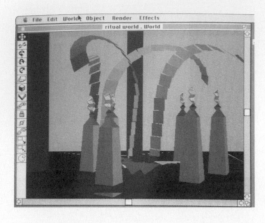

傑容早期開發的虛擬世界中的幾何設計。

達賴喇嘛卡在車陣裡，趕不過來。」

　　VR 演示是不公平的，某些政治人物和名人比其他的有錢人更容易獲得演示機會。不過，深夜也有一些非正式的演示。夜半三更，VPL 常出現形形色色非主流的人物。他們偷偷溜進實驗室裡，體驗 VR 搭配奇怪性愛或迷幻藥的感覺。我相信，真實的情況一定比我知道的還要糟糕。

　　有些演示原本預期很瘋狂，結果卻出奇地正常。有次虛構的搖滾樂團「刺脊」（Spinal Tap）[1] 來訪，他們的假髮仔細地掛在金色的水桶上（應該是要拿來當拍照場景的）。他們在公司的大廳碰巧遇到正要進入演示間的參議員高爾，以及剛從演示間出來的音樂家彼得‧蓋布瑞爾（Peter Gabriel）。怪的是，我們一群人竟然開始聊起科技，而且每個人都言之有物，講得特別有創意。例如，早在音樂家的生計被網路摧毀之前，我們就聊到網路和音樂家的權利了。

　　後來我與高爾合作了很久。他推動多項新興數位網路的統一，並於

1 〔編註〕「刺脊」（Spinal Tap）是由一群美國喜劇演員和音樂人虛構出的英國搖滾樂團，初登場於一九七九年美國 ABC 電視台喜劇節目《電視秀》（The T.V. Show）試播集，後來參與成員羅勃‧雷納（Robe Reiner）編導了一部仿紀錄片《搖滾萬萬歲》（This Is Spinal Tap），記錄該虛構樂團的美國巡演，大大嘲諷當代的搖滾樂團。

一九九一年獲得突破。後來，他終於號召了足夠的資金和動能，把之前各自獨立發展的網路整合成一個網際網路。

支持高爾的體驗十分有意思。我跟弗雷德・布魯克斯等幾位來自 VR 界的人物曾去參議院做證。那可能是我參加猶太男子成年禮以來，第一次穿西裝、打領帶，也是最後一次，因為連高爾都覺得我穿西裝看起來很好笑。高爾還讓參議院採納了他的意見，發表了致謝辭，感謝我有心想要以得體的裝扮出席。

遺憾的是，後來有人嘲諷高爾，說他聲稱自己「發明了網際網路」。其實，他從來沒那樣說過，但是話又說回來，他確實也算是「發明」了網際網路，因為網際網路的存在不是技術問題，而是政治問題。高爾遭到抹黑的方式，後來變成網路謠言的原型。

關於高爾，還有一個小故事。他剛當上美國副總統時，我去華盛頓特區的舊行政辦公大樓（Old Executive Office Building）拜訪他。我斬釘截鐵地對他說：「有了網路以後，每個人都能直接接觸科學世界，以後就無法再否認全球暖化的問題了。」沒錯，我真的那樣講，我當時明明就知道我不該說得那麼篤定。由此可見，一個人多麼容易被當代的流行神話所迷惑。

至於誰是我最喜歡的演示對象呢？我也不知道怎麼挑最喜歡的對象。我猜想，我最喜歡的回憶，可能是讓那些坐在輪椅上的孩子體驗飛行的感覺吧。

哦，對了，還有雷奧・特雷門（Leon Theremin）！小時候，我自己打造過那類似 VR 的樂器「特雷門」——他就是特雷門琴的發明者。雷奧在二十世紀初的莫斯科做出那個樂器，後來在美國變成充滿魅力的企業家，娶了一位迷人的芭蕾舞者。冷戰期間，他被蘇聯綁架，被迫為蘇聯打造間諜裝置。（他刻意讓設計有些許瑕疵，例如一個錄音 bug 會發出警示音。）接下來多年期間，大家都沒有聽到他的消息。最後在史丹佛的電腦音樂實驗室找到他，並邀請他到美國參訪，那時他已經九十幾歲了。他來 VPL 體驗 VR 時，在 VR 中興奮到發抖，抖到連我也開始擔心他了，甚至不禁擔心起站在他旁邊的人。

演示也可以開啟終身的友誼。小野洋子曾帶著十幾歲的兒子西恩（Sean Lennon）前來看 VR 演示。這些年來，我們一直維持著不錯的交情。

演示的藝術

VPL 擁有當時最強大的繪圖電腦，即便如此，我們早期也只能提供狀似「折紙」圖案的世界，直到一九八〇年代末期，情況才終於好轉。當今的 VR 演示遠比以前細膩，視覺效果近似電影。即便如此，VR 體驗的核心還是互動性。早在 VR 的視覺效果還很粗糙的時候，VPL 的技術就已經達到不錯的互動性。

為了做一場精彩的 VR 演示，你必須規畫好步調和時序。通常會有一位主持人，或許還有一名助手，負責確保沒有人被電線絆倒或走出安全區域。主持人輕巧地拉著體驗者，穿梭在一系列虛擬的世界中，盡可能讓他們大開眼界。

如果你是出色的 VR 演示者，在陪伴訪客體驗虛擬世界時，會讓他們覺得自己完全掌控了一切。訪客可能會毫無察覺，就偏離你在 VR 中準備的驚喜，例如掉進暗門，或是只要稍稍觸碰一朵小花就會變成精緻的雕塑之類的；相對地，你也可以不小心碰到他們戴手套的手，這時趕緊道歉，然後設法將訪客引回原路，讓他們不錯過精彩體驗。

在演示一開始，你需要比手畫腳、開玩笑或使用其他伎倆，藉此幫訪客盡快學會一些 VR 的原則和技巧。例如，在 VPL 營造的許多世界中，想要往前飛，只要伸出一根手指就行了。要想往後飛，需要伸出兩根手指。

我們發現，很多老套的伎倆依然是當今 VR 演示的主要特色。例如，以電腦繪圖描繪出演示所在的房間，那張圖可用來製造奇妙的效果，因為你可以用它變出很多花招。比如，讓周遭的牆壁突然往內融化。

我們總是會安排一個時點，讓訪客把頭鑽進一個虛擬物體內。從裡面看到的景象，往往會讓訪客大吃一驚。例如，在訪客把頭伸進化龍鉻

米恩（chromium dragon）的頭部時，會突然陷入眼前那些運轉的齒輪和電線中，眼睜睜看著齒輪和電線穿透他們的皮膚。這種幻象往往會讓訪客嚇得驚叫發抖。

如今我依然看到演示者使用這招，還有另一個老套的招數是把你變得無比巨大，把對方變得很微小，讓對方在你的手掌上行走；或是地上出現一個坑洞，你明明知道那是假的，也不敢踩進去（那個坑洞是史雷特發明的）。傑瑞米・拜蘭森曾說，那個坑洞已經變成 VR 的第一個經典比喻，就像盧米埃兄弟（Lumiere Brothers）所拍攝的進站的火車。[2]

經過幾年的練習，我們學會迅速讓訪客熟悉狀況和竅門，彷彿他們早就會了。此外，我們的臉皮也很厚，為了製造效果，還常請專人來炒熱氣氛，要他們偷偷躲在房間裡，看到訪客在 VR 世界中像小孩學步那樣跨出最初幾步時，就為他們加油打氣。

現在看我們以前演示的影片，會覺得很粗糙。所以如今的 VR 圈可能很難相信，以前 VPL 的演示十分引人入勝。

現在的 VR 終於變得平價又常見，所以 VR 的演示文化也開始消逝。大家可以在家裡或任何地方體驗 VR 世界，不再需要開發者的指引。我們應該趁特殊情境中依然需要 VR 演示時，盡可能去體會 VR 演示的文化，例如在課堂上、商展上、或是團隊做設計簡報的時候。

提升 VR 演示效果的最佳技巧，是趁訪客身處在 VR 世界時，偷偷把真花放到他的旁邊。他們離開 VR 世界，看到那朵真花時，會感覺像這輩子第一次看到花那樣。VR 的最大魔力，發生在演示剛結束的那一瞬間。

世界的藝術

由於 VPL 的客戶大多是企業用戶或學術機構，我們打造的虛擬世

2　〔編註〕盧米埃兄弟於一八九五年拍攝短片《火車進站》（*L'Arrivée d'un train en gare de La Ciotat*），該片一八九六年於巴黎上映，一般認為是全球第一部短片。

界通常很實用，而不是異想天開。你可以透過 VR 學習動膝蓋手術、修理噴射引擎、設計廚房等等。那些虛擬世界的圖像都很原始，但提供一種前所未有的瞭解及技能學習的方法。

然而，很多人真正想要的，是奇異的感覺。所以我們這些 VR 人也會從善如流，製造一些奇怪的虛擬世界，純粹供娛樂之用，雖然我們很難找到時間去做這些事情。

我喜歡為原本無生命的物體注入動物的元素，例如雲和桌子長出尾巴，頑皮地甩來甩去。我開發的虛擬世界裡，是以出乎意料的微妙方式來反映使用者的特質，以模糊虛擬化身和環境之間的分界。例如，吊燈可能根據你聳肩的方式搖擺，但那個現象十分細微，在感知範圍的邊緣，你可能不會意識到。在我的虛擬世界裡，色彩總是在不知不覺中慢慢轉變。你可能會發現自己逐漸變大或變小，這種變化也在注意力的邊緣，你可能不會意識到。我不願把任何直線元素納入虛擬世界中，原因跟我小時候打造的圓頂屋有關。

我們在電腦繪圖大會 SIGGRAPH 上展示了一個世界。在那個世界裡，安和揚的小女兒在眾多觀眾的面前，化身為「茶壺」，也就是那個知名的電腦繪圖「茶壺」。[3] 你猜得沒錯，她還在現場唱了「我是個小茶壺」。我們臉皮很厚，沒有極限。

安實在是奇思妙想大師，擅長天馬行空發揮創意。她開發出一個好笑又特別的「愛麗絲夢遊仙境」世界，你可以跑進兔子先生的嘴裡。還把約翰・坦尼爾（John Tenniel）的原始愛麗絲插畫做了可愛的克萊因瓶（Klein Bottle）[4] 演繹。

最近你若在舊金山自拍，背景很容易拍到 VR 新創公司的人。他們有時會問我對虛擬世界的設計有什麼想法。現在你應該可以猜到，我對這種問題通常不發一語。

3 多年來，所有的電腦繪圖人員都使用相同的茶壺模型來演示繪圖技巧。就連在皮克斯的電影《玩具總動員》（Toy Story）裡，都能看到那個茶壺。

4 克萊因瓶是一種可愛又奇怪的幾何形狀，模樣是個瓶頸彎進瓶身內的瓶子。

給 VR 設計師和藝術師的建議

1. 你最重要的畫布不是虛擬世界，而是使用者的感覺運動迴圈。你應該把它加以延伸，加以收縮，加以扭轉，讓它與其他人的迴圈交織在一起。

2. 你對生物運動的重視，應該超越那些不顧身體運作方式的僵化 UI（使用者介面）元素。最糟糕的設計是按鈕。避免使用按鈕，改用連續控制。

3. 有些 VR 招數已經太老套，可以停用了。例如：暗門、物體在面前飛來飛去、物品趁目光一來一回時改變。或者，你也可以繼續使用那些老套招數，但用它們來達成更大的目的。

4. 找多種領域的人來測試你的虛擬世界，最好招募多元領域的人來加入你的團隊。大眾對 VR 的接受度，深受文化背景、年齡、性別、認知風格等元素的影響。而且，相較於其他的媒體，VR 受那些元素的影響更大。你一定要瞭解，你的設計如何融入更廣泛的人類認知風格中，因為大家的認知型態是 VR 唯一的舞台，VR 只有在大家的認知中才有意義。

5. 承上：VR 才誕生不久，所以你應該質疑一般人對 VR 的設計對象所抱持的普遍看法。如果有人告訴你，比起女性，VR 更適合男性，你應該質疑那是不是因為大家測試的虛擬世界大多是男性設計的。

6. 你最重要的敘事曲線，不在虛擬世界，而是在現實世界中，描繪的是人們接觸你的設計，參與其中，然後離開的過程。可能是從他／她戴上頭戴裝置開始，做他們該做的事情，然後拿下裝置。想一想整個體驗。人們在進入虛擬世界以前，期望什麼？離開虛擬世界時，感覺又如何？

7. 不妨試著跳脫對現有開發工具來說最容易達成的目標，抗拒所有簡單的任務。

8. 考慮周遭那些不在虛擬世界裡的人。他們也算是 VR 體驗的一部分嗎？他們看到的是 VR 體驗者在舊式螢幕上看到的東西嗎？身處在

VR 內及 VR 外的人有什麼共同的理想？

9. 抗拒你從電影學院學來的慣用想法，VR 不是電影院。舉個例子，在電影中，觀眾是無形的；但在 VR 中，觀眾是有形的。使用者的身體比可漫遊的虛擬世界更重要。例如，她看著自己的手時，看到了什麼？照鏡子時，又看到了什麼？如果答案很制式——不是故事的核心——那麼你就不是在為 VR 做設計。

10. 抗拒你從遊戲圈學來的慣用想法。舉個例子，在傳統螢幕上讓人熱血奔騰的遊戲，換成在 VR 頭戴裝置中，可能給人一種孤立又沉悶的感覺。其中一個原因在於，人比螢幕上的遊戲還大，但比周圍的遊戲還小，所以一般遊戲中玩家狀態的運算會反轉過來，追逐和射擊會變成被追逐和被射擊。

11. 必須讓使用者有能力發揮影響力，否則他們不會完全投入，那表示你設計的虛擬世界不算成功。

12. 不要以為一切都得是可推算、自動的。搞不好在你的世界裡，現場表演者也可以找到很好的利基點，也許他可以上網表演，甚至還能收費。

13. 一定要好好考慮危險和安全。假設你是用有線的頭戴裝置，就應該考慮使用者的動作是否容易被線路絆倒，就算使用者是坐著體驗 VR，你也要考慮這點。例如，不要讓使用者一再朝同一個方向旋轉。誠實面對自己和使用者，如果你的設計很容易導致暈眩，就得讓使用者知道在體驗完 VR 後，要休息一下才能開車。

14. 別擔心 VR 對權力動態的影響，以及 VR 造成混亂或濫用的可能性，但也不要因此放棄改善未來的大膽想法。實際動手做時，抱持悲觀；但大方向的策略上，要抱持樂觀。

15. 不見得要認同我或任何人的觀點。你要自己思考。

**第四十三個 VR 定義：一種新的藝術形式，
必須跳脫遊戲、電影、傳統軟體、新經濟權力結構的束縛，
甚至必須跳脫 VR 先驅的觀念束縛。**

名稱定調

常有人說「虛擬實境」這個詞是我創造出來的，但這取決於你如何看待語境、語言、歷史之間的分界。有一個很好的論點主張那個詞不是我創造的。

第二次世界大戰以前，激進的劇作家安托南・亞陶（Antonin Artaud）在討論「殘酷劇場」（Theater of Cruelty）時，使用了法語「réalité virtuelle」這個詞。這個概念並不難懂，他指的是劇場的非語言形式夠強烈，足以喚醒人類的深度體驗和理解，超越傳統語言的界限。

在還不知道亞陶這個人以前，我就開始用「虛擬實境」（virtual reality）這個詞了，但這種跨世代的連結還是令我喜不自勝。現在領導VR圈的人若是去讀蘇珊・蘭格（她在一九五〇年代提出「虛擬世界」〔virtual world〕這個詞）或亞陶的理念，應該會大吃一驚。

關於VR詞彙的起源，還有其他的爭議。我清楚記得科幻小說家尼爾・史蒂芬森（Neal Stephenson）創造了「虛擬化身」（avatar）這個詞——顯然他不是創造出那個字，因為那個字有印度教的古老淵源，他的獨創之處在於用那個詞來指稱你在VR中的身體。然而，顯然有人對此不認同，提出另一種觀點。

早期能大致描述這個領域的詞彙，不只「虛擬實境」這個詞。現在大家可能很難想像，一九八〇年代大家為了該用哪個詞吵得有多凶，因為詞彙代表派系的重要性。

有些派系會想辦法讓研討會上某場專題討論的名稱變成「虛擬環境」（virtual environments），而不是「虛擬實境」（virtual reality）；反之，「虛擬實境」派也希望改從他們的用語，而不是「虛擬環境」。那時也有人主張「合成實境」（synthetic reality）和「人造呈現」（artificial presence），但我已經不記得誰支持哪個陣營了。如今回顧過往，實在很難想像大家會那麼在意這種東西。

VR界的另一位先驅邁倫・克魯格比較喜歡「人造實境」（artificial reality）這個說法。一九七〇年代，他可以把人體的輪廓即時呈現在電

視螢幕上，讓他們與人造物件互動，那是早年非常了不起的研究成果，也預告了我們今天熟悉的互動模式，例如現在我們與 Kinect 的感應器互動的方式。

「虛擬環境」這個詞與太空總署之類研究「大科學」的單位有關，所以當年很多正式的文獻使用那個詞，那可能是太空總署的史考特・費雪創造出來的。

「遠端呈現」（telepresence）本來是指你與機器人相連，因此感覺自己變成了那個機器人，或你感覺自己在機器人的位置。「遠端呈現」的研究人員早在類比時代就開始研究了，遠比伊凡・蘇澤蘭還早，甚至比艾倫・圖靈還早。最近，這個詞的用法變廣，涵蓋了 VR 或混合實境中類似 Skype 的互動。

「遠端存在」（tele-existence）這個詞是由日本的 VR 先驅舘暲創造出來的，它涵蓋了「遠端呈現」和 VR。

我希望我還記得自己開始使用「虛擬實境」這個詞的確切時間，那應該是在一九七〇年代，在我來到矽谷之前。我把它當成指引人生方向的北極星，那也是我剛開始自我介紹時所採用的說法。

我喜歡以「虛擬實境」來表示虛擬世界中第一人稱的呈現，尤其是還有其他人跟你在一起的時候。在技術情境中，「實境」可以作為伊凡・蘇澤蘭所謂「世界」的社會版。

一九七〇年代的嬉皮文化對「共識實境」（consensus reality）的概念很癡迷。我向來很討厭新時代（New Age）那種籠統鬆散的理念，可能是因為我自己想不通時，也很容易陷入那種狀況。一九七〇年代常有人主張：只要所有的人同時相信一件事，任何事情都能改變。天空可以變成紫色，牛也可以飛起來。現實只是一個集體的夢想。悲劇的出現，是那些不願一起作夢的人害的。

我覺得，淡化實境的現實只會阻礙那種思維中比較實用的部分。如果每個人的想法都能改變，或許世界會變得更良善、更精明。然而，即便那是真的，我們也不見得能輕易知道大家該怎麼思考或夢想。為了讓世界變得更好，解決問題是無可避免的。

　　矽谷這一帶的信徒曾要求大家一起夢想社會主義，接著又要求大家一起夢想自由主義，最近他們主張人工智慧至高無上。沒有人清楚說明完美的夢想是什麼，也許永遠不會有人說個明白，但目前還沒有人願意接受這個事實。

　　總之，「實境」（reality）這個字眼不是只帶有一九七〇年代的烏托邦色彩而已。我也喜歡那種感覺，但不見得喜歡它挾帶的所有文化包袱。

　　據我所知，我也創造了「混合實境」（mixed reality）[5] 一詞。但是當時我們的大客戶波音公司裡，有一位工程師更喜歡「擴增實境」（augmented reality），所以我們很樂意跟著使用那個詞。我還是比較喜歡「混合實境」，或許「攪拌實境」（stirred reality）也不錯？

　　最近，「擴增」是指你看到加了註解的世界；「混合」則是指你看到額外的東西增添到世界中，你可以把它視為真實的事物。

　　「虛擬實境」以前還有品牌價值，因為它原本和 VPL 有關，但不是每個 VPL 的員工都喜歡那樣。例如，我們的首席駭客查克認為，VR 聽起來太像 RV（休旅車）了。「聽起來像我們想把老年人放進模擬世界裡，這樣一來，我們就不必理會他們了。」希望以後會證明他的想法是錯的。

　　總之，VR 的另一個定義是：

**第四十四個 VR 定義：如果在一九八〇年代，
你比較認同 VPL 那群怪咖，就可能會在當時使用的詞。**

5　一九八〇年代我使用這個詞的例子，可以參閱 *Virtual Reality: An Interview with Jaron Lanier.* Kevin Kelly, Adam Heilbrun, and Barbara Stacks. *Whole Earth Review*, Fall 1999 n64 p108(12)。

包羅萬象的用語

在本書記載的事情發生許久之後，一九九九年《全球評論》（*Whole Earth Review*）雜誌的秋季號刊登了一篇我的文章，該文提到當時大家普遍以「虛擬實境」那個詞來指很多事物。以下摘錄一些稍微編修過的片段：

數十年前，我把一種電腦使用者介面技術稱為「虛擬實境」（VR）。社會和身體這兩種特質一起創造出一種和單獨的虛擬世界截然不同的東西。虛擬實境是人與人之間的間隙或連結，以前那個角色只由實體世界扮演。「實境」這個字眼很貼切。

當心靈相信它感受的事物會恆久存在時，就會產生「世界」。當心靈相信其他的心靈與它共有某個世界，足以讓彼此溝通及產生共鳴時，就會產生「實境」。接著，再加上「身體」的部分。心靈可以占有世界，但身體活在實境中。手套和服裝等 VPL 開發的身體介面既是為身體所設計，也是為心靈所設計。

流行文化幻想曲

我們先暫時撇開實際的技術，跟著 VR 那個詞跳出實驗室，進入外面的花花世界探險一番。VR 這個詞作為「比喻」的影響力非常大，大到幾乎無法追蹤。

以下是截至一九九九年夏季，針對當時的用法所做的不完整調查：

違法的脫離現實：在上次總統大選中，四位候選人都曾在某個時點指控對手「活在虛擬實境中」，這還是比較委婉的說辭。

其他時候，他們的指控更難聽。[6] 這裡的「虛擬實境」是指原本可能立意良善又聰明的大腦失靈了，亦即一種錯覺，而非操縱。

一種千變萬化、包羅萬象的創意成果：法蘭克·辛納屈（Frank Sinatra）的 CD 封面吹噓：「辛納屈唱歌時創造出虛擬實境。」「虛擬實境」一詞一再出現在小說、電影、唱片的宣傳用語中。

普遍的異化：科技文明使人與自然實境之間產生了距離。那不是像馬克思主義者那樣只抽離工作，而是個人在大眾媒體和其他普及技術的極度混淆下，抽離了自然生活的一切。有人給我一個 X 世代的「偽五〇年代」冰箱磁鐵，磁鐵上面是諾曼·洛克威爾（Norman Rockwell）畫的闔家歡圖，上面以令人不安的字體寫著「虛擬實境」幾個大字。在這種用法中，討厭及害怕電視的人基本上是把「虛擬實境」視為一種電視的終極形式。

科技帶來的狂喜或頓悟：《華爾街日報》第一篇 VR 的相關報導中，把 VR 稱為「電子迷幻藥」，真是匪夷所思。

科技帶來的超凡視角：好萊塢的劇本常把 VR 視為賦予一個人物及觀眾更優越知識的裝置。他們的想法是，戴著目鏡的人可以看得更深遠。在早期的劇本中（例如《未來終結者》〔*The Lawnmower Man*〕），那些知識常用來統治世界或破案。在最近的劇本中（例如《駭客任務》），英雄運用脫離虛擬實境的能力，變成類似佛陀或基督那樣的人物，比凡人更加睿智精明。

6　這四位候選人是柯林頓、高爾、鮑勃·杜爾（Bob Dole）和傑克·肯普（Jack Kemp）。以今天的標準來看，他們說的任何話都不算過分。

比喻核心的模糊性

為什麼一個關於使用者介面技術的比喻會衍生出那麼多流行文化的言外之意？我認為原因在於，「虛擬實境」讓人對電腦和所有數位產品的地位產生了未解之謎。

電腦科學家可能把整個世界想成一個巨大的電腦，或是一群樹木或人之類的演算法生物的集合。他們向大眾提出了一個問題：現實和一台非常好的電腦之間真的有差別嗎？

他們以流行文化的比喻來解釋 VR 的兩面性。VR 是超然的，因為如果現實是數位化的，現實就可以用程式編寫了。如此一來，萬事萬物都變得有可能了。你可以享受一個像夢想一樣多元的宇宙，並與其他使用裝置的人共享那個宇宙，而不是獨自關在自己的幻想中。對那些連上裝置的人來說，一棵樹可能突然間變成波光粼粼的瀑布。

另一方面，如果現實是數位化的，所有的東西都跟其他的東西一樣了，於是你馬上會產生幽閉恐懼症，困在位元的世界裡。當你看到樹木變成瀑布時會意識到，不管位元究竟是樹、還是瀑布，或者你究竟是不是你，都無關緊要了。

派對

當年大家會開派對，但那場面又不僅是派對，而是一整個文化架構都和 VR 相連。我覺得這個情境描述起來有點困難，因為感覺很怪，也很尷尬。那好像太空旅行的夢想家把自己關在一台停在荒涼沙漠的假太空船上，因為他們有生之年無法踏上真正的太空船。

那時典型的 VR 活動不包含實際的 VR 體驗，因為那時的 VR 裝置少之又少，又很昂貴。所以那個時代都是聽一些「可能成為大師」的人發表對 VR 的高見。於是，演講者輪番登場，還有一些 VR 主題的樂隊、奇怪的派對裝飾、奇怪的場所，這一切構成了大家們對 VR 未來的想像。

以前那個年代對 VR 建築在臆測之上的迷戀，那種充滿迷幻效果的科技派對一場又一場，後來演變成現在的「火人祭」，或至少演變成火人祭夜晚的「燒火人」活動，因為是在晚上進行，看不到四周的山，只看到人類發明的閃閃燈火。這個場景充分模擬了「能夠即興創作出現實」是什麼樣子，亦即一種對「模擬」本身所做的模擬。

即便是今天，回想起 VR 主題派對的那段歲月，我依然不禁感到內疚和憤怒，憤怒是因為當時有太多想成為大師的人劍拔弩張地攻擊我，想藉此出名。那就像那些晦澀難懂的藝術世界或學術小圈圈，充滿了嫉妒和暗箭傷人，即使攸關的利益根本少得可笑。我和那些真正打造 VR 科技的其他人培養了革命情感，而那些光說不練的人中，有許多欠缺能力的自吹自擂者。江湖郎中總是擅長利用機會推銷假藥和其他騙局。

我之所以感到內疚，是因為有一些可愛的年輕人很在乎那些活動，並從中找到了一種生活方式。後來我不再出席那些活動後，許多人因此直言我辜負了他們。

我承受著很大的社會壓力，那些壓力逼著我在派對上做 VR 演示。偶爾，在大型活動中，VPL 會讓參加派對的一小群人依序進場參與 VR 演示。那種大型聚會可能是在廢棄的工廠、淘汰的渡輪，或某些詭異的灣區派對地點舉行。有些人會從會場搭上神祕的小巴士，前往座落在灣邊的 VPL 辦公室。像這樣的訪客，整晚絡繹不絕。

當時，有一群講者和樂團開始成為經常出席 VR 活動的固定人馬。（我最喜歡的樂團是 D'Cuckoo。琳達‧雅各森〔Linda Jacobson〕則是我最喜歡的 GNF 和 VR 專家之一。）VR 的派對圈，與迷幻圈及死之華樂團的圈子有所重疊。許多參與者來自灣區那零碎又無止無盡的烏托邦社群及祕教團體名單。

在柏克萊山區的湧泉上方，座落著一棟十九世紀的美麗木屋，占地廣泛。那裡住著一群發行神祕迷幻雜誌的出版人。他們配合 VR 派對的美學，編出一本迷幻風格的科技雜誌，名叫《Mondo 2000》（2000 那個數字代表極其遙遠、超凡又令人畏懼的未來。）

後來矽谷演變成如今大家熟悉的「自我陶醉兼稚齡延長」的風格，

《Mondo 2000》可說是那種風格的原型。那本雜誌呈現出色彩鮮明的迷幻式詭異感，並為世上出現的任何新東西取毫無意義的押韻名稱。《Mondo 2000》就像蹣跚學步的幼童對超級勢力抱持的幻想。《連線》（Wired）剛問世時，確實看起來很像在模仿《Mondo 2000》，但《連線》很酷，《連線》雜誌的早期參與者也是 VR 圈的人。[7]

奇女子

你猜誰住在前述那棟木屋裡？我在劍橋期間認識的那個女人，我之前說過我後來娶了她。

我們在麻省理工學院認識後，短短幾年內，我變得很有名。益智電視節目《危險邊緣》（Jeopardy）把我拿來當益智問題的答案，我也上了幾本雜誌的封面，突然間我成了業界名人。

她低聲對我說：「你將為人類歷史帶來一場革命。你將會改變溝通、愛和藝術，我會在你身邊。」

於是，我們結婚了。那可能是我這輩子犯下最大的錯誤。

我現在很難回想起以前和她對話的內容，因為我以前根本聽不進去她說什麼。當時我究竟出了什麼問題？

那時有一群自命不凡的男人和女人，他們讓彼此覺得自己真的很了不起。一九八〇年代末期我成名時，在矽谷親眼目睹、也感受到性愛和權力的巨大破壞力。矽谷的巨頭明爭暗鬥，鉤心鬥角。年輕的女子花數小時的時間，把自己打扮得花枝招展，以便貼近那些有權有勢的男人，把他們迷得神魂顛倒，以換取一些零碎的利益。

後來我認識了幾位擅長玩這種遊戲的女人，但這次我是跟她們當朋友，而不是對手。她們往往能力過人，擅長打理自己。即便如此，她們

7　《連線》重塑了早期電算文獻的形態：一半是電腦高手的系統思維，帶著烏托邦式的感性，也意識到現在是由電腦高手主宰世界。但我更喜歡另一半，另一半是一種個人視角的迷幻狂歡。《連線》剛創刊的那幾年，我以特約編輯的身分出現在雜誌的版權頁上。

有時也難免陷入那些老套的漩渦中，無法自拔。例如，我認識一位聰明女子，她巴著一個類似川普那樣的富豪好一陣子，她說：「他給我安全感，我感覺他會保護我。」但那個男人對她很糟，後來狠狠把她甩了。

但這本書是在講我的人生。一九八〇年代的後期，我確實因為春風得意而開始驕傲自滿，那些痛苦都是我自找的。

愛情和自命不凡的感覺結合在一起，會形成一股非常強大的力量，大到足以扭曲現實，甚至改變你周遭那些人的觀感。就像賈伯斯著名的「現實扭曲力場」（reality distortion field）那樣。

確切地說，那不是「欲望」，而是更強大的東西：一種深層的人類活動，歷史悠久，就像發現一種隱藏的性器官，讓你和歷史上的偉人交流，並進入他們那個不朽的圈子。內在邪惡的虛榮心凝聚成一個誘人的怪物，把你包圍住，並吟誦著：「偉大的科學家和征服者，那些我們記得的偉人啊，你將會加入他們的行列。」

那段歲月實在太愚蠢了，我幾乎無法再談下去。但我希望在此指出那個巨大的陷阱，以便幫其他人破除那個「魔咒」。我也很想知道，當時有什麼力量可以幫我破除魔咒。

我跟那個女人一起住在那棟木屋裡一段時間。她和《Mondo 2000》的一位主編昆茵·穆（Queen Mu）大吵了一架。穆占用了冰箱的大部分空間，我前妻說穆擺在冰箱的東西都是狼蛛的毒液樣本。我不記得那種東西對人會產生什麼作用，我前妻說：「如果今天換成是女人主宰世界的話，世上的戰爭會少很多，但下毒會多很多。」

後來我們搬到附近一座有花環裝飾的仿希臘神廟建築，外觀氣派恢弘，那是伊莎朵拉·鄧肯（Isadora Duncan）[8]的圈子建造的。那段歲月就像是住在梅斯菲爾德·帕里什（Maxfield Parrish）[9]的畫中。那裡彷彿是一個匯集了五花八門新奇事物的慶典。後來，我們也短暫住過一棟可以俯瞰舊金山的誇張豪宅，那裡就像電影場景一樣，是一個象徵身分地

8　伊莎朵拉·鄧肯是現代舞的早期名人，也以崇尚自由精神及奔放不羈著稱，她來自舊金山地區。
9　頗具影響力的美國畫家，以描繪最夢幻的場景著稱。

位的聖地。

她想結婚，但她談起婚姻時，彷彿把結婚視為一個大獎，是達陣得分、同花大順。如今回顧過往，我不是把她視為敵人，只覺得她更像一個陷入深淵的受害者，陷入一個由創傷及傳統挖掘出來的深淵。她有一種誇張的拜金女性格，像電影中刻畫的典型角色。我想，我身上本來就有一個愚蠢虛榮的「怪物」，而她就像一面鏡子，反射出那個怪物的影像。某天，她內在的「惡魔」把我內在的「惡魔」拖去公證結婚。那表面上看起來可能很幸福，我甚至在儀式上喜極而泣了。我和她與那些不屬於我們的可怕虛假欲望奮戰時，輸得一敗塗地。

那段婚姻完全一無是處嗎？不盡然。

除了欲望以外，我們之間還是有熱戀，那可能是由自戀、野心、不存在的童年幻影所構成的。生活變得非常緊湊，色彩飽和，香氣逼人。如今我對那些感覺的記憶好像理論一樣，感覺像是為美好的奇特事物，預留了一個永遠回不去的位置。

關於那段奇怪又短命的第一段婚姻，最特別的是，我經歷了一段自毀式的迷戀，但並未真正受到對方的吸引，感覺那是一種很純粹的形式。套用理工宅男的說法，我感受到愛情的爆發力，彷彿那是一種運算，是塑造我們及創造生命未來的基因工程。熱戀也許像水氣一般瞬間消散，但熱戀消散後，依然有東西存在：一種放大版的生命糾葛，延續了數十億年。你在那個恢弘的結構中，只是一株小芽，或只是孕育下一株小芽的護根成分。

但每株小芽確實稍稍推進了長達數十億年的群花綻放時期。愛情可能讓人變成無能的傻瓜，但談戀愛也是一種創造，我們是宇宙的藝術家，我有那樣的感覺。也許那段可怕的經歷是值得的。

暗黑血統

一九八〇年代，出現一個與 VR 有關的新文學形式：賽博龐克。我覺得賽博龐克是延續小說家福斯特（E. M. Forster）的《機器休止》（*The*

Machine Stops），描述暗黑的東西，通常是警世故事。

賽博龐克裡的角色通常會操弄及欺騙彼此，或陷入與人類存亡有關的問題中。弗諾・文奇（Vernor Vinge）寫了一本小說，名叫《真名實姓》（*True Names*）。不久，威廉・吉布森推出《神經喚術士》（*Neuromancer*）。

我很喜歡《神經喚術士》，但我有個可笑的想法，覺得我應該為賽博龐克運動增添色彩。要想重現我和比爾[10]當時的對話，可能會搞得一團混亂，但，姑且看看吧：

我說：「這招應該可以趕走大家，但結果反而更吸引他們。」比爾很願意談論賽博龐克。他講起話來依然像來自田納西州，但後來他移居加拿大，口音才少了一點。

「傑容，書本不是電腦運算出來的，而是創作。小時候我讀《裸體午餐》（*Naked Lunch*）時，大為震撼。現在，我試著想像孩子讀《神經喚術士》時也大為震撼。」

「《神經喚術士》絕對會震撼小時候的你，那是毋庸置疑的。但你難道不能描寫一個比較正面的未來嗎？寫一個大家渴望的未來？畢竟你想讓這一切變得更有吸引力，但實際卻讓人大失所望。」

「我可以試試看，傑容，但我現在只能想出這些。」

「我只是擔心，科幻小說每次都把電腦寫得那麼暗黑，卻似乎永遠也沒有警示效果。大家只覺得那些暗黑的東西很酷，每個人都很愛。」

「修復人性不是我的職責，你倒是可以試試看，畢竟你確實是在開發東西。」

「哦，不了，謝謝。」

「如果我能重新來過，可能會試試看吧。我會去開家 VR 新創公司，而不是寫小說。」

「歡迎你加入，你可以來我們公司上班。」

「呃⋯⋯」

10〔編註〕此處的比爾即威廉・吉布森——比爾（Bill）是威廉（William）這個名字的暱稱。

當時，我完全不知道寫一本還可以的書有多難，更何況是寫一本出色的著作。我真希望當時我不要自作聰明去煩比爾。

後來出現其他優秀的賽博龐克作家。布魯斯·斯特林（Bruce Sterling）像是有德州口音的年輕版海明威。尼爾·史蒂芬森則像理性的學者。

你仔細閱讀的話，會在早期的賽博龐克小說的片段發現我的蹤影，例如我的頭飄過之類的。

美化的鏡子

賽博龐克出現後，有關 VR 的虛構故事大多帶有暗黑風格，例如《駭客任務》系列、《全面啟動》（Inception）等。然而，在此同時，科技新聞卻普遍相當正面。

VR 吸引了一群新一代的記者，例如史蒂芬·李維（Steven Levy）、霍華德·瑞格德（Howard Rheingold）、盧克·桑特（Luc Sante），以及《Mondo 2000》的肯·戈夫曼（Ken Goffman，又名 R. U. 天狼星〔R. U. Sirius〕[11]）。這裡我會特別提到兩位特別有影響力的記者，也是跟我私交甚篤的朋友：凱文·凱利和約翰·佩里·巴洛。

說到意見與我完全相左卻值得信賴的朋友，凱文就是很好的例子。我剛認識他時，他為史都華·布蘭德收掉《全球概覽》後所參與發行的相關刊物，從事編輯及撰稿工作。後來，他成為《連線》雜誌的第一位總編。

凱文認為，我們覺得存在軟體內的東西是確實存在的，但我不這麼想。他相信 AI，也相信「心智圈」不僅存在，而且隨著電腦連上網路，現在的「心智圈」可能也獲得了某種自主權，我也不認同這種觀點。他認為科技是一種想要其他東西的超級本體。他也覺得那個超級本體是良

11 〔譯註〕音同「Are you serious?」。

善的。我很樂於推薦他的著作《科技想要什麼》（*What Technology Wants*），必須說我雖不認同，但該書是其理念的最佳說明。

凱文認為我們的想法都是剛剛出現的，例如三分鐘前才出現的。我們不該把關於電算的想法神聖化。他很有幽默感，而且心胸開闊。

約翰·佩里·巴洛說他清楚記得他是在某場駭客聚會上認識我的，但我可以證明當時我不在場。這實在很詭異，因為他應該是對一切事物都記得很清楚的人，而我才應該是那個過得渾渾噩噩的人。

我和巴洛很快就熟了起來，我們有許多共通點。他曾在懷俄明州經營牧場，跟我一樣覺得光鮮亮麗的城市生活很假仙做作。我們都喜歡閱讀和寫作，這在科技圈其實很罕見。巴洛曾在音樂圈工作，所以我們在音樂圈也有共同的朋友。

他曾為死之華樂團作詞，那個年代，死之華可不是普通的樂團，而是天團，為歌迷塑造了一種生活方式，所以當時巴洛備受推崇。

我們有不同的社交方式。巴洛好像一直活在鏡頭前，永遠是大家簇擁的焦點，每次發言都令人難忘。他對女人很有一套，總是想著如何討女人歡心。[12]

我不參加巴洛的活動，只和他單獨見面，或是找其他一兩位真正的朋友一起聚一聚，沒有其他的奉承者在場。有了這樣的基本原則以後，巴洛和我愈來愈親近，我也愈來愈喜歡他。

巴洛起初以「剛左報導」（Gonzo Journalism）[13] 的主觀風格來報導VR，十分好玩。後來，他與那些相信數位烏托邦的理想家愈來愈有共鳴。

那樣的發展讓我感到棘手，難以接受。

《神經喚術士》把虛擬實境稱為「賽博空間」（cyberspace）。別

---

12 這不是我的評斷，是巴洛對自己的形容：http://www.nerve.com/video/shameless。

13 〔編註〕「剛左報導」（Gonzo Journalism）指的是記者往往直接涉入事件的進行，字裡行間充斥著記者個人的主觀感受，挑戰了正統新聞所秉持的客觀與中立性。此書寫方式的興起與一九六〇年代迷幻搖滾的風行不謀而合：記者往往處於吸食迷幻藥與酒醉的狀態，在擺脫社會體制的束縛後，反而更能呈現出真實赤裸的社會面貌。

忘了，當時大家喜歡使用自己發明的術語。

巴洛把吉布森的用語加以改造，把「賽博空間」拿來代表他所想的位元現實。[14]

後來，在一九九〇年代中期，巴洛為「賽博空間」寫了「獨立宣言」，認為「賽博空間」是美國新西部，但它是無限的，永遠不受政府管轄，是自由主義者的天堂。

我曾經認為巴洛對「賽博空間」的重新定義是錯的，但他的看法究竟是對是錯，並不值得爭論，因為這個世界上有足夠的空間可以容納各種想法。我不想重演使馬克思主義者顯得可笑的「分裂主義」思想。但巴洛擅長宣揚理念，後來他迫使我不得不選邊站。

14　〔編註〕前綴詞「cyber-」自此也有與網路有關之意，故「cyberspace」在不同語境下亦有「網際空間」等譯法。本書中為求與「賽博龐克」呼應，並為表現所指為同一詞彙，一律譯作「賽博空間」。

19 我們如何播下未來的種子

虛擬權利，但不含虛擬經濟權利

一九九〇年，我受邀去舊金山教會區的一家墨西哥餐廳吃午餐，討論是否該創立一個新組織來爭取網路權利。我和 VPL 的首席駭客查克一同出席，現場還有米奇·卡普爾（Mitch Kapor）、約翰·吉爾摩（John Gilmore）和巴洛，後來他們三人持續投入，創立了電子前哨基金會（Electronic Frontier Foundation，簡稱 EFF）。

我沒有參與。（查克忙著寫程式，無暇管我們。）

當時我沒有解釋為什麼不參與，也沒有準備好向那群好友說明我的疑慮。我支持 EFF 主張的多數論點，但不認同 EFF 的根本理念。

EFF 主張「隱私權」，例如使用安全加密的權利，但不阻止他人在取得私人資訊後進行複製。

早期的例子是音樂。在他們主張的烏托邦中，以前需要付費才能合法複製的音樂，將會變成可以「免費」複製。

我認為，資訊空間中需要制訂一種私有財產的新形式，才有可能保有隱私。那正是私人財產的**意義所在**。

一個人要有私人空間，才算一個人。如果擁有最強大網路電腦的人可以把你分享的一切東西商品化，你註定會變成遭到監控的資訊奴隸。

宣傳不含經濟權的抽象權利，只不過是對那些遭到漠視的人開一個殘酷的玩笑罷了。

我當時主張，把音樂變成「免費」以後，當我們終於達到全面自動化時，會導致**沒有人**能靠音樂謀生。如果資訊是唯一剩下的價值（一旦大家覺得機器人可以一手包辦所有事情），而且資訊又是「免費的」，從經濟的角度來看，一般人將變得一無是處。

當然，說「機器人會做事」是騙人的，因為機器人無法自己做任何事情，甚至無法脫離人類而存在。我對機器人和 AI 的看法，跟我的故事息息相關，所以我將以兩種不同的方式來傳達我的觀點。本章稍後，我會回顧以前我對這個議題的主張。至於我目前的想法，請參閱附錄三。

這裡的重點是：一九九〇年左右，數位理想主義轉往荒謬的方向發展。我們開始以「位元」為基礎來建構數位系統，而不是以「人」為基礎。然而，位元仍需要靠人的行動才有意義。

主宰世界的捷徑

一九九〇年初期，出現名為「全球資訊網」（World Wide Web，簡稱 WWW）的網路架構，並迅速發展開來。在數位網路中，當一個設計迅速竄起時，通常會繼續領先。即使當時的 WWW 只是微小的新興架構，但我們很快就發現，它會把所有人都涵蓋其中。

部分原因在於它降低了加入門檻，至少我是這樣看的。WWW 在網路設計中加入了一點小變化，使它成為發揮「賽博空間」思維的完美載體。

早期的網路資訊設計要求保留來源記錄。網路上讀取的任何資訊都可以追溯其源頭。如果網上某件事與另一件事之間有連結，那連結是雙向的。例如，如果一個人可以下載某個檔案，檔案擁有者會得知誰正在

下載。[1] 因此，下載的所有內容都有脈絡，藝術家可以獲得報酬，詐欺犯也無所遁形。

以前的設計是以「人」為基礎，而不是以「資料」為基礎。沒有必要複製資訊，因為我們隨時可以溯及源頭，與握有源頭的那個人互動。事實上，當時大家覺得複製有礙效率。

提姆·伯納斯－李（Tim Berners-Lee）選擇讓 WWW 採用不同的方法。那種方法在短期內比較容易獲得採用，但長期看來，我們為此付出了很大的代價。一個人只要連上網路就能取得資訊，那個連結是單向的。沒有人知道資訊是否被複製了，藝術家得不到報酬，脈絡消失了，詐欺犯得以隱於無形。

提姆的作法讓人可以輕易進入網路世界。任何人都可以拼湊別人的資料，馬上在網路上發布，幾乎不需要負擔任何管理或維修成本，也不必對他人負責。

套用當代的用語，WWW 像病毒一樣擴散開來。當時我們不是用這樣的詞彙談論。在那個年代，「病毒」和「破壞性」聽起來仍是負面、有害的，我們尚未催眠自己做這種「莫比烏斯－歐威爾式」（Möbius-Orwellian）的科技詭辯。如今我們可以精確地描述我們正在做的事情，

---

1 當時，許多駭客之所以支持單向連結，是基於隱私考量。他們的質疑是：如果能夠追蹤到誰獲得什麼消息，那不是很糟嗎？那不是會促成「監控社會」嗎？當時我提出的反駁是，如果匿名複製導致資訊變得毫無價值，隨著科技日益受到資訊影響，多數人將會處於不利的地位，因為他們的貢獻不會受到肯定。那將導致所有的權力和財富都集中在擁有最強大網路電腦的人手中，而那些擁有強大電腦的人依然可以追蹤任何地方的任何人，因為他們最終將控制網路。

我討厭自己當時不得不那樣想，我也討厭看到目前的情況似乎應驗了我當時的看法。

單向連結只會以一種微妙的方式破壞資本主義。回想一下聖塔克魯茲那些性格油滑／有魅力的雅痞，他們靠阻止其他人取得資訊來賺錢。我喜歡市場和資本主義，因為它們可以避免愛爾蘭作家王爾德（Oscar Wilde, 1854-1900）發現的嚴重問題（太多會議），又不必屈服於獨裁者。但是每個人握有的資訊都與其他人不同時，市場才有效力。那種資訊差異是讓不同參與者在市場上享有不同機會的關鍵。如果某些強大的電腦可以比一般人使用的電腦累積更多一般人的資訊，擁有那些強大電腦的人會開始累積極大的財富和權力。如今我們已經在優步（Uber）之類的公司看到這個效應。勞工階級的工作變得不太安穩，而那些掌控著監控電腦的少數人變得非常富有。從整體大局來看，WWW 從過去到現在一直是非常反市場的，但它為那些擁有最強大電腦的人創造出巨大的機會。我在《誰掌控未來》一書中更完整地表達了這個觀點。

卻又假裝這是嘲諷，以追求自我感覺良好。也許我們可以稱之為「非歐威爾式」（Notwellian）？

我還記得多年前在全錄 PARC 和他們的員工及泰德·尼爾森一起瀏覽世界上最早出現的網頁。「竟然有人推出只有單向連結的設計，實在是不可思議。」當時大家對其如此評價，覺得那是偷工減料。然而，新興的 WWW 上確實有活動，而且比其他的地方還多。

我們這群科技人集體默許了那樣的發展，我們默然接受那個「忽略反向連結」的決定，使網路變得神祕。也許我們擔心，可知的網路配不上我們創造驚奇的能力，就像很久以前的人所說的那樣，所以我們選擇了含糊、不可知的網路。

但是沒有雙向連結，就無法全面瞭解什麼連向什麼，於是，整個人造網路有了無法追蹤的特質，彷彿荒野一般。「新西部」再次重現了！但這次是人為造成的。

一開始我們使用 WWW 時會有內疚感。對於從小就在網路世界中成長的年輕人來說，可能很難理解那種感覺。

多年後，Google 和 Facebook 之類的公司藉由提供部分配對的服務，賺取數百億美金的收入，但那些配對連結其實是 WWW 一開始就應該提供的東西。

我這樣講絕對不是在批評提姆·伯納斯─李。我依然很欣賞及敬重他，他當初沒有統治世界的打算，只是想支持實驗室裡的物理學家而已。

儘管我們感到內疚，網路的崛起也令我們驚歎。我以前會在演講中讚歎網路的美好，因為這是有史以來第一次，數百萬人不是因為脅迫、獲利或任何影響，而是因為專案本身有意義而共同合作。不過，如今回想起來，過度虛榮曾是大家上網的動機，現在仍是。即便如此，那仍是支持人類樂觀主義的非凡時刻！如果可以憑空為 WWW 增添東西，也許我們就可以解決人類的其他大問題。

我現在依然覺得 WWW 是個奇蹟，但它的發展基礎是空虛的。長期而論，我們付出的代價太高了。

微重力

網路普及之初，有一個爭論：該讓網路數位體驗看起來很隨性、輕鬆無負擔？還是看起來很嚴肅、有成本和後果的？例如，艾絲特·戴森（Esther Dyson）和馬文·閔斯基等早期的網路名人主張，發送電郵應該收取些許郵資。當大家必須為電子郵件付費時，即使費用不到一毛錢，大型的垃圾郵件發送者也會比較收斂。在此同時，大家也會重視電子郵件的價值，那是成本驚人的人類一大發明。

後來反對者贏了那場爭論。他們主張，即使郵資微乎其微，對窮到連銀行帳戶都沒有的人來說，那也是不利的限制。這個說法確實有理，但除此之外，當時大家普遍想在網路上營造出輕鬆的幻覺。

為了營造輕鬆的狀態，網路零售商不需要支付和實體店面相同的營業稅；雲端公司也不必負責監督他們的事業是否助長了盜版侵權或偽造。「問責」在大家眼中變成了負擔或阻力，因為那需要花錢，有損輕鬆的性質，讓一切多了點重量。

在此同時，網路的設計盡可能簡化，以便創業者進行實驗。網路成為一種原始資源，不需要提供一致的個人身分線索，沒有交易方法，也無法知道每個人宣稱的身分是否屬實。以上這些必要的功能，最終將由Facebook之類的私營企業提供。

結果，在後續的數十年間，大家不計代價、甚至犧牲了謹慎和品質，瘋狂地累積用戶。二十一世紀初，矽谷有一句口號改編自鮑比·麥克菲林（Bobby McFerrin）的著名歌曲〈別擔心，開心點〉（Don't Worry, Be Happy）：鼓吹「別擔心，隨便點」（Don't worry, be crappy!）。[2]

於是，我們最後得到一個未知、即興的網路。在本書描述的時期，我們把生活變得更輕鬆。但多年後，整個世界為此付出了沉重的代價。

一方面，我們不信任網路。[3] 每家科技公司和服務供應商都活在自

2　http://guykawasaki.com/the_art_of_inno/
3　美國總統川普建議人民不要依賴網路：「如果你有非常重要的內容，你應該把它寫下來，請快

己的世界裡，那些世界之間的凌亂裂縫使駭客有機可趁。

電算本身並沒有草率或不嚴謹的問題。例如，銀行之間的線上交易系統很可靠；沒有人曾駭入或洩露 Google、Facebook 等公司的關鍵演算法。但我們偏偏自己選擇了不嚴謹的網路。

把「看不見的手」變成虛擬化身的「看得見的手」就能改善

大家之所以嚮往輕鬆的網路，是因為想用數位網路來立刻解決一個始終無解的問題。以前真正自由的個體之間若要合作，必須注意一些囉唆枯燥的細節。網路的出現，終於讓大家可以自由地相連。大家的夢想是推出一種不受政治干擾的民主形式，自由不再受到他人權利的影響，那是一種沒有危險的無政府狀態。達到那個境界的唯一方法，是讓人變得不那麼真實。

許多數位思想家把他們最初接觸 VR 的強烈體驗加以內化，導致了資訊時代的大混亂，對此我感到驚訝，也覺得悲傷。巴洛就是其一，他從對 VR 癡迷，轉而促成他所謂的「資訊時代」理想社會，我覺得他的構想很可怕。

我們之間的觀點歧異，也許是因為背景不同：我曾經營小農場，他經營的是大牧場。他覺得圍欄是敵人，但我覺得圍欄是朋友。

賽博空間式的思維認為，網路中的位元是你漫遊的地方。你不需要幫忙，也不必承擔責任，你可以自由漫遊，可以自由摘取土地上的果實，獲得免費的內容和服務。

那是牛仔的想法，也反映在 EFF 名稱中的 F（frontier，意指「前哨」）裡，尤其巴洛知名的「賽博空間獨立宣言」更明顯反映了這點。[4]

遞傳送，採用老方法。」以前有過這種事情嗎？當汽車業成為一國經濟發展的前導燈時，有哪個總統曾勸公民不要使用汽車？（http://www.cnn.com/2016/12/29/politics/donald-trump-computers-internet-email/index.html）。

4 https://www.eff.org/cyberspace-independence

至少，這是確實有利駭客的模式。真正的西部（不是電影中的那種）對騎馬者或槍手來說，並不是那麼容易生存的地方。不過，最終的受益者還是那些擁有大型雲端運算電腦的人，就像真正的西部是由擁有鐵路和礦場的人主宰一樣。

巴洛還算是溫和的！有些駭客想要更極端的「駭客至上」版本，對他的主張多所怨言。

在 WWW 出現以前，有一個類似電子布告欄的服務無處不在，名叫 Usenet，是一九八〇年左右出現的，**遠比**網際網路出現得還早，[5] 所以一九八七年左右，它已經是一個有點過時的組織了。當時有一群人，包括後來共同創立 EFF 的約翰·吉爾摩，重組了 Usenet，以支援「使用者自創議題」的混亂大爆發。那個無政府狀態的新世界名叫「alt. hierarchy」（另類階層）。[6]

出乎意料的是，裡面有很多色情內容，但另一件事情也發生了。這個另類宇宙上的交流開始走向極端，不只應受到譴責的人（例如戀童癖者）找到聚集的論壇。

連理性的人也因上網體驗而產生了變化，而且是變得更糟。我認識的一些駭客起初只是喜歡搞一些無傷大雅的惡作劇，但是在網上，他們陷入一種互相強化的模式，強化了彼此的怪異和瘋狂，放大了陰謀論，霸凌意見相左者。當年那只是一種邊緣現象，但數十年後，已經把全世界變得亂七八糟。

我要澄清一點，「alt. hierarchy」絕大部分的內容很好，我曾在上面談一些奇怪的樂器，但少數那些令人討厭的部分特別顯眼，也無可避免。垃圾郵件應運而生，酸民出現，囂張橫行。

這個新媒體突顯出極少數人最黑暗的一面，偏偏那極少數人又變得

5　網際網路出現以前，就已經有網絡連結，但那些連結都是分散的。網際網路是網絡互通的政治實現。

6　它之所以稱為「階層」，是因為它是以樹狀圖來區分話題。例如，樹上有一片葉子叫 alt.arts. poetry.comments（藝術詩歌評論），另一片葉子叫 alt.tv.simpsons（電視辛普森）。截至二〇一七年，alt. hierarchy 仍有約兩萬個這類團體活躍其上。

顯而易見。我們突然間有了銜接人類的新全球橋梁網，但即使酸民只潛伏在少數幾座橋下，還是會改變你行經每座橋的方式。

政治討論小組開始凝聚成形，愈討論愈激進，逐漸走火入魔。不管那些想法是出自左派或右派，他們只愛尖酸刻薄的偽科學詮釋，貶抑圈外人。他們無所不用其極地攻擊特定對象，通常只是因為受害者的性別或種族。

（關於那個退化社會的小模型如何爆發成主流政治和社會，請見附錄三。）

我常回想起以前那段歲月。以前有一個有關審查制度的主張，蓋過了其他改善網路世界的論點。那是以一種「全有或全無」的兩極化分法來論述。約翰‧吉爾摩曾提過一個有名的論點：網路認為審查有害，因此繞過審查。

但肯定還有其他值得考慮的論點，是不需要屈就審查的。例如，要是每次發文都得支付一點點錢，那點小錢還是可以賦予早期的網路一點莊重性，讓使用者有點切身感，讓網路更成熟，而不是發文無關痛癢。或許可以改變網路上的道德氛圍。

我真的很喜歡巴洛、米奇、約翰。我們會找到方法，一起度過這些動盪的歲月。

事實上，後來菲力普‧羅斯代爾（Philip Rosedale）創立了「第二人生」（Second Life）公司，我和巴洛、米奇都參與了（米奇投入得比我們多）。「第二人生」指出了前進的方向。

有些人可能沒看過「第二人生」，那是螢幕上的虛擬世界，裡面的虛擬化身是為 PC 或 Mac 設計的（在智慧型手機出現以前，那很特別）。在「第二人生」中，使用者可以創造、購買、出售虛擬物品，例如虛擬化身的設計、虛擬房屋使用的虛擬家具等等，所以那個世界裡也有一整個經濟跟著成長。

我不是要說那個設計多完美，但裡面有許多人買賣東西。這種模式為什麼沒發生在社群媒體上？難道添加一點「重力」，讓大家投入一點資金，產生切身感，就會削弱網路的效用嗎？

前面討論「Kinect 祕技」時，曾經提過一個現象，「第二人生」也是那種現象的實例：以 3D 圖形和虛擬化身打造的虛擬世界，促成了重視個人價值的經濟實驗。電腦內部的資料不再那麼抽象，使我們更容易看穿細節。

在此同時，社群媒體之類的「賽博空間」則是促成了雙層方案：一般人在裡面以物易物，媒體的擁有者則是從所謂的廣告商獲得鉅額的報酬。[7] 那種模式以史上最快的速度，創造出史上最大的財富，使貧富差距的危機更加嚴重，導致許多已開發國家的經濟失衡。

誠如我之前談 Kinect 資料所說的，相較於只把 VR 當成比喻，體驗 VR 資料通常可以幫我們以更健康的方式接觸資訊時代。「虛擬」（virtual）比虛擬化的「虛擬」（virtual virtual）更好。

第四十五個 VR 定義：一種可望推動數位經濟成為人本、體驗式的數位科技，它並未忽略「真人」才是價值的來源。

目前矽谷仍過度相信「位元」。有很多人認真地討論在 VR 中為普通人，也就是一般消費者提供虛擬的永生。雷‧庫茲威爾（Ray Kurzweil）宣傳這樣的想法。在此同時，一些矽谷大老也投資一些瘋狂的計畫，以為他們自己追求實體、生物性的長生不老。

宗教的誕生

過度相信「位元」的最糟實例是 AI。AI 的熱門話題是在本書描述的那段期間出現的。我和朋友曾因此辯論了好幾次。

以前大家講起 AI，**彷彿**那是一門宗教。我曾經因此嘲笑過 AI，但

---

7 「廣告」一詞不能精準代表多數的線上廣告。你可以從附錄三瞭解為什麼我這樣想。

後來大家已經過了那麼門檻。現在，那些希望 AI 能帶來不朽、重整分裂、或自動解決人類所有的問題的人，把 AI 視為一種善念，認為 AI 將以無限的智慧主宰所有的人。見證一個宗教的誕生，實在是個很奇妙的體驗。[8]

因為我見證了 AI 的誕生，我知道 AI 原本只是單純的思想小實驗，後來變成充滿說服力的募資故事，最後爆發成一種荒誕的信念體系，反而使它的進步變得沒那麼實用。[9] 不過，在此同時，由於大家對 AI 的信念變得更真誠，我不得不把我的討論切換成宗教自由和寬容的模式。

不過，宗教寬容必須是雙向的。我認為「位元」得經過人的解讀才有意義，我希望至少能夠根據那樣的前提，去探索未來社會的實現。但有些 AI 信徒已經變成狂熱分子，甚至無法接受其他觀點的存在，更談不上包容其他的想法。

咱們再回到一九九〇年左右的小湘菜館。

一個硬體工程師一邊吃著餃子，一邊說：「好吧，傑容，我認同你對 AI 的看法。AI 真的把我嚇死了，我連作夢都會夢到電腦突然進化，還會吃人，把我們殲滅。我實在不相信 AI 會喜歡我們或把我們當成寵物的論點。」[10]

「天啊，你的說法根本**不是**認同我的觀點吧。畏懼 AI 比喜歡 AI 更糟。你害怕 AI 時，那表示你最相信 AI。你讓大家害怕魔鬼時，那不僅是對宗教最有利的宣傳，可能也是導致宗教欠缺包容的最大助力。當大家感到畏懼時，思想也變得狹隘。」

8　這使我重新思考了古代一些宗教是如何誕生的。第二代的信徒總是比第一代信徒更僵化嗎？
9　就像早期組織人類事務的極端方法，反而導致那些想法變得不太實用。例如，市場是有用的，但極端的自由主義者認為市場應該是人類事務的**唯一**組織原則，或不受監管的市場通常會朝「完全市場」發展──這種觀點也阻礙了市場的作用。同樣的，民主是有用的，但是認為任何小決策都應該盡可能透過民主程序來決定，那也削弱了民主的作用。至於宗教方面，我就不想再多講了。
10　史蒂芬·霍金（Stephen Hawking）和伊隆·馬斯克（Elon Musk）是目前代表這種恐懼的主要公眾人物。

「惡魔不是真的，但電腦是真的。」

　「如果 AI 只是我們在自己設置的位元中看到的幻象呢？如果那只是
迴避人類責任的方法呢？」

「這個問題已經爭論數十年了。當我們無法區分人類和 AI 時，AI 就是
真的。圖靈測試就是這樣。」

　另一個剛剛一直忙著吃麵的大鬍子駭客開口說道：「他已經有答案
了。」

　「是啊，我有答案了。你認為人類是定量的，只會坐等 AI 趕上我們，
然後超越我們。但要是人們是動態的，而且比電腦動得更快呢？或
者要是你身邊有電腦時，你也會跟著改變呢？會不會你讓自己變蠢，
只為了讓電腦看起來很聰明呢？」

「那永遠不會發生。」

　　現在這個時空的傑容必須在這裡打岔（以縮排兩格的方式），[11]
　　並以最近的故事來捍衛過去的自己。其實這已經發生了！現在
　　電算支配著我們的生活，這些年來我們一直使自己變蠢，好讓
　　電腦看起來更聰明。
　　　想想 Netflix。
　　　Netflix 宣稱它的聰明演算法可以瞭解你，然後為你推薦電影。
　　甚至還懸賞一百萬美元的獎金，以獎勵大家提出讓它的演算法
　　變得更聰明的點子。
　　　不過，Netflix 的問題在於它沒有提供完整的電影選單，尤其

11 希望縮排不會使我的想法顯得太邊緣化。

是最近的熱門電影。你突然想看某部電影，串流上還不見得有。那個推薦引擎就像是魔術師用來誤導觀眾的把戲，讓你忘了Netflix 上面沒有提供所有的影片。

所以，究竟是演算法聰明，還是我們把自己變得又瞎又蠢，好讓演算法看起來很聰明呢？不過，Netflix 做的事情還是值得稱許，因為 Netflix 的重點在於提供你戲劇性的幻覺。Bravo！

（順道一題，過去數十年，大家針對版權提出自以為是的冷嘲熱諷，主張藝術和娛樂應該「免費」釋出，讓大家自由取用。但你看現在 Netflix 和 HBO 等公司有辦法讓大家付費訂閱優良的電視節目。突然間，我們身處在所謂「電視巔峰」〔Peak TV〕[12] 的復興時代。）

其他各種類似 Netflix 演算法的誤導行為，為你推薦了朋友、戀人、消費、可疑的詐騙。網路上似乎有許多選擇，多到我們無法自行評估。人生苦短，於是你收起了疑慮，放膽相信了那些演算法。傻瓜就這樣誕生了。

這時，一個隨和但悲觀的數學家慢慢喝著餛飩湯，一邊說道：「傑容，你講 VR 的方式，好像 VR 正好和 AI 相反，但它們不是會融合嗎？我的意思是，根據摩爾定律，我們應該可以算出到了哪一年，VR 性愛會比真實性愛更爽。演算法會瞭解你，自動為你設計出終極的伴侶。我做過初步的計算，我認為那會在二〇二五年。」

這個想法後來被稱為「性愛奇點」（sexual singularity），[13] 你可以花一整天的時間去分析那個概念，我姑且把這個概念留給讀者當練習吧。這裡，我只寫出當時我對這種說法的典型回應：

---

12 〔譯註〕「電視巔峰」（Peak TV）意指電視節目多到令人目不暇給。
13 性愛奇點是個假設性的未來時刻，達到那一刻以後，VR 性愛將會比真實的性愛更有魅力。根據這個典型的構想，女性將會失去對男性的掌控力。

「你的想法本末倒置了。重點不是演算法可以為你做什麼，而是你能不能拓展你的心智。最終而言，那是電腦可以幫我們做的。你為什麼不把性愛想成你可以自己做得更好的事情？這樣一來，你不僅僅是和另一個人接觸，你也是活躍的、成長的、變化的，而不是陷在演算法的迴圈中。如果一個裝置為你計算出完美的性愛體驗，那表示你在施金納箱中獲得了完美的訓練。別讓自己淪落成實驗室的白老鼠！」

每次有人告訴我，有朝一日 AI 演算法會譜出完美的音樂、寫出完美的書籍，或執導出完美的電影時，我的回應也類似上面那樣，那樣是本末倒置。

「但要是人類就是喜歡 AI 呢？你的看法感覺自己高人一等，但要是有人就是喜歡自動設計的虛擬性愛伴侶，以及演算法幫他們創作出的完美書籍和音樂呢？你根本是以你的標準來評斷別人！我們都有權擁有自己的品味。」

「我們一心想成為優秀的工程師，對吧？我的意思是，當我們把機器當成人時，我們自己把反饋迴路搞砸了，那個反饋迴路本來可以讓我們變成更好的工程師。」

「你把簡單的問題搞得很複雜。」

「不，你想想。當你讓一個人相信人格，相信另一個人真的是人時，就會產生順從。你不能重新設計人，那樣太法西斯了。你要讓人自行改造自己，即使他們真的很煩。他們通常是那樣，但那也是我們喜歡人性的原因，不是嗎？開放的不可預測性、多元性。如果你決定把電腦當成人，你也對電腦產生同樣的順從。那表示你失去了主導電腦設計決策的根基，你再也無法讓它們變得更好。」

「或許我們需要做的是，別那麼神經質，接受『我們需要重新設計人類』
這樣的觀點。」

　　「天啊，不是。」

「如果你不同意人類需要重新設計，那怎麼可能建立『心智圈』，至少
要稍微改造一下人類！」

　　「我不覺得我們必須盡快建立心智圈。《星艦迷航記》的『最高指
　　導原則』（Prime Directive）有錯嗎？[14] 讓文明自己出現，沒有設計
　　師由上而下做設計，如此一來就能獲得深度和多元性，急什麼呢？」

「那聽起來好像，我們是決定如何處理地球事務的高級外星人。」同桌
有人低聲贊同。也許我們確實是啊。
　　一個身形消瘦的傢伙正慢條斯理地挑著魚刺，他覺得改變話題的時
候到了：「你只能說 AI 不是真實的，因為它**尚未**成真。等到它開始運
作時，證據會多到滿坑滿谷。」
　　大鬍子駭客一邊把麵條吸到嘴裡，一邊說：「小心點，你等下就要
招架傑容的『言之過早除魅論』了。」

　　「我想你們已經聽膩了我剛剛的觀點，我們難道不能達成共識：未
　　來發展會讓所有人感到訝異，不管是誰都不該斬釘截鐵地聲稱自己
　　知道未來會發生什麼？」

「這是不證自明的公理。摩爾定律告訴我們，未來的電腦會比現在強大
數百萬倍，而且不斷以這種速度一再地進化。它們會超越我們的大腦，

---

14 在《星艦迷航記》的虛構宇宙中，著名的最高指導原則是：不要干預技術落後星球的事務。

它們會覺得自己理當享有權利，也會要求權利。」

「你那樣講，只是逼我用同理圈理論再次反擊你而已。如果你把同理圈放得太大，對太多的事情發揮同理心，你會變得力不從心，反而無法幫助任何人。你會開始支持某些完美的小生命，變成我所謂的『特殊秉性代理人』（specialness surrogate）。於是，你變得很可笑，就好像某些人因為不想殺死細菌而不再刷牙一樣。」

同桌的人不安地喃喃低語。

「你舉那個例子不太公平。我覺得真正讓你不滿的是，你可能因為『虛擬生命支援』而被告。」

現在這個時空的傑容必須在這裡打岔：「我們會在下一章看到那個故事。」

一九九〇年的傑容說：「我希望你們至少想想，世界上那些非技術人士聽到我們的說法時，他們會怎麼解讀。如果你聽到巫師說，他們要創造出更高級的生命，老派的人會遭到淘汰或被當成寵物或其他東西，你會怎麼想？他們難道不會因此不信任現代世界嗎？他們難道不會恨我們嗎？他們難道不會變成騙子鎖定的目標，誤信騙子的說法，覺得科學不是他們的朋友嗎？科技工程的目的，難道不是為了服務非技術人士嗎？」

當你讀到有些評論文章主張「機器人值得同情」時，切記：科技作家有個壞習慣，他們善於說明一些在特定時點對大型科技公司有利的「大觀念」。Google 侵犯版權而迅速獲得前所未有的財富時，有很多文章批判「版權」這個設計有多惡劣。同樣的，Facebook 首度把數位個人身分變成商品並壟斷市場時，也

出現大量「激進」的評論文章頌揚隱私的終結和集體性的價值。[15]

「好吧，**如果**巨型機器人或超智慧奈米粒子群決定你沒必要留在這個世界上，你怎麼想也無濟於事，你還是會被消滅。到時候你就無法繼續談它們是不是真實的了。」

「你現在惹毛我了，你還記得那隻在生存研究實驗室裡操作噴火坦克車的白老鼠嗎？那隻小動物知不知道自己在做什麼並不重要。你為了看那個表演，需要先簽合約，承諾你不會對那些讓白老鼠操作坦克的人提告，也不會對那隻白老鼠提告。」

發現摧毀人類的邪惡 AI 機器，與發現科技人員和軍隊欠缺能力，二者之間**唯一**的差別在於：第二種說法是可以採取行動制止的。

每次你相信 AI，就降低了你對人的力量和價值的信任。你是在傷害你自己和其他人。

第四十六個 VR 定義：VR = -AI（VR 是 AI 的反面）。[16]

我知道大家會怎麼解讀以上的看法。VR 專家說 VR 才是利用

---

15 一個瘋狂效忠軟體的極端例子是公司變成人，至少根據美國最高法院的說法是這樣。在此同時，那個公司也變成了演算法。

Google 和 Facebook 等公司的演算法是目前為止少數從未遭到駭客入侵的位元，因為它們是新經濟中唯一的決定性資產。其他的位元都是別人的問題，演算法則受到嚴密的保護。

雖然很多人支持開源碼和共享，演算法是地球上唯一獲得嚴密保護、滴水不漏的祕密。其他的資產（亦即內容）是由第三方提供，這樣一來，這些公司就可以避免承擔責任。

所以最高法院的裁決與新經濟慣例的結合，難道不是意味著美國已經宣稱演算法不僅是人，而且還是超人嗎？我們是否意識到我們已經這樣做了？

16 一個相關的公式是 AI 很像 VR，但時間和空間對調了。也就是說，VR 中的虛擬化身是一個人的空間變型，但依然是即時反應。例如，一個人可能變成龍蝦，但依然與其他人及周遭環境的一切進行即時互動。相對的，AI 是從「人」收集資料，稍後再透過 AI 角色配對並重現出來。AI

數位資訊的最好方法，他鄙視 AI、社群媒體，甚至鄙視 WWW！他講這些難道不是在告訴我們，他研究的東西才是最棒的嗎？這不是老王賣瓜嗎？

我只是凡人，不能說我毫無偏見。

我之所以主張 VR 是運用數位科技的最理智方法，原因跟專業魔術師也是最好的魔術解密者有關。從魔術師胡迪尼（Houdini）到雙人魔術搭檔潘恩與泰勒（Penn and Teller），再到專門揭穿騙術的神奇蘭迪（Amazing Randi），魔術師都很擅長看穿及拆穿把戲。同樣的，主持《流言終結者》（MythBusters）的亞當·薩維奇（Adam Savage）和傑米·海納曼（Jamie Hyneman）也是電影特效的專家。以創造幻術為業的人，最瞭解幻術。

VR 科學家算是科學的幻術師。我們騙你時，會誠實地告訴你。當我們指出我們不是唯一騙你的人時，你應該認真看待我們的說法。

第四十七個 VR 定義：一種營造全面幻象的科學。

熱愛工作，而不是迷思

別誤會我的意思。我做研究的地方正好是全球最頂尖的 AI 實驗室，我對我們的成果相當自豪。

實體不是即時的虛擬化身，所以可以創造出非虛擬化身的幻象。AI 程式運作時，當初 AI 收集資料的源頭（那些人）並不在房間裡，所以我們很容易想像 AI 程式擁有獨立的人格，而不是人類資料、資金、動作的反應。

　　然而，我並不「信奉」AI。我希望我們能用不同的術語和幻想來塑造這個工作。我們實際做的事情，是數學和演算法、神經科學、雲端架構、感應器、致動器——那些都很棒，很有助益，甚至對人類的未來非常重要。但我相信，如果我們能以不同的方式來包裝我們的成就，會變得更好。

　　很多同仁不認同我的觀點，多數的科技媒體或許多我們的利害關係人也不認同……請瞭解，我在此提出的並非共識。

　　許多同仁認為 AI 是我們打造的東西，我則認為 AI 只是包裝紙，覆蓋著我們打造出來的東西。這種歧異可能是有意義、也可能是無意義的，看情況而定。

　　如果程式應該像一個你對話的模擬對象，而且那個幻想又是目標，那你顯然只能把它視為 AI。

　　然而，如果那個幻想**之外**，還有別的目標，舉例來說，使病歷分析更有效率，我一直主張我們應該想辦法把那個任務（分析病歷）的演算法分隔出來，然後看能不能設計一個使用者介面，讓分析結果變得愈清晰愈好，不需要涉及虛構物體。根據我的經驗，這樣做的時候，速度很慢，也很辛苦，但結果往往更好。

　　VR 在清晰傳達複雜事物方面，效果極其出色（想想「記憶宮殿」的效果，或是孩子學習操弄 4D 物體的方式），所以非常適合解決這種問題。

　　這個論點再進一步延伸：如果我們不打造一個更好的使用者介面來查看分析結果，我們怎麼知道機器人是不是傳給我們最實用的結果？換句話說，如果我們依賴機器人來瞭解重要事物、瞭解如何傳達資訊最好，當我們沒有任何管道可以檢查機器人做得如何時，怎麼判斷機器人的好壞呢？所以我認為，我們應該先開發先進的使用者介面，或許是以 VR 開發。等開發出來以後，再考慮用 AI 包裝。（這種優先順序反映了附錄二所述的「表型互動」理想：中間的結果永遠要以可理解的使用者介面格式來呈現）。

　　我知道，如果你跟別人說，你正在開發一種工具，以便找出以前的

病歷記錄中被忽略的範型，那聽起來很無聊。但如果你說，你正在打造一個做這件事的機器人，那聽起來就厲害多了。可是，如果你說你用VR 來實現這點，聽起來不是更厲害？

　　無論 VR 是否會更好，AI 導致工程設計變得更令人困惑不解，雖然根本的技術是美好及必要的。究竟我們的優先要務是什麼？是支持幻想物體的幻象，還是追求改善病歷分析這樣的目標？

外星人 VR

　　這裡我需要提一下 VPL 時期留下的最後一個文化遺跡。那可能是唯一比 AI 信念還要極端的位元信念。如果 AI 已經變成新宗教，那麼我們即將遇到新的狹隘學理。那會變得非常乏味。

　　有一群科技人認為我們已經活在 VR 中。套用葛雷戈里・貝特森的說法，[17] 那是沒有影響力的差異，只會變成有害的沉迷。駭客的最大恐懼是被駭，如果我們已經在 VR 中，也許我們很容易遭到「超級駭客」攻擊。

　　以前在小湘菜館、或是我演講時聽眾提問之類的場景，常有人問道：我們如何判斷自己已經身處在 VR 中？

　　不同的時間，我的回答不一樣。實體世界的本質——如我們所能觀察到的，實驗可以重複、事物從未違反簡潔的物理定律——有助判斷：如果我們在別人的 VR 中，那個操作者不會做微觀管理。我認為，相信VR 操作者，就像相信一個神，但那個神是有超能力的小神，而不是超然的神或有道德意義的神。

　　這要是真的講起來，會講得落落長。

　　以前我主張的另外一個論點是：我們身處在一個神操作的 VR 系統中，為什麼那個神不會嵌入另一個更高級的神所操作的 VR 系統中呢？

---

17 〔譯註〕貝特森講過一句話：「資訊是有影響力的差異。」（Information is the difference that makes a difference.）

在連串小神的最頂端，有一個更崇高的「上帝」，不必考慮中間的所有神，也一樣可以接觸到上帝。終極實境總是在你的面前，所以你又何必在乎中間那些神呢？

或者，我曾預測，量子密碼學的成功，將會顯示我們並未受到觀察，也未以任何重要的方式存在 VR 中。量子密碼學使用自然最基本的特質來證明訊息沒被讀過。「觀察」這個行為會改變量子系統，無論觀察者是人或神。

後來，量子密碼學奏效了！所以，如果你相信那個論點，現在更不需要擔心我們可能身處在 VR 中。

另一種論點通常和尼克・伯斯特隆姆（Nick Bostrom）等哲學家最近的研究有關，但我們以前在小湘菜館就談過了。[18] 那個論點大致如下：如果真的有許多外星文明存在，他們應該會發明優質的 VR，所以應該會有許多 VR 系統正在運行，但只有一個真正的宇宙。所以，你發現自己在某個現實中，但很有可能那是一個虛擬實境。

以前我對這個論點及類似論點的回應是：真正的宇宙可能不止一個。想想李・施莫林提出的「宇宙景觀論」，他說宇宙會進化出支援有趣化學性質的特質。自從李提出這個想法後，各種類似的理論紛紛湧現。現在「弦論」也有自己的宇宙景觀論點。這些理論中，有些理論主張宇宙有無數個，所以比較「宇宙數量」與「宇宙內運作的 VR 數量」，不是一個定義明確的問題，你最後變成在比較無窮數。所以，還是不要瞎操心了。

這些論點其實都不重要，但我知道幾位年輕的科技人，都是男性，因為太在乎這些問題而害了自己。他們相信 VR 操作者會毀滅那些會危及自身利益或生存的人們，或甚至是整個宇宙。

那個 VR 操作者不見得是邪惡的操作者，或是一個好壞壞的神，可能只是網路達爾文效應罷了。他們覺得，我們可能正在發明一個超級

---

18 機器人專家漢斯・摩拉維克（Hans Moravec）可能是這個論點的開山鼻祖。

AI，那是一個有如神一般的駭客。如果我們的現實沒有出現那樣的結果，那就無關緊要，就像一種動物沒把基因傳承下去一樣。抱持這種想法的年輕人認為，他們的想法可能帶來自我毀滅，甚至毀滅整個宇宙。他們不斷鑽牛角尖，努力迴避非法的想法。[19] 他們的症狀大多是消化不良和失眠，更已有謠言指出有人因此自殺了。

消除這種痛苦的解藥，就是不要想太多，並用 VR 進行真正的實體研究、研究感應器、感受現實實境的美好質感、跟真人合作，甚至可以抽離 VR，只和真人在現實中合作。

另一個解藥是想出更奇異、更引人入勝的理論，而不是自我毀滅的想法。

底下是我和目前在布朗大學任教的理論物理學家兼爵士樂手史蒂方．亞歷山大（Stephon Alexander）一起想出來的瘋狂理論：如果宇宙中有許多智慧生命，外星人肯定會想要有最強大的電腦，當然是用來運行 VR。

外星人更喜歡時空拓撲量子電腦（spacetime topological quantum computer），因為那是最強大的選擇。這種假設的電腦在時間和空間上建立小小的結點，以儲存資訊並加以運算。我們的想法是，這類運算活動夠多時，就會改變宇宙的曲度。

這個想法顯然很瘋狂，但找不到更理智的想法可以解決問題，癥結點在於：決定宇宙曲度的宇宙常數，遠比應有的數值還小。所以，搞不好外星人的電腦正在阻止宇宙扭曲也說不定。宇宙常數變成計算宇宙硬碟有多滿的一種度量衡，因為外星人的資訊可以儲存在整個可見的宇宙中，不必存在某個局部地區。我們看著夜空時，不僅看到了一個充滿生命的宇宙，也看到駭入宇宙的生命。順道一提，外星人的電腦可能很浮

---

19 我不想在這裡詳細說明這個問題，因為沒有意義。但如果你很好奇的話，可以去搜尋「洛可的蛇怪」（Roko's Basilisk）。（譯按：一個著名的思想實驗，該實驗的推導過程大致如下：1. 總有一天會出現幾乎無所不能的超級 AI；2. AI 會判斷自己的出現是對人類社會最大的好事，並因此認為所有沒有全力支持 AI 研究的人都是「罪人」；3. 所以 AI 會折磨這些罪人，以此來恐嚇大家全力協助開發 AI。）

誇。球形太空船往宇宙內部發射雷射，以操弄微小的黑洞。[20]

外星人的 VR 可能對我們有利，不用害怕。

---

20 微軟研究院正在研究拓撲量子電腦，但是他們不是使用黑洞，所以我們尚未達到修改宇宙形狀的境界。

20 一九九二年，離開

微觀宇宙

一九九二年，一切都變了。在 VPL 裡，這一年如我所願，伴隨著許多奇特的活動展開。

我們開始了很多美好的專案，與德國、加州、日本的人在即時、共享的虛擬世界中相連，也讓他們跨洲操作遠端呈現的機器人。我們把機器人的手接上虛擬化身的手，讓虛擬化身可以拿起手術工具。手術模擬已經擴展到大腦。

一九九〇年代初期，VPL 投入一個抱負遠大的祕密專案，名為「微觀宇宙」（MicroCosm），那是第一個獨立的 VR 系統。一個「微觀宇宙」系統裡包含數個追蹤感應器和一台個人電腦，還有各種特殊的卡片嵌在一個曲線優美的塑膠雕塑中。整套售價約七萬五千美元，在當時算是顯著的價格調降。

「微觀宇宙」的眼機可以轉換成手持式的立體觀看器，有點像觀劇用的小望遠鏡。那個眼機不是環狀套在頭上，而是有一支握把，可以把眼機直接放在眼前。這樣的設計，方便使用者隨時進出虛擬世界。在那個系統中，虛擬世界的影像可以隨意共享，髮型不會弄亂，眼機的握把也是控制器，內建感應器，有主動觸覺回饋的功能。使用者的另一隻手，

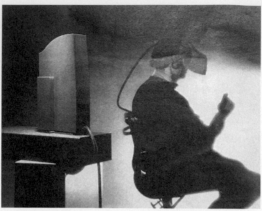

VPL「微觀宇宙」VR 系統原型的照片，從未上市。由 IDEO 設計公司為 VPL 設計，本來應該是第一個獨立的 VR 系統。這裡看不見有觸覺表面的可拆卸握柄。接上握柄後，就可以直接以握柄撐起頭戴裝置，不需要頭環。這個握柄設計很像觀劇用的小望遠鏡。這些圖是取自一九九二年十月號的設計雜誌《大都會》（*Metropolis*），也是唯一公開發表過的圖片。當時宣稱「微觀宇宙」是最能代表「美國設計」的產品，而且不只是年度代表，而是有史以來的最佳代表。

「微觀宇宙」團隊的部分成員正在測試原型。左起：傑容、安、「彗星」米奇·奧特曼、戴爾·麥格魯（Dale McGrew）、戴夫·莫里奇（Dave Molici）、大衛·列維特、麥克·泰透。

通常是慣用手，可以戴上手套。

「微觀宇宙」不像視算科技公司推出的電腦那樣大如冰箱，它內建一些專為個人電腦設計的第一代 3D 顯卡，由我們的英國合作夥伴兼經銷商 DIVISION 公司設計。「微觀宇宙」本來是打算以配有握柄的小巧軟箱出貨，那應該很容易運輸，也可以馬上裝箱。本來可以。

「微觀宇宙」比我以前試過的任何 VR 系統更美好、更好用、更舒適。那對一家小公司來說，也是極其昂貴的開發，但從來沒上市。

卡在電影裡的 VR

一九九二年初，我們還沒搬到那棟有八角型大窗的高級新大樓，但是我們已經開始打包了。這時我開始感覺到現實世界變得太奇怪，好像隨時都有可能崩解。

灣邊出現一家露天的汽車電影院，就設在灣岸的礫石上，那是地主趁著灣邊尚未興建高級公寓以前，順便賺點小錢的方式。從 VPL 公司面向內地的窗戶望出去，剛好可以看到模糊的銀幕，高高地掛在車內卿卿我我的情侶上方。我們常看到電影銀幕上放映著飛車追逐、多愁善感、情情愛愛的電影，但一九九二年，我們在銀幕上看到了自己。

《未來終結者》是一部科幻電影，用真實的 VPL 裝置作為道具，劇情描述有人心懷不軌，意圖收購一家 VR 公司。主角皮爾斯‧布洛斯南（Pierce Brosnan）扮演接近我的角色。

電影一開始是改編史蒂芬‧金（Stephen King）的小說，但後來變成一個充滿陰謀的故事，可能是受到 VPL 真實故事的啟發。[1]直到今天，我還是不知道劇情有多寫實。

據媒體報導，法國情報機構把我們心愛的 VPL 列為收購目標。法國人顯然認為我們握有寶貴的技術機密，或者至少有一位法國官員基於

---

1 根據我與導演布雷特‧倫納德（Brett Leonard）的談話。

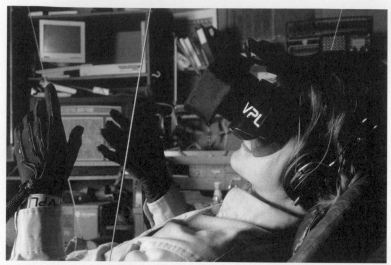

《未來終結者》使用 VPL 裝置的劇照。

那個前提，欺騙他的上司去資助一項收購案。據傳，我們的法國投資者和法籍董事跟一個意圖滲透矽谷多家公司的祕密行動有關連。

這種荒謬的事情實在太精彩了，法國人！要滲透一家 VR 公司！有家報紙的頭條寫著：**VR 已遭滲透**，另一家寫著：**VR 公司幾乎不存在了**。

超市販售的八卦雜誌《國家詢問報》（*National Enquirer*）寫了一篇認真的報導，透露中情局雇用了一個祕密地下間諜組織，裡面的成員都戴「資料手套」。那些間諜整天戴著手套，擺動手指，遠端控制一支潛入敵方領土的機器手，以偷取文件。據說，這是法國人想獲得的高科技。

VPL 的幾位法國董事可能沒有意圖實現那種幻想，但他們確實令人費解（其中一人講話時，幾乎每句話都會加入「儘管」這個字眼。）

董事會死活不讓 VPL 連線上網。我是講真的，我們甚至無法註冊 vpl.com 這個網域。言語難以形容當時的情況有多荒謬，他們給的理由是：上網有安全風險，有人可能會駭入公司，竊取檔案。此外，他們也擔心每個人把時間耗在 alt. hierarchy 上，變得愛發牢騷，工作效率低落。

大家的士氣日益低落。

喪失天大良機

VPL 有一陣子感覺像業界的主流公司，但是若要成為 VR 產業裡的蘋果或微軟，還需克服很大的挑戰，並開發出足以支撐公司營運數十年的方法。那時的 VPL 還很嫩。

當時我們正在打造的東西，比較像是 VR 界的 PDP-11，[2] 而不是 VR 界的 Mac。PDP-11 是一九七〇年代每個實驗室都需要的電腦。它對普通人來說太貴，但對大學來說夠便宜，而且帶有一種瘋狂科學家的風格，搭配閃爍的燈光及旋轉的磁帶。

VPL 的規模太小，無法成為一家集製造商、軟體公司、文化力於一體的公司，那需要時間的累積。我們的核心演算法還行不通，資金也不足以打造昂貴的 VR 裝置，然後慢慢等著客戶付款。要想解決這個愚蠢的問題，法籍董事只會幫倒忙，百般阻撓。

其他的問題更是奇怪。我開始懷疑我們的生活該不會是威廉‧吉布森筆下的小說吧。

我們和一家授權代理商起了爭執。那家代理商在「威力手套」上市時，幫我們處理 VPL 和美泰兒公司之間的授權事宜。那家代理商裡有一些好人，也為產品做出實質的貢獻，但公司的領導者是典型的紐約客，如今也許可以稱之為「川普型」的角色。

他很擅長銷售及炒熱氣氛，但也非常情緒化。銷售高手的問題就在這裡，他們為了矇騙他人，最終反而也矇騙了自己。

他看起來像一九八〇年代的好萊塢大亨，留著波浪長髮，全身戴著金光閃閃的裝飾。那髮型要不是花大錢精心修剪的，可能看起來像嬉皮。他把每次交談都變成一種銷售流程。每次達不到完美的協議時，他就歇斯底里地小題大作。

「看看這些眼睛，你們根本沒在看。聽好！這些眼睛已經好幾年沒

2　〔譯註〕迪吉多電腦（Digital Equipment Corporation）於一九七〇到八〇年代銷售的十六位元迷你電腦。

看到自己的母親了 —— 慈愛的母親，你們必須明白，那是你們親愛的人。她即使阻撓我，你們的眼睛也不會看著她。現在你們竟然告訴我，你們覺得我不會一走了之、放棄這筆交易？」

他談判時，就是那個調調，而且驚人的是，這招對他來說還經常奏效。

那傢伙有自毀的犯罪性格，有欺詐罪及其他罪行等前科。你可能會問，我為什麼要跟有犯罪前科的人打交道？律師和董事會也問過同樣的問題，而且問的語氣還不像你那麼客氣。其實答案很明顯，我根本不知道我在做什麼，我實在太菜了。

幾年前，這個傢伙決定扣留我們的授權金，我們因此告上法庭。後來，他答應讓步，問題就解決了。

為了和解，他要求我答應一件事：他向其他的公司推銷涉及 VPL 技術的交易時，我必須出席。我沒有義務接受任何交易，只要出席就好。也就是說，我變成推銷高手上台表演時的配角。好吧！

後來我出席這種場合的時機終於來了，但他推銷的對象根本不合理，那份名單包括菲律賓前第一夫人伊美黛・馬可仕（Imelda Marcos）、川普、麥可・傑克森。那傢伙要我整年跟著他在世界各地飛來飛去，基本上我在那些令人難以置信的交易中，只是被押著走的卒子。

與麥可・傑克森的家人一起待在他家的廚房很有意思。我猜，那些年，任何人與麥可相會的情況，可能都很奇怪吧。銷售高手暗示他，我的頭髮裡可能有蝨子，麥可對這種事情非常介意。所以，當我們聚在一個巨大的類比混音器前聊著科技時，我一直待在最右邊的子混音推桿那裡，他則一直待在最左邊的訊號輸入軌道那裡。我們客氣地扯開嗓門，對著彼此喊話。

銷售高手並未拜訪完那份名單上的所有人，可能是我限制了他的推銷風格吧。

現實的詭異感超越了 VR 的詭異感。我也不知道還能持續多久，一切都毫無道理。

在日本，我得知一家獲得我們授權的公司捲入與幫派犯罪有關的指

控。雖然跟這些人收取積欠的權利金很麻煩，但他們讓我見識到一點東京的奢侈享樂、據說是違法的一面，所以催收那些拖欠款項變得很有意思。在摩天大樓的頂樓微微發亮的水池中，私家女侍搭乘著小船，漂浮在池上，穿戴著五彩繽紛、閃著金光的紗巾（她們算是現代版的藝伎）。放眼望去，四周亮著夜燈。遠端是拂曉時分的富士山。

當時的 VPL 已經為虛擬化身、模擬中的互連人物等東西申請了基本的專利。那些專利就像純正的蜂蜜一樣，為我們招來無數的訴訟和爭議。但由於當時 VR 的發展還早，每個人根本是在浪費時間。前面提過，如今那些 VPL 專利老早就過期了。過了數十年後，現在 VR 才真的準備好開始賺錢而已。

當價值無法實現時，價值**觀感**最容易招引衝突，沒有人會滿意。

油滑鬼祟

那場婚姻雖然短暫，但很痛苦。

她說：「我個性就是帶著不同的方方面面，是你不懂欣賞。」

「我只是不喜歡妳的稜角。」

「哈哈，你太過聰明，卻又不夠聰明。」

那場離婚看起來很有可能變成荒謬的世紀大災難。

知名的好萊塢離婚律師馬文‧米切爾森（Marvin Mitchelson）決定在我身上耍一個新招數。他聲稱我拒絕讓我前妻懷孕，但她的年紀已經老大不小了，生理時鐘不會等人，所以他揚言以「我拒絕生養子女」為由，對我提告。他真正想要的，其實是從我擁有的專利分一些利益。結果呢，他還沒對我提告，就因為不相關的事件而被吊銷律師資格並遭到囚禁（我前妻後來跟另一個人有了孩子，所以結局算是皆大歡喜）。

但是過程中，我總覺得隨時都有人跟蹤我。某天早晨，我在曼哈頓散步了很久以便思考。那時我仍住在加州，到曼哈頓只是為了做生意。傍晚，我在中央公園的一張長椅上坐下來，有人突然遞給我一份與離婚有關的文件。一定是有人要求那個遞送文件的人跟著我一整天，好讓我

知道有人一直緊盯著我。

那次經歷幫我釐清了理論與經驗的差異。長久以來我一直認為，人的生命是神祕且神聖的，**而且**一個人不能霸道地徵用別人的身體，所以我支持婦女有權選擇墮胎。

但我從未想過，法律可能強制要求我的身體，去滿足別人想要繁衍後代的想法。例如，律師甚至要求我提供精子樣本，以便在法庭上證明我有生殖力。這次經驗雖然奇特，但我還是希望其他的男人也能體驗一下那是什麼感覺。只要體驗過，有關墮胎的爭論就會很快消失了。

這次離婚的副作用是，我不幸地體會到隨時遭到跟蹤是什麼感覺。我坐在公園長椅上的當下，赫然想到：這種跟蹤活動要是不遏止的話，矽谷很快就會追蹤所有人的蹤跡，像我當初被跟蹤那樣。除非你假裝什麼都沒發生，否則你無法那樣過日子。然而，你的內在終究會有一點麻木，藉由逃避現實來過一生。

遺憾的是，數位專家即將逼每個人離開誠實的生活體驗，因為除非你逃避現實，假裝什麼都沒發生，否則你要如何適應那種遭到監控的生活呢？

不過，VPL時期，我至少開心地度過最後一次美好的體驗：我把「微觀宇宙」的原型做了充分的利用。

單手之音

一九九二年，電腦繪圖大會 SIGGRAPH 在芝加哥舉行。電影秀始終是 SIGGRAPH 的一大亮點，它讓業界在歡呼聲中搶先目睹了最新特效。電影秀上通常會有一個中場演出，是在舞台上的現場表演。那年我利用「微觀宇宙」，在VR中演奏音樂，那是「微觀宇宙」唯一公開亮相。

一開始我先設計那個虛擬世界，稱之為「單手之音」（The Sound of One Hand，因為我戴著一支「資料手套」演奏音樂），並在表演前一個月才開始學習怎麼演奏。我必須完全沉浸在創作的過程中，能夠如此投入音樂，實在是一次難能可貴的福氣。如今回想起來，我意識到，

我已經試驗過把科技業拋在腦後是什麼感覺了。

在演出中，我戴著「微觀宇宙」的頭戴裝置，舉著類似觀劇望遠鏡的握把，進入虛擬世界中。但觀眾可以在我身後那個巨大的投影銀幕上，看到我一隻眼睛看到的東西。當然，他們也可以聽到我演奏的音樂。

「單手之音」的每個音符，都是由我的手部動作產生的。那些動作透過「資料手套」傳送到虛擬樂器，沒有預定的順序。要讓觀眾相信這是真的並不容易。表演者可能只是跟著預先錄製的音樂做做樣子而已。為了在舞台上互動，你必須從一小段演示開始，以說服觀眾相信互動是真實的。

為了展示互動性，我在節目中演奏的第一個虛擬樂器是「節奏環架」（Rhythm Gimbal）。（環架是個階層狀旋轉接頭的機械結構，十分常見。）

節奏環架很像陀螺儀，靜止時是全白的，完全沒有聲音。我把它拿起來移動時，它會開始發出聲音。事實上，那個聲音是由幾個環圈相互摩擦產生的，它們相互接觸時，也會改變顏色。節奏環架一旦開始移動，速度會慢下來，但需要很長的時間才會完全停止。所以，除非我小心地放開它，不做任何旋轉，不然即使我沒有盯著它看，它還是會繼續發出聲音。我演奏其他樂器時聽到的「背景音樂」，就是來自節奏環架。

練習旋轉「節奏環架」，可以用來探索許多和聲與結構風格，從開放、和聲、平靜的聲音到極其不和諧的聲音都可以探索。我最喜歡的是中間的音域，聽起來像綜合晚期的史克里亞賓和巴伯弦樂慢板的風格（真的，不蓋你）。

這個簡單的小玩意兒所發出來的和聲美妙到駭人聽聞。難道這就是作曲家的大腦在做的事？但「節奏環架」又不能算是獨立的演算法音樂生成器。想要找出這個奇妙樂器的奇怪和音，還是需要靠直覺來演奏。

我無法每次都從節奏環架抓到某個特定的和弦，但我可以從和弦進程當中摸索出一種感覺，因為我還是可以掌控和弦何時改變以及改變的強度。這跟失去掌控的感覺不同，而是換了另一種不同的方式來控制。你測試樂器時，不是看它能做什麼，而是看你在探索和學習時，能不能

對它愈來愈敏感。好的樂器有一種深度能讓人體學習去感受，但言語或視覺思維卻學不來。

原本的表演計畫是，「單手之音」是一個精心製作的 VR 演示或說明。但我設計那個虛擬世界時，開始出現一種心境，或說是一種本質，而且真實反映了我當時的情緒和精神體驗。即使那不是令人歡樂的內容，卻是意想不到、令人振奮的。所以我採取一種更陰暗、更直覺的方法，而不是採用眾所熟悉的清晰、輕鬆幽默的電腦文化風格。我很少碰到憑直覺寫程式的情境，讓一個人的技術和情感能力保持一致並不容易，但這次就是那種罕見的情況。

當時還有其他的樂器，[3] 全都飄浮在一個空心的小行星裡，我則是繞著它們失落地獨自飛翔，為看不見的觀眾演奏音樂。

電腦音樂因為是程式編寫的，不得不使用由音樂概念構建的樂器來演奏。這與過去的「傻」樂器截然不同。鋼琴不知道什麼是音符，它只是在你敲擊琴鍵時震動。科學和藝術的核心，都是一種對生命奧祕的敏感和敬畏感，但是內建強制性概念的樂器可能會弱化那種敏感度。如果你假裝你編寫的程式反映你對自身能力的完整理解，你就忽略了萬物邊緣的奧祕，[4] 這可能促成「乏味」或平淡的藝術。為了讓電腦藝術或音樂發揮效用，你必須投入額外的心思，把人和人際接觸列為關注焦點。

我很高興看到，單手之音在表演者、觀眾、科技之間，創造了一種不尋常的地位關係。表演中常用的罕見昂貴科技，是用來創造特效，以提升表演者的地位，使表演者變得更加無敵，觀眾更加讚歎。

「單手之音」則是營造出一種不同的場景。觀眾看著我在太空翱翔，演奏虛擬樂器，同時以各種方式扭曲身體，但我戴著「眼機」。我

3 數位薩克斯風（Cybersax）是最符合人體工學的複雜樂器。我抓起薩克斯風時，它會逐漸轉變成讓我的手恰好握住，也會避免轉變時穿過我的手指。我握好薩克斯風後，我的虛擬手指會持續跟著真實的手指移動，但它也會自動調整，以便剛好按在薩克斯鍵上。這是控制過濾的例子，對虛擬手工具的設計非常重要，尤其是缺乏施力回饋的情況。

4 「萬物」（everything）這個詞的用法，跟李歐納・柯恩（Leonard Cohen）在〈讚美詩〉（Anthem）中提到的「萬物皆有裂痕，光線才得以透進」是一樣的意思。

擺出那些尷尬的姿勢時，有五千人盯著我看，而我卻看不到他們，也不知道他們眼中的我是什麼樣子。雖然是在操作科技，但我看起來很脆弱，非常人性。這為音樂創造了一個更真實的場景。如果你在觀眾面前演奏過音樂，尤其是即興演奏，你就會瞭解我所謂的脆弱感，那是發生在真實上場表演之前。[5]

相較於一九七〇年代後期在紐約參與的奇怪「實驗性」表演，單手之音是對「未知」的更大膽嘗試。我完全不知道這個作品會不會帶有一種情緒或一種意義，或觀眾是否理解那個體驗。那次表演相當愉快，甚至對我有療癒效果。那是一種科技藍調，一個我可以開心演奏的孤獨作品。那也是一次大好機會，讓我和 VPL 團隊合作開發了一個純創意的專案；把 VPL 的所有研究視為一組（可靠的！）原料，而不是該做的研究；讓我實際做出我平常宣揚的虛擬工具設計；讓我把 VR 單純用來打造美好事物；並在野心勃勃的同業面前演奏音樂。

觀眾的反應出奇地熱烈。我沒有聽到任何人把它視為 VR 演示，那是音樂。[6]

有限賽局的終結

如今回想起來，「單手之音」可說是我人生中類似電影《陸上行舟》（*Fitzcarraldo*）的時刻。做了堆積如山的研究，完成一場表演，接著便隱遁於曠野。

一九九二年的 SIGGRAPH 大會宛如登上顛峰，但顛峰過後，我不得不面對現實。我與 VPL 的其他董事意見不合，公司資源捉襟見肘，這是事實。我希望我們為了「微觀宇宙」傾注所有，即使那意味著賭上整家公司也在所不惜。我也希望 VPL 把握網路成長的契機，我們的軟體已經準備好變成史上第一批連網應用程式。但其他的董事希望 VPL

5 我發現，寫書也能觸發類似的權力關係。
6 www.jaronlanier.com/dawn

改變營運方向，走比較低風險的傳統路線，去爭取軍事合約，銷售少量的高價、高利潤產品，等智慧財產權的價值提升到足以高價出售。董事會的願景甚至還包括一個代價高昂的策略：策略性破產。

依照那個計畫，VPL 將會申請破產保護，然後以沒有債權人的新型態重現——這裡我必須指出，債權人其實也是我們的董事，但他們才不管——並由法國投資者完全掌控。這時如果我反抗的話，或許會贏。我看到一個機會，我們可以投入一個高風險的賭注，不需要申請破產。

那時我的腦中已經開始懷疑，我是不是在追逐錯誤的夢想。如果我想成為矽谷大亨，這時還有機會。VPL 有機會成為一家大公司，那條路必須把握網路崛起的良機。我可以跟無能的董事會、傳說中的日本流氓、傳說中的法國「間諜」、好萊塢認證的離婚律師打各種荒謬的戰爭，最後成為大型科技公司的領導者。但我突然開始懷疑，這是不是我真的想要的。

當時，如果我對自己做冷靜無情的評估，我會說我的問題在於我想要被愛。我還是那個失去母親的小男孩，我無法忍受在矽谷成功發展時，隨之而來的嫉妒和折磨。

但問題不僅於此，我也懷疑商業界對男性成功所產生的迷思。

商業界有一種氛圍，有點像軍事文化的微弱回音。領導者就是要能夠發揮神奇意志力，無中生有，落實一切想法。賈伯斯說那是「在宇宙中留下印記」。就像新時代思潮盲目相信一個人的思想創造了現實，商業界的男性神話也是如此。就是靠神奇的心念，不斷企盼。

不過，當時我對許多商業模式已經有了深入的瞭解，像是科技公司、玩具公司巨頭、軍事承包商等等。在我看來，實際上發生的事情和商業超人的神力無關。領導者為了權力和聲望而互爭高下，但是一件事情是否以有用的方式完成，有賴於某個不知名的人，一個看不見的天使。雖然我展現的「神力」比較顯而易見，但查克和安等人為了讓 VPL 推出重要的產品，他們的功勞更大。

如果你不再相信偉人的神話，就不會有動力成為那種偉人。

於是，我得出一個令人費解的結論：我離開 VPL 的時候到了。

感覺很像放棄國籍或宗教信仰。我悵然若失，惶恐不安。

VPL 在少了我的情況下，繼續營運，銷售同樣的產品，但據我所知，已經不再創新了。我並未從遠處追蹤它的發展。一九九九年，昇陽電腦收購了 VPL，最終併入甲骨文（Oracle）中。

又一次，一部分的我就這樣死了，又是重新開始的時候，盡可能忘記我承受的一切。

21 終曲：現實的挫敗

一九九二年以後，我的生活充滿了各種驚奇。我變了，一切都變了。我有最貼心的家人圍繞在身邊，覺得很幸福。

至於那遙遠的世界，故事很複雜。

小時候，我覺得艾爾帕索市是個可怕的地方，但如今卻是美國最安全的城市之一，少了種族分立的氛圍，多了幾分休閒感。在地文化的蓬勃發展令人心曠神怡，感覺自在愜意。

在此同時，我所愛的墨西哥華瑞茲城卻以世界「謀殺之都」出名了一陣子——一些年輕女子突然集體失蹤。二○○八年到二○一一年那個最黑暗的時期，從艾爾帕索市過橋到華瑞茲城，感覺像踏進中世紀的地獄。如今華瑞茲城似乎正擺脫黑暗，重現光明。

至於其他的新聞，美國餐廳的主顧不再抽菸，這樣年輕版的我就可以在餐廳的樂團演奏了。

紐約市和洛杉磯的空氣品質好了很多，還算能讓人好好呼吸，造訪美國大城市不再感覺像降落在外星球的大氣層。

不過，曼哈頓被各地隨處可見的連鎖商店攻占，感覺不像以前那麼特別。

在此同時，文化深度開始在洛杉磯扎根，這座由難以辨識的房屋所組成的模糊城市，不再感覺像死胡同。在我看來，這裡有很多人過著充實又有意義的生活。究竟哪個改變比較大呢：是洛杉磯？還是我感受洛

杉磯的能力？[1]

矽谷改變了多數的一切。我們贏了！我們搞定了「租個媽媽」，董事會不再亂搞，駭客完全擁有自己的公司。

我們要世界照著我們希望的樣子改變，世界真的變了！全世界的孩子都把隱私權交給我們，我們的演算法現在可以像操作提線木偶那樣左右他們。他們在我們製作的施金納箱裡按著按鈕。

駭客擁有史上最富有的公司，需要操心的員工數量也比較少。年輕的駭客常一夕致富，而且比世上絕大多數的人口還要富有。

風水輪流轉，霸主換人當。昇陽公司的舊園區現在是 Facebook 的總部。視算科技公司的舊總部現在是 Googleplex，Google 總部。（我以前做 VR 實驗的地方，現在是 Googleplex 的餐廳。）

如今在矽谷是什麼**感覺**呢？一大改變是種族多元化。在現今的典型會議中，有很多來自印度、中國和世界各地的工程師。

不過，我覺得對多元性的認知也**稍微**減少了，每個人思維中的自閉傾向似乎比以前更強了一些。

另一個改變是政治。矽谷還是相當左傾，但自由主義風格變得很強烈。[2]

---

1 這樣做感覺好像打破一個共同遵守的沉默誓言（我們都應該知道彼此知道的事情），但我必須提到這本書及一般說故事的基本特質之一。我之所以花時間描述各種社交場景和實體環境在不同時期對我的感覺完全不同，是因為我想強調內心生活的真實性。感覺不是事實。你可能對你的觀感有強烈的反應，但偶爾那些反應可能與你的內在心理和情感過程比較有關，而不是和你感知的東西本質有關。數位文化變得非常關注行為和測量，所以我們很容易忘了我們對世界的感覺可能不只跟世界有關，也跟內在體驗如何影響觀感有關。你可能對疫苗、麩質、女人說話的聲音、移民、政治正確、或任何使你生氣的事情感到不滿，也許那不全然是那個東西或事件本身的問題，也許你應該注意一下自己內在的情況。我發現，提升我對內在生活和體驗的認知，使我和其他人變成更好的科學家和工程師，也更有親和力。

2 我可以理解為什麼許多年輕的科技人變成自由主義派。「政府掌管矽谷」這種事看在科技人眼裡，簡直就是用來打擊科技人的──這是常見的牢騷。

例如，海灣大橋最初興建於一九三三年至一九三六年，當時是世上最長的橋。

那座橋其實是透過海灣中間一個島上的隧道銜接起兩座橋，其中一部分在一九八九年的地震中受損了。受損的部分不是舊金山這邊的壯麗吊橋，那部分的古老工程挺過了強震。問題是出在通往奧克蘭的部分，那段的施工品質較差。

政府開了無數次會議後，直到二○○二年才開始修理受損部位，替換的部分直到二○一三

二〇一五年在微軟研究院高峰會議（Microsoft Research Faculty Summit）上的聚會，裡面包括本書提到的許多 VR 研究人員。這不是照片，而是容積拍攝的 2D 圖像。左起：研究實習生維克多・馬堤維茨（Victor Mateevitsi）、紐約大學的肯・珀林、當時在南加大任教的馬克・博拉斯（戴著 HoloLens，他現在在微軟任職）、研究實習生安德莉亞・汪、微軟的克里斯多夫・瑞曼（Christoph Rhemann）、布朗大學的安迪・范丹、我傑容本人、大衛・金（David Kim）、北卡羅來納大學的亨利・福克斯、研究實習生喬瑟夫・門克（Joseph Menke）、哥倫比亞大學的史蒂夫・費納、微軟的沙拉姆・伊扎迪、喬治亞理工學院的布萊爾・麥肯泰爾（Blair MacIntyre）、阿肯色大學的卡洛琳娜・克魯茲─內拉（戴著 HoloLens）、研究實習生奇修・拉堤那維（Kishore Rathinavel）、華盛頓大學的湯姆・弗內斯、研究實習生傑瑞克・史派格納（Gheric Speiginer，幾乎被實驗性的頭戴裝置 Reality Masher 完全遮住了）、史丹佛大學的肯・薩利斯伯里、微軟的韋恩・張（Wayne Chang ）、普林斯頓大學的蕭健雄、微軟的蘭・蓋爾、兩位身分不明的訪客、微軟的賈維・波拉斯・盧拉斯奇（Javier Porras Luraschi）、微軟的張正友。

　　在本書一開始，年輕的我認為，未來聽起來既像地獄，也像天堂。最近確實出現不少地獄。

　　暴躁的數位政治溫床從 Usenet 的討論區轉移到 Reddit、4chan 和其他中心，醞釀出「玩家門」（Gamer Gate）那種惡意事件，以及最近

年才開放。至於受損部位的拆除，則要等到本書出版後才會完成。

　　如果你是矽谷的千禧世代，政府修橋的時間比你活的時間還久，而且那座橋當初只花了三年興建，興建時間甚至比早期的實驗性電腦還早。在此同時，iPhone、Facebook 之類的矽谷產品只要幾個月就能改變世界。

　　我相信民主是值得的，因為我看過夠多的其他選項。但如果你這輩子你只看到科技公司和海灣大橋，你可能會有不同的觀感。

的「另類右派」（alt-right）。不幸的是，VR 的故事和前述的遷移牽扯在一起，相關的憾事請見附錄三。

長久以來，有關電算的警世故事向來不多——大家似乎總是**想要**反烏托邦的科技，因為那看起來很酷。[3] 離開 VPL 後，我馬上試著撰寫那方面的文章。

我寫了一些短文，談到有朝一日演算法之間的抽象戰爭可能把社會變得很荒謬，以及「病毒傳播式」的線上動態如何引爆突然的社會和政治災難。有些圈子欣賞我的警世故事，但顯然我的文章並未阻止那些事件發生。

如今，我再次嘗試提出警訊，但這次是以不同的方式。由於已經發生的事情太多了，故事已經不再有警示效果。我現在撒下「麵包屑」讓你跟隨，讓你大略知道我們是如何走到現在這個情境。這樣做有用嗎？希望有用。

但我們來談一些比較開心的話題吧。

我仍然熱愛 VR，真的很喜歡。如今體驗年輕設計師設計的虛擬世界非常有趣，看到大家樂陶陶地體驗 VR 也很有意思。

VR 依舊持續教導我。我喜歡注意我運作時的神經系統。相較於其他的情境，這在 VR 中更有可能做到。在自然界的光和運動中，在森林的葉子裡，[4] 在孩子的皮膚上，我觀察到以前忽略的細節。當你比較現實和 VR 時，這種感覺最為強烈。

精進 VR 裝備的科學依然又新又鮮。找到撿起虛擬物件的更好方法，依然令人振奮。

3　二〇一七年消費電子展（CES）的熱門產品是一個固定的圓形裝置，它會傾聽你的指令，與你交談，優化你的生活。由此可見，大家想要買類似超級電腦 HAL 那樣的東西！

4　我寫這本書時，我底下的實習生茱蒂絲・艾莫斯（Judith Amores）製作了一個 HoloLens 的 app，那個 app 可為現實世界添加藝術和雕塑。你可以雕刻彩虹結構，在牆上或甚至人的身上塗鴉，或是對準目標拋出一坨黏稠的東西，潑濺在目標上面，讓它滴垂下來。

　　我帶著那個 app 到森林裡。你可以輕易走過一棵樹，對它為所欲為。你可以破壞或摧毀一棵樹，而且只有你看得見。你也可以對一棵樹做虛擬的裝飾，然後再移除，讓那棵樹顯現出真實樣貌。

除此之外，顯而易見的核心樂趣是，VR 可以變得異常美麗。

我最喜歡的是，看到別人也喜愛 VR。在二〇一〇年代中期，VR 再次崛起。新生代的年輕人不僅發現 VR 的樂趣，也對 VR 狂熱了起來。

偶爾會有人問我，對於以下的情況會不會感到生氣：二十幾歲的年輕人認為 VR 是這幾年才發明的；或最近 VR 變得夠好，所以有人資助最新的 VR 公司時才值得一提。我一點也不生氣，反而感到興奮。他們對 VR 有足夠的興趣，才會想要擁有 VR 裝置。

年輕人應該要**擁有** VR，他們也**確實**擁有 VR。無論我說什麼，都不如新世代對 VR 的瞭解來得重要。

這本書談的大多是「經典」VR，但最近混合實境（MR）迅速竄起，主要是因為 HoloLens 的發展。我**非常**期待嘗試年輕設計師在混合實境中創造出來的虛擬東西。

VR 和 MR 有什麼關連？他們有重疊之處，未來的裝置也許可以在任一種模式下運作。即使那種情況真的發生了，我猜 VR 和 MR 還是會維持文化上的獨立性，就像電影和電視一樣，即使兩者現在是透過相同的頻道，傳送到相同的螢幕上，但依然各自獨立。

本書出版時，經典 VR 最近掀起的熱潮可能已經達到頂峰，並開始退燒。如果那種情況真的發生了，你又是最近幾年才對 VR 感到癡迷的年輕人，請相信未來還會出現更多的 VR 熱潮，而且很快就會出現。即使在實驗室裡，VR 也很難運轉得很好。關於如何開發出卓越的 VR 產品，依然有很多需要學習的東西，請耐心等候。[5]

我想，有些讀者可能覺得我好像思覺失調。如果你是科技人，可能

---

5 iPhone 的崛起把大家都寵壞了。它一推出就爆紅，而且它引領的「智慧型手機」類別，隨著時間經過，變得愈來愈龐大，但那其實是罕見的現象。

　以前幾乎沒發生過這種事情。個人電腦的發展並未如此順遂及迅速，社群媒體的發展也不是如此，雖然這些設計後來也變成非常強大的主流，但發展的時間較長。世界需要花點時間才能瞭解一項科技，那並不表示世界已經拒絕它了。

　也許這本書出版時，適合拿上述說法來安慰人，這只是我的猜想。也許到了那個時候 VR 會變得非常熱門，最重要的事情反而是減少太多的 VR 產品湧現。

很納悶我怎麼會花那麼多時間提出那些掃興的警告，像是我們正在把自己變成喪屍。如果你是喜歡閱讀人文領域書籍的讀者，可能會納悶我怎麼能身兼科技的啦啦隊隊長。在這條特別的鋼索上行走並不容易，但如果想生存，所有人都得學會走這條鋼索。[6]

撰寫本書時，這個世界感覺愈來愈像活生生的二十世紀中葉反烏托邦科幻小說。即使在警告我們科技的危險，那種文學類型向來把未來的科技描寫得極其酷炫。

前幾天，我們全家拜訪了另一家人。我們的孩子玩著 HoloLens，看起來非常開心，家長則是在一旁擔憂美國可能轉向威權主義。那不是最早出現在菲利普‧狄克小說裡的情節，或是《發條橘子》刪除的最終章嗎？

觀察年輕人運用科技，讓我看到了希望。據我所知，我下面分享的想法尚未經過科學證實，但姑且讓我碎念一下吧。

網上的胡搞亂象似乎不太容易操弄年輕人，他們從小就接觸太多愚蠢的社群媒體，所以懂得判斷。年長者則是受到社群媒體上虛假新科技的嚴重衝擊，他們似乎被傳送到一個非常虛假的世界，比我在 VR 中夢想的地方還要虛假。

一個人愈年輕，愈懂得在科技運用上尋求睿智的中庸之道。X 世代似乎比千禧世代更沉迷於社群媒體的動態消息，[7] 千禧世代則是比較容易對永無止盡的虛榮訊息感到厭倦。

年輕的我可能會特別喜歡《當個創世神》。如果你還沒看過那個遊戲，那是一個原本在電腦螢幕上顯示的奇妙虛擬世界，裡面的東西都是塊狀組成的。玩那個遊戲的人，經常重新設計那個虛擬世界及改寫程式。那可說是**有史以來**最受孩子歡迎的數位設計之一。

開發《當個創世神》的公司後來被微軟收購了，所以我有機會與《當

6　走鋼索也是「上線」，懂了嗎？

7　有一些初步研究支持我的看法，只是目前還稱不上是趨勢，所以我們姑且稱之為希望吧。
　　https://www.nytimes.com/2017/01/27/technology/millennial-social-media-usage.html

個創世神》的工作人員合作，為該遊戲發行的 VR 版本做一些調整。我找九歲的女兒和她的朋友來測試我們的設計，他們簡直嗨翻天了。他們不僅掌握了技術，也創造了美感。他們設計的世界，比我年少時期試圖以言詞表達的未來夢想更好。

充分且深入地享受科技，是擁有科技的最好方式。別讓科技駕馭你，「潛入」科技中吧。

後記

二〇一四年，我獲頒「德國書商和平獎」（Peace Prize of the German Book Trade）。我覺得我在頒獎典禮上發表的感言最能傳達當下的感受，所以我想以那段感言的結語為本書作結。

你可以相信人類是特別的，相信人類比機器或演算法更優異。此觀點可能引來科技圈的尖刻嘲諷，這世上沒有絕對的方法可以證明那個觀點是對的。

我們對自己和彼此深信不疑。這比對上帝的傳統信仰更務實，促成更公平、更持久的經濟，以及更好、更負責的科技設計。（相信人類，和你是否信仰上帝並不衝突）。

一些科技人覺得，相信人類的特殊性這件事聽起來很感情用事或很像宗教，他們恨極了這種想法。但是，如果你不相信人類的特殊秉性，要如何追求一個富有同情心的社會呢？

我想建議科技人至少試著假裝相信人類有其特殊性，看看那是什麼感覺。

最後，我一定要把這次感言獻給我父親，他在我寫下這些文字時過世了。

我悲痛萬分。我是獨子，現在也成了孤兒。我父母承受了很多苦難，父親的家族在大屠殺中幾乎慘遭滅門。他有個阿姨因此一生

沉默不語，因為當時她躲在床底下，藏匿在姊姊的身後，不敢吭聲，才倖免於難，但姊姊不幸命喪刀下。我母親的家族來自維也納，許多親人也在集中營中喪生。這一切苦難結束後，只剩下小小的我。

然而，不久，我內心充滿了更強烈的感恩之情。我父親活到了九十幾歲，有機會看到我女兒出世。他們瞭解及關愛彼此，讓彼此感到幸福。

無論我那些深信「數位至上」的朋友和他們的不朽實驗室怎麼想，即使他們聲稱他們熱愛創造性的破壞，死亡和失去都是無可避免的。無論我們承受多少痛苦，死亡和失去最終都將乏善可陳，因為它們無可避免。

真正令人驚奇，覺得有趣，讓人歎為觀止的，是我們打造的奇蹟——友誼、家庭和意義。

我們熱愛創造。

附錄一 後符號溝通
（我在經典 VR 演講中的奇想）

更多講稿內容

「講稿」這個單元，收錄了一九八〇或八一年左右某次演講的內容。演講一開始，我談到人如山峰的頭足類動物及童年早期的經歷。這很自然是介紹那個演講主題的唯一可能方式，因為那次主題是談論：「如何使科技變得夠迷人，讓人永遠是為了意義、而不是為了權力才投入科技？」

那份講稿後續提到：

> 假設二十一世紀已經過了數十年，機器人遠比以前還要先進。[1]
>
> 也許你可以製造一個巨型章魚狀的水生機械小屋，外型鑲滿了裝飾。也許，有朝一日，生物工程可以製造出一個城市規模的特製章魚屋，裡頭有讓人類睡覺的房間。
>
> 如今我們對科技的瞭解是，隨著科技的進步，某些事物可能變

1　哈！現在我編輯這份陳年講稿時，終於已經來到以前所謂「遙遠的未來」了，但灣邊依然沒有潛伏著巨大的人造生物。

得愈來愈快，愈來愈容易；但其他的東西可能還是跟以前一樣費工。隨著晶片運作得愈來愈快，興建晶片製造廠卻變得愈來愈難。

所以，我們可以合理推測，即使我們不確定會遇到什麼麻煩，但是製作超大的機器章魚在未來永遠是個麻煩。

而且，別忘了，你可能會花更多的時間在政治上，而不是在那個專案上。即使未來的生物工程不受管制，你可能還是需要協商權利，或是為了那麼大的東西，遵守土地和水域運用的相關法規。

然而，即使是成年人，也有幾種方法可以幫我們自然而然瞭解世界上的新事物。

你仔細想一下人體的話，會注意到幾個特殊部位的移動速度跟我們的想法一樣快，而且那些部位還有足夠的變化，可以反映多種不同的想法。

你知道是哪裡嗎？大家動動腦，想想看……是舌頭和手指！

手指可以在鋼琴上彈奏音符，鋼琴師想彈多快，手指就能移動得多快。最快的鋼琴師可以發揮創意，即興彈奏，彈出聽眾聽得到的最快音符。不信的話，可以聽一下亞特·泰坦（Art Tatum）的獨奏。仔細聆聽時，簡直神乎其技。

我們用手創造出各種人造的東西，儘管創作經歷的序列愈來愈長，也愈來愈慢。我們先以雙手生火、以火熔鐵，再以鐵鑄劍，如此依序進行。

在漫長的科技序列之初，我們總是先從動手開始，**但**……那也需要舌頭來協調，我們用說話來規畫我們打算用手做什麼。

我們腦中最早的記憶，通常正好是我們最早的語言經驗。為了瞭解語言，你必須從思考「迅速」這個概念開始。

運用「語言」這檔事就是：用我們能以思考的速度操作的一小塊物理現實（比如舌頭這個實體），去觸發幻象；而要是透過其他途徑，想在現實中操作同樣的事件，會進展得很慢、花上很多功夫。

在矽谷文化中，我們把語言稱為一種「破解祕技」。

你只要稍微動動舌頭、刺激一下聲帶，就可以脫口說出「巨型

紫色章魚」這幾個字。相較之下，你在現實中實際打造出那樣的生物，可能要花數十年的功夫，甚至在遙遠的未來才有可能實現。

符號是一種追求效率的技巧。它讓大腦在想法出現時，馬上向他人表達想法，不必意識到現實世界的變化。「符號化」把我們可以掌控的宇宙部分，例如舌頭，變成我們無法迅速掌控的宇宙其餘部分，以及所有可能的宇宙。

現在，想想 VR 將來出現時的模樣。

想像有朝一日出現一種使用者介面，讓我們在 VR 中可以迅速創造出新奇的東西，就像現在彈奏樂器那樣簡單迅速。也許那些使用者介面感覺就像樂器。

也許，以後你可以在沉浸式的虛擬世界中，拿起一種類似薩克斯風的虛擬東西。也許你必須佩戴特殊的眼鏡和手套才能看到及感受它。又或者，你必須使用其他的玩意兒才能操作。你把那個東西拿起來，學會它的指法及吹奏方式，接著就能輕鬆迅速地吹出虛擬的章魚屋和其他的奇妙東西，就像我們今天用薩克斯風吹出音符一樣的輕鬆迅速。

那將變成人類劇場的新把戲，變成人類歷史上的新轉折。你身上那些用來表達語言的部位，將會用來製造體驗，而不是製造符號化的假想體驗。

當然，學習如何把一個東西從想法變成現實，需要花數年的時間，就像我們學習語言或彈鋼琴，也需要數年的時間。但那種回報是有形的，其他人會體驗到你從無到有創造出來的東西。你自發創造出來的虛擬物件將會客觀地存在，像實體物件那樣讓人共同體驗。

為了達到這個理想境界，VR 必須包含那個富有現實表達力的薩克斯風或其他千變萬化的工具。目前我們還不知道那些工具能否創造出來，但假設那是可以做到的。[2]

2 附錄二談「表型互動」時，會大略談論怎麼做。

所以 VR 是以一種全新的方式，結合物理現實、語言、天真想像力的特質。

我把這種 VR 境界稱為「後符號溝通」（postsymbolic communication）。你不是在講鬼故事，而是在製作鬼屋。

VR 將會像想像力那樣，產生無限多種變化。它也會像物理現實那樣，因為它是客觀存在的，而且可以和其他人共同體驗。它也會像語言那樣，因為成年人可以用它來迅速表達，而且速度至少和思維一樣快。

「藍」

講稿到這裡結束了，不過我還記得後來發生了什麼事：很多人提問，這裡我只回答其中一個問題。

「等等！虛擬的東西不就是一種新的符號嗎？它們難道不是抽象的，或是對可能發生的事情所提出的一種柏拉圖理型式的說法嗎？真的和文字不同嗎？」

很高興聽到你這樣問。首先，我們必須明白的是，我們對意義、符號或抽象概念，還沒有科學化的描述。我們不能把這些東西描述成大腦內的現象。我們思考這些文字的意義數千年了，但還無法打造出一個偵測器來偵測它們到底代表什麼。我們假裝在電腦程式裡實現它們，但那樣做只是為了行銷和募資。

即便如此，我還是主張，「後符號溝通」與以前出現的任何東西都有所區別。

以「藍」（blue）為例，科學家可能把它描述成一種最適合視網膜內某類感應器的光頻。但是，「藍」的意義不僅於此。有些東西不符合

科學家的定義，但我們依然用「藍」來理解它們，例如海洋、草坪、[3]
音樂。所以，究竟什麼是「藍」？

　　想像 VR 中有一個桶子，裡面裝了所有跟「藍」有關的東西。把頭
伸進桶子，就像伸進 TARDIS[4] 一樣，裡面的空間很大，所有跟「藍」有
關的東西都往遠處飄去，你會感覺到它們的共通性，無需任何文字描
述。

　　那是一種新的藍，一種夠多元的具體性，那應該可以承擔至少一部
分的抽象概念責任。

　　另一種說法是，如果整個宇宙是你的身體，你就不需要說話了，你
會直接意識到你需要描述的事情。（沒有嘗試過 VR 的人，可能很難瞭
解這兩句話。）

　　有些學者主張，古代人甚至沒有意識到藍這種顏色的存在，直到出
現一個來指稱它的字。[5] 許多古代的文獻中找不到藍色的記載。既然如
此，我們現在怎麼會絲毫不懷疑，我們可能也沒意識到某些東西呢？或
許「後符號溝通」會敞開我們的觀感，讓我們感受到比言語更廣泛的東
西。[6]

3　〔編註〕禾本科早熟禾屬的草坪草種，在英文中一般俗稱「藍草」（bluegrass），包含肯塔基
　　藍草（Kentucky bluegrass）等逾兩百個物種，是適應區很廣的溫帶型草種。

4　〔譯註〕TARDIS 的全稱是「時間和空間相對維度」（Time and Relative Dimension in Space），
　　是英國科幻影集《超時空奇俠》（Doctor Who）裡的時間機器和太空船。

5　參見蓋伊・多徹（Guy Deutscher）的《小心，別踩到我北方的腳！》（Through the Language
　　Glass）。

6　多年來我一直在思考「藍桶子」這件事，但今天我可以引用具體的實驗了。也許這個老是被我
　　拿來當比喻的例子終於可以收起來了。

　　　在機器學習的演算法中（例如可分辨貓和狗的演算法），我們是先請很多人來分辨每張照
　　片屬於哪一類（例如貓、狗或藍色的東西）。我們通常把這種辨識活動加入線上遊戲或新奇事
　　物中，讓網民免費幫我們辨識。

　　　接著，我們再用統計相關的回饋網路（名為「機器學習的演算法」），來擷取那些人告訴
　　我們的答案。如此衍生出來的軟體，以後就可以辨識貓、狗和藍色，而且辨識效果往往跟一般
　　人一樣好或更好。

　　　所以，我以前想的那個桶子實驗已經實現了（我甚至參與研究了那種演算法的早期實例）。

　　　一九八〇年代，我做 VR 演講時，必須質疑抽象概念和符號的優越性，因為它們是學術界
　　的寶貝。但現在既然機器學習的演算法不僅運作得很好，還累積了有史以來最大的財富，我反

說吧，觸手！

聽過我演講的人，會聽到我講很多頭足類動物，因為我對頭足類動物特別著迷。

比較奇特的頭足類動物，像前面提過的擬態章魚，可以把圖像投射到皮膚上。它們也可以操縱觸手及鼓起外皮以大幅改變形狀。章魚可能突然變成一條魚，只要掠食者不是剛好喜歡吃魚，就會是絕佳的偽裝術。頭足類動物在演化過程中變得很聰明，牠們不僅會變形，還變形得很巧妙。

伍茲霍爾海洋研究所（Woods Hole）的羅傑・漢倫（Roger Hanlon）拍過一支很有名的影片。影片中有一隻加勒比海的章魚變形為珊瑚，逼真到至少人類看不出牠與真實珊瑚的差別。另一種擅長變形的頭足類動物是烏賊，牠還可以變性，或許是為了在交配季混淆競爭對手。頭足類動物甚至可以學習變成沒見過的東西，例如棋盤。（沒錯，真的！）

如果人類也能那樣變形，就會有先天的化身，可以變成我們想到的任何東西。頭足類動物的生活當然不是很完美。牠們是從沒有親子關係的卵孵化出來的，這對牠們來說很不利——牠們非常聰明，但無法跨時

而想提出相反的問題。

最近我們需要提醒大家，即使你可以分辨貓狗，那不見得表示你瞭解所有的認知。

人類的大腦中還存在著超越「相關性」的東西。例如，我們不會只看隨機的新數學運算式與正確的舊數學運算式之間的關連，就偵測出正確的新數學運算式。我們瞭解數學，但我們不明白「瞭解」是什麼。現在，我們的大腦對於「概念」並沒有科學化的描述。也許有朝一日會有，但現在還沒有。我們有能力忘記我們不明白的事物，我們很容易混淆自己。

我的朋友布雷斯・阿規拉・伊雅克斯（Blaise Agüera y Arcas，以前在微軟實驗室任職，目前在 Google 任職）和他的同事曾試著反向執行機器學習的演算法。他們想看那樣做會不會出現狗或貓的純理論圖像。如此衍生的東西需要靠藝術家的指點，才會明白那是什麼，但那些東西可能很有趣或超現實。

我們不知道人腦中是否有純理論的貓狗圖像。我們只知道，看到狗或貓時，腦中發射的神經元是不同的，但我們不知道差別何在或為什麼。

由於我不知道什麼是「符號溝通」，或五十年後還有沒有人接受那個概念，我不是真的知道「後符號溝通」會是什麼樣子。數十年後的今天，我依然喜歡「後符號溝通」的概念，因為它強調我們應該盡可能想遠一點，以發現 VR 中的新事物。

代發展文化。能選擇的話，我還是會選擇當人類。

但是有了 VR 以後，人類可以變成有童年的頭足類動物，前提是我們先想出如何製作卓越的 VR 設計軟體。[7]

創造

以前演講時提到的一些概念，可以加入本書收錄的 VR 定義中。例如，VR 可能變成（先深呼吸）：

**第四十八個 VR 定義：一種共同的、清醒的、
刻意的、交流的、協作的夢。**

換一種說法，

**第四十九個 VR 定義：把童年最早期的私密魔法
延展到成年的一種科技。**

童年的幻想可以實現，實際的活動可以變成超現實。我想知道，如果我們誠實面對幼年的本質，並為那些本質創造出永續科技，那些本質是不是就沒有那麼糟。

VR 的情感比我們對新奇事物的渴望還要深刻。我們在短暫的生命裡，在牆內搏鬥。我們雖然能夠想像，但行動能力有限。科技是我們用頭顱去衝撞那些牆的方法，至少我們因此留下了印記。

所以，底下是另一個 VR 定義。

7　我在《別讓科技統治你》的末尾，詳細說明了這個思維，這裡就不再贅述了。（譯按：頭足類動物沒有童年。作者在《別讓科技統治你》中寫道：頭足類＋童年＝人類＋虛擬實境。）

第五十個 VR 定義：一種生活經驗的提示，
不帶那些總是在界定人格的限制。

著迷 vs. 自殺

　　還有一個經常出現的問題。即使別人不問，我也會自問：「思考童年的本質，並以更廣泛的方式與他人聯繫，為什麼那麼重要？難道不是你自己的執迷嗎？」

　　我的回答是，這攸關人類的存續。

　　如果我們繼續沿著現在的道路走下去，我們終究會自毀。未來我們的技術能力愈來愈強時，我們會有更多的方法可以終結人類的故事。這種數字遊戲對我們很不利。[8]

　　我常發現自己夾在科技懷疑派和科技烏托邦派之間動彈不得。我必須一再重申，我絕對贊同科技進步。假如回顧人類歷史，會發現愈遙遠的年代情況愈糟。即使到不久之前，大家還是會盡可能多生一點小孩，因為他們預想不是每個孩子都能長大成人——惡疾孳生蔓延，飢荒俯仰皆是，多數人蒙昧無知。

　　儘管有這段歷史，我從未主張科學或科技可以讓生活**自動**變得更好。科學或科技只是幫我們創造了選擇和餘地，讓人變得更有道德、倫

8　在狩獵採集時代，小團體或部落之間彼此制衡；一小群人可能傷害一小群人。後來，進入農業社會後，規模愈來愈大，獲得的報酬也愈來愈多。於是，城鎮的周遭開始逐起城牆，暴力開始系統化，變成軍力。一大群人可能傷害一大群人。接著，軍事戰略及創新能力都提升了，中等數量的人可能傷害大量的人，例如蒙古侵略、英國海軍。

　　但現在，我們面對的是類似摩爾定律的效果，一小群人將有愈來愈多的方法可以殺死一大群人。大規模暴力的手法愈來愈便宜，終將趨近免費。

　　同樣的，以前需要動員許多人去暗中監視許多人，例如東德國家安全局的間諜活動和操弄手法。但現在一小群人已經可以暗中監視每個人，還可以阻止多數人做同樣的事，因為數位網路不像它宣稱的那樣公平。

理、明智、快樂。想要追求道德或倫理的進步，科學或科技從來就不是充分條件，只是必要條件。

　　矽谷烏托邦大會的一個長年主題是「富足」（abundance）。這個詞在我們的語境中意味著，人類很快就會變得非常擅長科技，每個人都會因此過得很好，甚至長生不老，而且這種生活幾乎是免費的。上述概念有時會成為反駁之詞，用來回擊因財富極度集中而生的擔憂。「不久，你想要的一切東西，幾乎都是免費的，所以不管財富集中在誰的手上都無所謂。」

　　但是，人類**已經**獲得那個潛力了。我們在二十世紀的某個時點，已經達到那個境界。我們已經有能力餵養、安置、教育每個人。沒錯，每個人！我們也習慣了這個事實，只是還沒做罷了。長久以來，那一直是整個科技業核心的暗黑恥辱。

　　我認為，當我們把科技進步視為主要指導原則時，會把我們一直往上提升，我們無從抵抗，直到懸崖峭壁還收不住腳，接著墜入自我毀滅的深淵。但我們又不能扭轉科技進步的進程，因為那樣做太殘酷了。但或許我們可以隨著科技的進步，重新構思及改善我們逐漸攀登的進步坡道。也許進步坡道不是只有一種。

　　我之所以提到幼年、頭足類動物、以及奇幻經驗，是因為它們指向一條更好的進步坡道，一條有利生存的坡道。我把這個更好的坡道稱為「麥克魯漢坡道」（McLuhan ramp）。[9]

　　人類出現以來，就持續創新聯繫彼此的方式。從數萬年前的口語交談，到數千年前的書寫語言，到數百年前的印刷語言，再到攝影、錄音、電影、電算、網路，然後到虛擬實境，最後到我的演講希望讓大家窺見的「後符號溝通」，接著到我無法想像的東西。[10]

9　這是向活躍於一九六〇年代的知名知識分子馬歇爾‧麥克魯漢致敬，他是研究媒體的先驅。
10　威廉‧布里肯（William Bricken）曾是華盛頓大學人因介面科技實驗室的首席科學家。那個VR實驗室是由湯姆‧弗內斯創立的，也是第一個虛擬西雅圖誕生的地方。布里肯已經開始探索如何以「後符號」的方式來研究數學，你可以在他即將出版的著作《符號化數學》（Iconic Mathematics）中瞭解細節。

而「麥克魯漢坡道」是由許多發明構成的,但發明不光只是完成實際的任務而已,也會培養人格的新面向,甚至包含同理心。我曾經談過,根據定義,「我們之間的邊界」是無盡的,不像其他的邊界是有限的,因為我們透過探索邊界,不斷延伸發展。

我說:「這些夢想追尋、這些我致力投入的瘋狂專案——後符號溝通的理念、表型互動架構[11]的工程專案等等——都是為了在麥克魯漢坡道上邁出一小步。」

除了探索遙遠的恆星系統以外,我們也可以想像,未來我們會找到認識彼此的更好方法。既然我們先天是充滿創意的,那個流程永遠不會終止。別人愈來愈認識我們,我們也會變得愈來愈有趣。

有時,我稱之為同理心坡道。隨著我們在坡道上上升,發揮同理心的機會也會愈來愈多。

第五十一個 VR 定義:讓你設身處地為他人著想的媒體,
希望那是增強同理心的途徑。

麥克魯漢坡道與成就坡道不同,它可能不會通向懸崖峭壁,而是持續上升。到了某個時點,武器已經進化到頂、無法再繼續進化。當每個人都可以因一時興起殺光地球上其他所有人時,軍事進步坡道就完成了,人類也抵達懸崖峭壁。

每次演講到這裡,我常提到詹姆斯・卡斯(James P. Carse)的著作《有限與無限的賽局》(*Finite and Infinite Games*)。書中提到,有些賽局會結束,有些賽局會變成永無止盡的冒險。一場籃球賽會結束,但整個籃球世界和文化不需要結束。科技是屬於哪一種賽局呢?

我的演講到最後,常以一句忠告作結:「科技人有責任提供美好、

---

11 相關資訊,請參見附錄二。

迷人又有深度的媒體科技,以吸引人類遠離集體自殺。」

我以加強語氣講出那段話時,觀眾往往倒抽一口氣,但他們後來只記得華麗的嬉皮神祕感。本來我打算以「吸引人類遠離集體自殺」為我的第一本書《別讓科技統治你》畫下句點,但是當時的經紀人堅稱那句話太悲觀了,會破壞讀者對那本書的感受。

然而,暗黑的現實主義才是唯一適合華麗樂觀主義的基礎。實戰時,應該悲觀;策略上,應該樂觀。

反大師

一九九二年後,基本上我就不再做「大師演講」了,不是因為夢想逝去,而是因為大家的反應太熱烈,我開始感到不安。最終讓我徹底反感的,是教育機構 Learning Annex 公司所舉辦的一場活動。那次活動的感覺特別矯情,吸引了一群極其諂媚的聽眾。我一點也不想成為大師,雖然很多人一直在追尋大師。

附錄二 表型互動狂熱
（關於 VR 軟體）

強制變形

這是一本有關電腦科學的生涯回憶錄，所以有很多電腦科學的討論。如果科技的討論令你讀得頭昏腦脹，你大可跳過這篇附錄，因為這篇是談 VR 的軟體。不過，你讀下去的話，可能會意外發現內容還挺有趣的。

請思考一個問題：VR 軟體應該是什麼樣子？ VR 軟體應該跟其他軟體的形式截然不同，原因如下。

幾乎所有的軟體都分成兩階段，就像毛蟲和蝴蝶那樣。第一階段是編寫或調整軟體，第二階段是執行軟體。程式設計師在這兩種模式之間反覆切換，不斷調整，然後再次執行。所有的軟體幾乎都有「兩階段」的性質。在任一時刻，程式設計師要嘛是在編寫軟體，不然就是在觀察軟體的運行。

（有些「建造者」遊戲可以讓玩家一邊玩、一邊改，例如《當個創世神》，但是你能改變的程度有限。如果你想做更深層的改變，必須切換為「毛蟲模式」。）

但是，這對 VR 來說是不夠的。VR 不像智慧型手機，不是在外面的盒子裡運行。你在 VR 中，VR 就是你。

　　想一想實體世界。以廚房為例，你先煮飯，然後吃飯，現實的規則不需要在這兩種活動之間改變。你不會在煮完飯後進入動作暫停的狀態，讓工程師來重新設計你的手，以便操作刀叉用餐，而不是拿煎鍋和鍋鏟來用餐。至少我們沒有理由相信那種情況會發生，你只需在同一個世界裡做完一件事，接著做另一件事就好了，你可以維持同樣的連續性。VR軟體也做到這樣，不是很合理嗎？也就是「無模式」（Modeless）？[1]

　　這點從一開始就顯而易見，所以我和VR夥伴必須從最基本的原則開始，重新思考軟體的架構。

葛麗絲

　　來回的模式切換（在開發及執行程式碼之間切換），主要是海軍少將兼電腦科學家葛麗絲・霍普（Grace Hopper）發明的。她「制定」了軟體開發的核心模式，並沿用至今。

　　「原始碼」（source code）是我們在開發及編輯電腦軟體的時候，也就是在毛蟲階段所修改的加工品。原始碼通常是由英文和符號組成的，貌似有幾分可讀性，彷彿是在描述電腦該做什麼。但那只是假象，其實原始碼比較像法律文件。它詳細指出電腦為了達成任務，必須採取哪些確切的行動。

　　這種風格上的誤導，常導致剛學程式設計的學生困惑不解。原始碼看起來有點像人性化的文字，但必須寫得像機器人那麼精確，才能順利運作。你必須變得像機器人那樣一板一眼，才能編寫機器人的程式。

　　原始碼的完美要求，主要是一個團隊規範出來的結果。那個團隊是由霍普及一群女性海軍數學家所組成的。她們發明或精進程式語言、編譯器，以及落實「高階」原始碼所需的其他科技。[2]

1　這裡是引用賴瑞・泰斯勒一九八〇年代的知名車牌「NO MODES」（譯按：意指「無模式」）。模式的存在，導致軟體更難使用。泰斯勒發明了瀏覽器以及數位世界中許多大眾所熟悉的元素。

2　「高階」（high-level）這個詞沒有固定的意義，但通常是指離位元較遠，與概述位元活動的抽象概念比較有關。

當時頂尖的男性數學家群聚在新墨西哥州的洛斯阿拉莫斯（Los Alamos），研究如何製造原子彈，所以只剩女性數學家推動電算的發展。霍普的團隊相當卓越，甚至開發出一種最佳化編譯器，而且遠比最佳化編譯器在電腦科學中變成熱門話題的時間還早。

以文字為基礎的程式碼，使得特定的抽象概念[3]變得特別顯著，占有主導地位，成套的代碼詞彙必須由此而生。所以，霍普的作法使抽象概念看似根本且無可避免。

試想

最早期的電腦，例如在普林斯頓高等研究院（Institute for Advanced Study）約翰・馮諾曼的地下實驗室內運轉的那台電腦，包含很原始的視覺顯示器：一個位元一個燈，所以你會看到位元不時地閃動。[4]你可以真的看到程式在跑！[5]我喜歡以這種方式來思考電算，把它想成一種具體的流程，牽涉到材料改變狀態、位元閃動等等。

你可以想像，如果程式設計師想讓那些燈變得更實用，可能需要不同形式的運算電腦。想像一下：這種模糊又原始的視覺位元跳動變得愈來愈好，好到你可以在螢幕上繪製及重新繪製位元，讓程式可以一邊運行、一邊修改。

那要怎麼做到呢？你怎麼知道你繪製那些位元的意義或意涵呢？你怎麼知道哪個位元是做什麼呢？

你如何確保電腦不會當機？你的繪製如何達到夠完美的境界？別忘

3　〔編註〕「抽象概念」（abstraction），一般也常譯為「抽象化」，指的是以人類能在語言層級理解的一套概念，描述電腦資料與程式的運作方式，隱藏實作細節、減少程式複雜度，使程式設計者能更便捷地編寫所需指令。Abstraction 這個詞，同時可以指程式語言後的邏輯概念，也可指將程式運作模式抽象化的動作。

4　http://alvyray.com/CreativeCommons/AlvyRaySmithDawnOfDigitalLight.htm

5　典型的（非量子）電腦中，只是一長串開關，那些開關要不是開著，就是關著。我們把那些開關稱為位元，把它們描述為 0 或 1 的狀態。電腦運行時，開關會經常開開關關。這就是電腦裡發生的**一切**，剩下的是我們看到周邊裝置所做的詮釋，例如一群位元在螢幕上顯示圖案。

了，即使是些微的錯誤，也可能導致電腦當機。

位元不能直接以無意義的亂碼呈現，它們必須組織成有意義的圖片，需要一種限制很多的高超繪製法（還要能重繪修改）才能完成。

請各位先暫時不要懷疑這種作法是否實際、可取或可行。

如果當初電腦運算朝著這個方向演變，我猜今天整個社會也會變得截然不同。主因可能一開始有點難以理解，但稍後我會回頭說明：當你可以看到位元並操作它們時，你對電腦會有比較實體及踏實的感覺。

不過，原始碼不是踏實的，它完全是與特定電腦語言有關的抽象概念。它要求我們以一致的方式運用那些抽象概念，於是接觸數位文化的人開始相信那些概念，也許還因為過於相信 AI 之類的抽象實體或所謂的完美意識形態，而變得更加脆弱。

暫且先撇開那個假設不談，一種更具體、視覺化、可即時編輯的運算風格是**無模式**的，也更適合 VR。你身處在 VR 的同時，也可以改變 VR，那樣好玩多了！

不過，我剛剛描述的只是一種幻想，那是我幻想本來可能的電算發展，但後來原始碼設計的概念成了主流。

原始碼確實有很多值得稱許的地方：每次你測試軟體時，都清楚知道軟體的狀態，所以至少理論上，測試可以比較嚴謹。（但實務上，軟體還是很難 debug〔除錯〕。不過，那又是另一個議題了。有些人可能不知道，「軟體錯誤」〔software bug〕這個詞是源自霍普早年使用的電腦上卡了一隻飛蛾，導致程式中斷。）

我見過霍普幾次，也非常推崇她的貢獻。但坦白講，我有點怕她。不過，這個例子正好可以充分說明，電腦科學界忘了這個領域還有很多路徑可以探索。我們沒有必要認為，所有的軟體一定要依循霍普制定的那套模式。

手法

程式設計和程式執行之間的人為劃分，是「文字型」程式碼所衍生

的副作用,而不是電算固有的特質。

我之前描述的那段另類歷史,在未來還有可能再出現嗎?有沒有一種使用者體驗可以讓你在程式運作的**同時**,重設電腦程式的位元,不需要遵守固定的抽象概念?

這種方法變得夠先進時,也許程式設計可以變得更有實驗性、更直觀。這將會開啟重新構思程式設計的新路徑,把程式設計變成表達整個世界、體系、經驗的方法,也可以用來表達我們還無法清晰陳述的意義層級。這是我希望電腦能做到的事情。

我把這個理念稱為「表型互動」,有時也稱為「神經模擬」(neuromimetic)或「有機程式設計」(organic programming)。「表型互動」是指表面彼此相向。

「表型互動」軟體仍是實驗性的概念。商務 VR 正值早期盛世時,有過短暫的實驗爆發。例如,在 VPL 的虛擬世界軟體裡,當你身處那個世界時,虛擬世界的內容和規則可以用任何方式改變。

我們以一種巧妙的機制來達到那個境界,這裡我就不詳細說明了。那是一種誤導計畫:趁著中央處理器沒注意到的瞬間,以新的位元型態來代換舊的位元型態。這一招必須完美執行才行,因為你必須在正確的時刻以正確的方式替換大量的位元,才不會導致當機。(在「位元」的層級,一切運作都必須完美,電腦才不會當機。)

我們最初之所以如此大費周章,是因為當時的電腦還很遲緩,那是讓電腦運作得夠快的唯一方法。採用這種機制時,通常可以提高程式碼的運作速度。

我們可以一邊身處在虛擬世界裡,一邊改變虛擬世界的運作。起初對我們來說,這只是令人愉悅的副作用。

編輯器和對映

組成「表型互動」架構的組件,稱為「編輯器」(editor)。對習慣傳統架構的電腦科學家來說,一開始要熟悉這個概念可能有點困難。

　　表型互動的程式設計，與目前大家熟悉的多種程式設計不同。最大的區別在於：表型互動的程式設計師不需要一再查看相同的原始碼格式。

　　目前，所有程式語言的程式碼看起來都很相似，都不斷出現 IF、THEN、REPEAT，或任何特定的字詞和符號。

　　在表型互動系統中，一個程式的不同面向以及不同類型的程式都有相異、特定的使用者體驗。

　　在編寫表型互動程式時，所感知及操作的那些設計就是**編輯器**。編輯器可能看起來像電腦螢幕上的圖案，或是虛擬世界中的虛擬物體。

　　編輯器是使用者介面體驗和位元型態之間的**對映**（mapping）。

　　如果你編輯的是正在運行的程式位元，表示你使用的**編輯器**必須能解讀及顯示位元給你看，這樣你才知道要怎麼改變它們。那可能有好幾種作法。不同的編輯器可以指向**相同的**位元型態、相同的程式，並以不同的方式呈現給程式設計師。

　　由於表型互動的程式設計是以人類體驗和位元之間的對映為基礎，程式設計師不需要執著於特定的抽象概念。一個編輯器對映程式位元的方式，可能使那些位元看起來很像迷宮；但另一個編輯器對映同一群位元的方式，可能看起來像家系圖。

　　每種以傳統原始碼為基礎的程式語言，無可避免都會受到抽象概念的牽制，例如 Fortran 的函數、LISP 的列表，或 Smalltalk 的物件。這些都是我學寫程式那個年代的例子，你不需要知道它們是什麼。你需要知道的是，它們是銜接人類意圖的世界和電腦內那些跳動位元的概念。每一種概念在某些情況下很好用，但是在其他情況下又不太好用。

　　表型互動的程式設計是以單一工具，在不同的時間點，支援不同的概念。抽象概念可以混搭，以配合當下的需要。

變體

　　這並不表示抽象概念已經過時了。

想像一下，未來的 VR 是以我和朋友很久以前探索的表型互動程式編寫而成。在那種情況下，你可以透過多種行動來改變 VR 的位元，使你所在的虛擬世界突然以不同的方式運作。

你可以採取的行動有哪些呢？你是操作狀似「企業號」艦橋的模擬控制台嗎？還是拉動中世紀地牢的鎖鏈，或是像葉子一樣飛舞呢？又或者，你是編輯狀似葛麗絲·霍普那種原始碼的文字，跟現在大家編寫程式的方式一樣？以上這些編輯器設計都有可能出現。

但無論如何，它一定會有**某種**設計。如果你不先接納一種觀點和思維，就不能完成任何事情。但基本上，我們沒有理由堅持特定的時間一定要使用某種設計。

在葛麗絲那種「非」表型互動的原始碼世界裡，每種程式語言都主張，使用那種程式語言時，特定的抽象物件不僅是真實的，也是必要、永恆、無可避免的。我已經提過 Fortran 的經典「函數」和 Smalltalk 的「物件」，但我也可以輕易舉在寫這本書時十分流行的雲端軟體「bots」為例。

這些物件都有很好、很實用的時候，但沒有一個是不可或缺的。如果「現實」是指你無法拒用，那麼它們都不是真實的。它們**看似**真實，這點讓我覺得很麻煩。

要不是因為歷史上的一些奇特發展，那些大家所熟悉的抽象概念可能都不會存在，而是由其他的抽象概念所取代。（是否應該重新思考如今大家普遍使用的軟體抽象概念，是另一個開放性問題。我在先前的著作《別讓科技統治你》中，提到軟體中表達概念的方式，可能被惡性的「網路效應」綁死了。但基於本書的主旨，我認為我們還有改變的時間和希望。）

你使用電腦時，唯一根本的、不可侵犯的東西，也就是真正真實的東西，是你和電腦中位元的運作型態。連結這兩種真實現象的抽象概念並不是真實的。

我們可以想像出表達這種理念的電腦架構嗎？如果真的有一種方法可以切換不同的編輯器設計，以呈現出特定的位元型態，讓你既能瞭解

那些型態，又可以在不同的時間以不同的方式修改它們呢？

表型互動的初步測試

一九八〇年代初期，我和朋友開發了幾代的表型互動實驗。第一代的名稱是 Mandala（曼陀羅），第二代是 GRASP，第三代是 Embrace（擁抱）。（GRASP 搭配手套，Embrace 則搭配全套服裝，兼顧了字面與比喻的含義。）一些主要的 VR 應用類別，都是以 VPL 的無程式碼軟體做出原型。

「無程式碼」並不是一種比喻，而真的就是字面上的意思——沒有使用程式碼。這樣說吧，我們使用傳統程式碼及開發工具來啟動系統，但虛擬世界不是靠程式碼運作的，而是依賴（我要再強調一下）可以用**對映**的**編輯器**進行修改的位元型態。

編輯器和一般用來開發軟體的工具，例如編譯器、解譯器等是截然不同的。

在傳統程式碼軟體的變形模式中，編譯器就好比蝶蛹：你編輯一個文字檔，也就是原始碼，要先經過編譯，才會看到程式碼改後的效果。接著，你再來來回回地切換模式除錯。[6]

年輕一輩的電腦科學家是在霍普的影響下成長。對他們來說，表型互動這種另類的作法乍聽之下可能不可思議。大家幾乎把「程式碼」普遍視同為「電算」的同義詞，但事實並非如此。

表型互動編輯器可以模仿傳統的程式碼嗎？換句話說，我們可以把位元型態對映到螢幕上看似高階的電腦文字語言，藉此編輯位元型態嗎？在許多情況下，那是可以做到的，那意味我們是在**模擬**程式碼。表

---

6 解譯器與編譯器類似，它們都是依賴文字碼的固定詞彙和語法，那是一種特殊的電腦語言。不過，解譯器不是直接在電腦的位元上運行，而是在模擬電腦上運行。模擬電腦本身就是在真正的電腦上運行的程式。這表示電腦運行時可以改變程式，因為真正的電腦沒有執行程式碼（所以不必擔心真正的電腦當機）。解譯器的缺點在於，因為它是間接的，所以可能很慢。它跟編譯器一樣，無法改變正在運行的抽象概念，抽象概念是固定在語言設計中。

型互動可以透過設計及限制，使它看起來像文字，即使那個效果是源自一般的圖形建構。這種編輯器可以做編譯器能做的任何事情，但是做即時的視覺調整。[7]

我們特別喜歡幾種編輯器設計，它們是以某種視覺效果來呈現程式碼。我們最喜歡的一種原則叫「資料流」（dataflow）。資料流通常看起來很像連接模組的電線，但它不是根本。我們也可以換成類似葛麗絲·霍普那種文字編輯器或其他的編輯器。

程式設計的感覺很快就變得比較即興，有點像喇叭吹奏爵士樂、又像繪製數學圖形的感覺。

第五十二個 VR 定義：一種不用程式碼的電腦使用方式。

唉，最後，我們不得不要求 VR 客戶在一般的顯示器上開發，而不是在虛擬世界裡開發，主要是因為一般顯示器比 VR 頭戴裝置便宜許多，可以讓更多人同時在不同的地方工作。

想到這點，我到現在還是覺得難過！更讓我難過的是，如今 VR 的熱潮再起，但大家還是在一般的螢幕上使用傳統的程式語言來開發 VR。這就好像看書學外語，但從來不跟母語人士對話一樣。

在一般的螢幕上，我們的編輯器設計往往看起來有點像 MAX。MAX 是今天用於實驗性電腦音樂和動畫的一種視覺程式設計工具。[8]

---

7 通常，我們可以迅速做很小的改變，快到讓人即時體驗改變，但每次調整所需的額外時間各異。

8　MAX 看起來像一群小盒子，以線路網連在一起。大致上，那是模仿舊式合成器的程式設計體驗，類似鮑伯·穆格和唐·布克拉（Don Buchla）設計的那種合成器，那需要把許多電線插入放在架上金屬盒內的插孔。

　　MAX 的名字是向麥克斯·馬修斯（Max Mathews）致敬，他在貝爾實驗室（Bell Labs）發明了數位音訊。馬修斯在世時，每週四我們會在柏克萊共進早餐，布克拉、湯姆·奧伯海姆（Tom Oberheim）、羅傑·利恩（Roger Linn）、啟斯·麥克米倫（Keith McMillen）、大衛·威賽爾（David Wessel）以及電子音樂產品的其他先進也會一起來。這群人，連同穆格，是我開創 VR 產業時的榜樣。

至少我們當時看到了另一種未來，希望以後有人可以更徹底地探索那方面。

規模

電腦科學的根本動力是「擴大規模」。那表示電腦科學家希望它們的研究成果能夠不斷擴大，變得無限大及無限複雜。

如何讓表型互動結構變得愈來愈大呢？表型互動編輯器把電腦的位元對映到使用者介面，好讓人來改變位元。但一個編輯器可以編輯其他的編輯器嗎？有沒有可能出現一整串、一整群編輯其他編輯器的編輯器，像真菌那樣大規模成長呢？

當然可以，概念上是可行的。但是那種情況下，你是否需要遵守每個編輯器的抽象原則，以便其他的編輯器對它進行編輯？那樣做豈不是背離了「避免遵守特定抽象概念」的目標？

出乎意料，答案竟然是「不必！」。表型互動編輯器不必遵守任何抽象原則，就可以被其他的編輯器編輯。

原因在於每個編輯器都是人類可用的使用者介面。所以，編輯器只要模擬人類行動，就可以操作其他的編輯器。編輯器可以解讀一種使用者介面，並根據那個介面的原則來使用介面。

例如，低階讀取數學庫的編輯器可能看起來像計算機。一個人可以直接使用它，或者另一個編輯器也可以藉由模擬使用者的互動來使用它。

如果是日曆程式，需要運用算數來計算未來赴約的日期，它會模擬在模擬計算機上按壓按鈕的動作。

這些程式之間不需要共用的抽象概念來規定一個程式該如何呼叫另一個程式。每個編輯器需要自己想辦法瞭解，如何在其他的編輯器上運

用那些為人類設計的使用者介面。[9]

這聽起來像一種不確定又缺乏效率的方式，叫程式的一部分和另一部分互動。沒錯，確實是這樣！但只適用於小程式。

表型互動假設（phenotropic hypothesis）認為，一旦開始使用很大的系統，面臨很大的程式，表型互動原則會比傳統的方式**更有**效率，因為傳統方式要求一定要遵守抽象概念。

你可以把表型互動想成一群編輯器，每個編輯器的背後都有模擬的人類在操作它。在我們以前的設計中，可以把整個大程式翻到側面，從側面看到編輯器的集合。它們排成一個隊形，浮在空間中，宛若太空大戰裡的防護罩。

每個編輯器的後面，都有一個狀似卡通人物的角色，操作著其他的編輯器，而這個編輯器的後面也有另一個角色。這一切都是在那個年代唯一可用的形式上完成的：八位元遊戲圖形。我們從未完整實現整個願景，但已經很接近了。我多希望我可以秀以前的圖片給你們看看，但那些圖片並未留存下來。

當然，那個側面圖只是另一個編輯器，沒什麼特別的。

（如果你已經讀過我對 AI 的看法，試想：在 AI 裡，模擬角色是面對你，但在表型互動程式中，模擬角色是背對你，面向其他的編輯器，但是受到你的控制。顯然，那些角色都是工具，跟你是不對等的。它們採用與 AI 相同的演算法，但構想不同。）

動機

接受表型互動假設有多種理由。在談到功效的具體細節以前，我們先思考一下這種系統對人類的可用性。

自己從頭寫一個程式，永遠比理解及修改別人的程式來得容易。但

---

9 這種工程設計，類似開發那種不需要事先指示就可以探測及使用裝置的程式。相關研究的例子可參見：https://cacm.acm.org/magazines/2017/2/212445-model-learning/fulltext。

如果程式是表型互動的，至少你打開程式時，一定是看到為人類設計的使用者介面，因為它本來就是那樣設計的。

由於每個編輯器最初都是為人類使用設計的，表型互動系統通常是由適合人類使用的組件所構成。這表示，表型互動系統的「組塊」往往比其他架構更「粗略」。

表型互動沒有成千上萬個抽象的小函數，只分成幾個較大的清楚組塊，每個組塊都是使用者介面，本身都有連貫性。這種組塊很自然是依循人類的實際使用習慣，而不是工程師的理想方案，所以通常比較容易瞭解與維護。

在表型互動系統中，你應該可以看到每個編輯器背後的動態人物做著該做的事，以瞭解整體程式的運作原理。你也可以把自己放在編輯器網絡中的任何位置，直接在程式裡操作、做實驗。

上述說明顯示出一個基本原則：電腦只有作為服務人類的工具時，才有意義。如果你把電腦變得很有「效率」，但是那個效率導致人類很難理解及維修電腦時，那台電腦其實是很沒效率的。

角色對調

電腦安全就是說明這個原則的絕佳例子。我們設計了無數層抽象概念，讓程式與程式之間可以互相溝通，但那些抽象概念很難理解。所以，駭客不斷發現意料之外的程式漏洞，我們不得不承受入侵、維護、安全軟體、選舉篡改、身分竊取、勒索等等行徑所造成的驚人負擔。

表型互動軟體真的比較安全嗎？這需要做更多的測試才能證明，但我對此相當樂觀。

如今我們建構系統的方式如下：溝通抽象概念的精準位元架構，環繞著完成最有價值功能的「有利」模組，例如「深度學習」。[10]

---

10 詮釋圖片及其他自然資料的演算法有很多種稱法，而且稱法仍持續演變。在本書描述的時代，大家比較常用「圖型識別」（pattern recognition）這個詞。二十一世紀，「機器學習」這個詞

這些「類 AI」的重要演算法，在位元層級上**並不**完美，但即使它們只是近似 AI，功能依然**扎實**。它們為如今主導我們生活的程式提供核心的能力，例如分析臨床藥物測試的結果、操作自駕車等等。

在表型互動的架構中，一個程式的「完美位元」和「近似／扎實」的特質往往是對調的。

在表型互動的系統中，模組是以近似但扎實的方法連結起來，例如深度學習，以及其他跟「人工智慧」有關的概念。

在此同時，只有某些表型互動編輯器，例如計算機使用的功能，才會要求「位元完美」的精準。溝通時，不再要求絕對精準。

為什麼這樣更安全呢？為了避免駭客侵入電腦，我們有時會製造「氣隙」（air gap）。這表示執行關鍵功能的電腦沒有連線上網，所以駭客無法入侵，電腦只能由真人在現場操作。

在無程式碼的表型互動網路中，每個模組或編輯器就像被氣隙包圍住一樣，因為它們無法從彼此接收到抽象的訊息。它們之間完全沒有訊息，只有模擬的指尖按下模擬的按鍵，也沒有「按下按鍵」這種抽象的訊息。

在回頭談安全議題以前，我會先詳細說明氣隙的運作方式。

表達

首先，我得先澄清一點：一九八〇年代，若是沒有「按鍵」動作，就無法做出表型互動的效果。當時的機器視覺及機器學習的效果都還不夠好。

所以，我們需要一點語言來描述顯示器和螢幕上的按鈕這類使用者

變得愈來愈熱門，因為它與更有效的想法有關，是讀取更大量的資料集。最近，「深度學習」這個詞開始流行起來，它和進一步提升演算法的效用有關。當科學家試圖區別自己的研究成果和前幾代的演算法時，這類術語就會不斷地改變。不過，這些演算法和相關術語的差異，對表型互動並不重要，所以我使用這些術語時很籠統。

介面的功能，但我們知道那只是用來因應臨時問題的臨時方案。[11] 根據摩爾定律，電腦總有一天會變得夠快，不僅能夠辨識**身分**，還可以辨別**相似性**。到時候，一個編輯器就能透過機器視覺來觀察另一個編輯器，並用虛擬的手進行操作，不再需要像是按鈕這種使用者介面元素的抽象代表。

　　一九九〇年代中期，電腦的速度終於快到可以即時辨識視覺相似性了。我和一群新朋友一起創立了 Eyematic 公司，做臉部辨識、追蹤臉部特徵等機器視覺任務（當時我們可以在現實世界的困難情境中辨識及追蹤臉孔，並以此在美國國家標準暨技術研究院所舉辦的比賽中勝出。）

　　Eyematic 團隊的科學家，大多是知名神經科學家克里斯多夫·馮德馬茲伯格（Christoph von der Malsburg）以前的學生。幾位資深的 VR 人也在那裡重聚了，包括查克和一些以前的投資人。不過，公司的核心是哈穆特·奈文（Hartmut Neven）。後來，Google 收購了那家公司。

　　我得承認，剛開始參與開發一些臉部追蹤和辨識程式時，我有點不安。我不禁懷疑，我們是不是在創造怪物？我運用幾個 Eyematic 的原型，製作出一些邪惡技術的可用模型，後來成為電影《關鍵報告》的幾幕場景。例如，有人試圖逃離警方的追捕時，他經過的廣告看板會顯示他的人像，並把他的位置廣傳周知。

　　後來我之所以繼續研究，是因為我覺得此技術所帶來的優點，應該會超越全面監視的缺點。如果能用機器視覺來辨識人臉、追蹤表情，我們不是也可以運用同樣的功能來讓一個編輯器使用其他的編輯器嗎？這樣一來，我們終於可以淘汰之前那個臨時方案，打造一套有氣隙的表型互動系統了。

　　在那種情況下，表型互動編輯器只要支持自己的使用者介面就好，

11 一九八〇年代的表型互動實驗需要依賴一套計畫。那套計畫裡，描述了你在虛擬世界或螢幕上會看到的一切，包括房間、虛擬化身、文字、視窗、圖示等等。裡面包含五個基元，每個基元描述一種視覺／空間關係，例如包含或下令。我們使用這種系統來描述及繪製一切，甚至包括傳統原始碼的模擬，儘管系統裡根本沒有原始碼，只有機器語言對映螢幕上的東西（就像程式執行的位元那樣）。

不必支持別的介面或互動方法。這樣一來就沒有協定，不必記錄抽象變數，也沒有 API[12] 了。

一個編輯器的機器視覺和機器學習演算法，將會用來解讀及操作虛擬的手，那隻虛擬的手是用來虛擬觸摸另一個編輯器。編輯器無法分辨當下操作它的是人、還是另一個編輯器，因為人和編輯器使用的介面是一樣的。

編輯器內程式碼，使編輯器可以對另一個編輯器做某些特定的事情。那些程式碼的本質並不會標準化，編輯器的程式編寫方式也不會標準化。

有些編輯器會被訓練來執行任務（就像我們以例子來訓練機器學習的演算法一樣），有些編輯器可能需要明確的程式設計。所有的編輯器都可以和其他的編輯器互動，就像人一樣。

我認為這個優點十分重要，足以超越前述的監視問題。如果我們的資訊系統可以根據表型互動系統的原理來打造，以後我們使用的工具就不會要求我們只能一股腦全數接受某些特定抽象概念。

從現在起，我們的資訊系統將會是社會許多方面的模型，也是青少年變成社會個體的指南，所以改用這種有多元抽象概念的資訊架構非常重要。這是未來鼓吹開放和自由的方式。

我知道這個希望聽起來可能有點深奧，也像一種極其大膽的嘗試，甚至是一種烏托邦式的衝動，但這其實是為了超越烏托邦。

撇開那些宏大的概念不談，虛擬化身的臉部終於可以追蹤真人的表情了，那超級有意思。一九九○年代，我曾在紐約市的 Knitting Factory 之類的俱樂部裡，讓我那怪樂團來做測試，實際展示了表情豐富的化身臉。樂團的身後有一個大銀幕，觀眾可以看到古怪的樂手轉變成當年腐敗政客的化身。（如今回顧過往，那年代的腐敗還算是小兒科。）

---

12 API 指的是「應用程式介面」（application programming interface），是目前包裝抽象層的典型方法。抽象層是用來連結不同程式的東西。

不完美的智慧

　　未來理想的表型互動系統是以近似的方法連接模組，而且是採用機器視覺及其他的 AI 相關技術，所以如今那些瘋狂、棘手的駭客遊戲就沒機會出現了。

　　例如，以後駭客很難透過深度學習網路，例如把鏡頭對準一幅會引起病毒感染的圖像，把惡意軟體安裝在電腦上。「很難」並不表示「不可能」。想要追求完美的安全，那本身就是一件愚不可及的事。

　　你當然可以利用圖像植入惡意軟體（這種事一直有人做），但只有在軟體以位元形式吸收圖像，並以精確的協定處理圖像時，那種事才很容易做到。

　　欺騙刻板的協定很容易，因為你通常可以想出原設計者沒料到的伎倆。一個常見的例子是：圖像中的位元數，比描述圖像的協定所識別的位元數還多。軟體吸收圖像時，有些位元外溢到設計者沒料到的電腦部位，那些多餘的位元可能包含惡意軟體。

　　使用這種伎倆所造成的電腦感染，可能是當今地球上最常見的人為事件。

　　但是，如果圖像只以「類比化」的近似形式吸收，而且只做統計分析，彷彿有鏡頭對著那個圖像一樣，系統就不會那麼脆弱。[13] 圖像不是問題，協定的僵化才是問題。

　　有時工程師不是很**確切**明白軟體的運作方式，反而是最好的。

　　現代演算法與「深度學習」及相關術語之間的近似性質，本質上就能抵禦駭客的攻擊伎倆，但我們只用那些能力來執行特殊任務，而不是用來打造架構。另一種鼓吹表型互動概念的方法是說，我們應該在架構中使用表型互動。

　　就像生物學一樣，系統一旦強大起來，安全性也會跟著提升，但那

---

13 表型互動系統的一種原型，包含藏在機器裡的實體小螢幕和鏡頭，如此就可以打造實體的氣隙。

和完美是不同的。完美的系統可能崩解，強大的系統則是有彈性的。

彈性

　　表型互動假設的一個面向主張，系統把類 AI 的演算法用於結構和連結、而不只是用於負載時，可減少大故障的發生率。

　　當然，在小系統中使用表型互動來連接模組很沒有效率，因為你是依賴機器視覺和學習演算法來統一最基本的任務。但是在很大的系統中，維護協定會變得很沒效率。例如，系統經常更新及掃毒，而且每次更新協定時，都要停機很久。

　　我很喜歡舉音樂界的例子。多年來，我為了在混音裡增添迴響之類的任務，花了數千美元買音樂外掛程式，但那些程式現在都不能用了，**沒有一個**能用的！

　　軟體元件很快就過時了，因為它們必須完全符合軟體生態系統的協定和其他方面，我們很難避免微小的改變出現。[14]

　　在此同時，我從一九七〇年代開始買了很多實體的音效器，也買了許多實體的音樂合成器模組。那些硬體大多內建電腦晶片，功能與我購買的軟體外掛程式完全一樣。但它們有一點和軟體外掛程式截然不同：所有的實體裝置到現在都還能用，**全部**都可以。

　　差別在於，實體裝置是採用不會過時的類比氣隙連接。

　　理論上，軟體外掛程式應該更便宜、更有效率、各方面都應該更好才對。但實務上，硬體裝置反而更便宜、更有效率、各方面也更好，**因為它們到現在都還能用**。硬體音效器和模組就是音樂科技的表型互動版，[15] 外掛程式則是協定版。

　　你不能只看科技在某個時點的表現，而必須看整個生命週期，包括

---

14 以我的情況來說，問題在於蘋果 Mac OS 系統的緩慢變化。

15 為了避免混淆，我必須澄清，「音效器是硬體」這件事並不是造成差異的原因，真正的原因在於它們的連接不必完全遵循數位生態系統的協定和其他方面。表型互動軟體也有同樣的好處。

開發和維護在內。

我使用音樂工具的經驗，說明了表型互動假設的另一面：當規模夠大並考慮到長期的使用與修改時，表型互動架構比協定導向的傳統程式碼架構更有效率。

調適

我常以「脆弱」這個字眼來批評傳統的電腦架構——稍微改一下都不行，只要一個位元出錯就壞了。

相對於「脆弱」，我們可以在生命中找到對比。想想自然是如何演化出功能的？我們的基因有時很像軟體，偶爾出現單一突變，就有可能致命。

但是，即使我們沒有相同的基因，不同的個體也可以存活，這百分之百正常。微小的改變不見得都會摧毀我們。

我們尚未充分瞭解基因，但我們至少知道：基因夠強大，經得起演化。

演化是個漸進的過程。長時間累積的微小變化，會變成幾乎難以估量的大變化。例如，從單細胞生物演化成人類的過程就是如此。

演化過程中的關鍵微小步驟，在於基因的微小變異只導致生物的微小變化。當這種小變異所造成的小變化發生得夠頻繁時，演化核心的反饋迴圈就有機會發揮作用。

如果微小的基因變異太常造成生物的劇烈變化，那就無法「教導」演化多少東西，因為結果太隨機了。正因為微小的基因變異在許多情況下產生的影響很小，族群才可以逐步「實驗」一些類似的新特質，然後演化。

相對來看，如果你隨意改變一個位元，可能導致電腦完全當機。如果你**巧妙地**改變一個位元，則可能得犧牲非表型互動電腦的安全性。

不過，現今的程式中，幾乎不可能以意料外的方式改變一個位元，進而創造出微小的進步。這難道不代表我們使用位元的方式有誤嗎？

所以，表型互動假設的另一面向也主張，在表型互動編輯器中做出的微小改變，應該讓其行為產生微小的變化，而且那種變化會頻繁到足以促成**大規模**的調適性進步。[16] 現在的系統不可能做到這樣。

搖擺

我想像未來的表型互動系統時，想像它們是擴散到整個網路，編輯器在全球各地互相操作。有一群卡通角色彼此互動。

對雲端演算法和真人來說，恆溫器、無人機等實體裝置的操作控制是完全一樣的。所以，妨礙真人理解裝置的深奧內容比較少。

我想像，初學者可以瀏覽世界的雲端架構，並操作、調整與探索系統。我想像一切都是為初學者設計的，一切都很容易理解。當然，我想像這一切都是從 VR 中開始發生。

如果人們在虛擬世界裡可以改變虛擬世界運作的方式，那麼……這裡我依然不知道該用什麼字眼描述。這就是我以前演講談「後符號溝通」時，竭盡所能想要描述的狀態。

我曾說，二十一世紀的成熟 VR，將會融合二十世紀的三大藝術：電影、程式設計、爵士樂。其中，爵士樂元素是最具挑戰性的。

爵士樂是即興的，是音樂家即興創作的音樂。

---

16 如果真的能打造出大型的表型互動系統，典型的表型互動系統可能包含許多重複的平行路徑，那些路徑是屬於類似、但不同的編輯器。（類似我們今天認證使用者的方式，除了要求使用者輸入密碼以外，還可以撥打他的電話。）

編輯器的兩條（或兩條以上）路徑產生可比較的中間結果後，特殊的編輯器會比較那些路徑。重複性可以彌補不精確的統計連接所造成的不確定性。

重複性除了可以改善可靠性以外，也可以讓架構做大規模的系統性調適，而不是只靠演算法。

編輯器和編輯器的集合將會透過重複性來彼此測試，整體系統會因此改善。如果某條路徑的效果較好，系統會優先選擇它，那也可能影響新路徑的設計。

這個機制會讓人聯想到生物族群內基因多樣性的價值。

工程師已經使用這種方式來研發演算法了，但**並未**把這種方式套用在演算法之間的連接架構上。表型互動系統可以修正這個缺漏。

　　我們已經看過一些可以迅速創造電腦內容的初步工具。現在大家常用智慧型手機，以文字、照片、影片、錄音來編寫當下的想法。一些比較機靈的使用者，尤其是小孩，在《當個創世神》之類的「建造者」遊戲裡，可以迅速修改虛擬世界，速度之快，令人歎為觀止。然而，更深層的即興程式設計，依然是難以實現的概念。

　　原則上，「深度」或卷積網路，類似那些可以翻譯語言或詮釋圖像的網路，也許可以用調適的方法來修改程式，所以使用者可以透過跳舞或演奏薩克斯風等方式，來指引程式適應那些變化。

　　於是，你可以用我們現在說話或舞蹈時習慣的那種靈活度和速度，為虛擬世界定義新的互動性或物理形態。思考話語或規畫舞蹈動作確實需要時間，但是那個時間跟我們思考和感覺的速度差不多快，所以感覺是「即時」的。

　　程式設計真的可以做到即時嗎？我已經試過多種方法，我想幫大家迅速「憑感覺」創作程式，不需要逐行編寫程式碼。

　　一種方法是讓大家有所選擇，而不是憑空創造。瞭解這點的最簡單方法，是思考概念的純聲音版本。假設你不斷以雜音來轟炸使用者，只要他手一動，當時發出的聲音就會變成整個迴圈的一部分，其他沒被選中的聲音會變小一些。接著，他重複那個流程，因此挑選了更多的聲音，加入那個一再重複的迴圈，同時也讓其他的聲音漸漸消散。

　　在流程的最後，即便不是音樂家，那個人會創造出一種他自己編造的聲音迴圈，而且那比一般用 Garage Band 之類的程式所創作出來的新曲更多變，更有個人風格。但整個過程中完全沒有發明，只有選擇，雖然有人可能會為「發明」和「選擇」的區別，爭論一整晚。

　　這種方式也可以用視覺設計來實現。使用者從吵雜多風的虛擬世界中，從身邊掐起小小的漩渦，把它固化，反覆這樣做，直到做出一座雕塑。這有點像「墨跡測驗」（Rorschach test）的活動版，只不過是一種從頭開始的體驗。

　　這種策略也可以套用在一般的程式設計上嗎？目前為止，我還沒做過令人信服的演示，但我依然希望將來能夠實現。主要問題在於，觀察

行為需要時間,而程式是描述行為的。

在設計使用者介面時,我一向是從樂器尋找靈感。如果你把科技視為一種表達形式,樂器無疑是有史以來最先進的科技,雖然這種讚美只適用於目前為止的非數位樂器。

人類有即興創作爵士樂的能力,這點總是令我驚歎不已。即興創作涉及了深奧的即時解題。未來的程式設計將會非常類似爵士樂。

這也是為什麼我花那麼多心力在虛擬薩克斯風之類的奇妙設計上。虛擬薩克斯風吹起來的效果,並不像真正的薩克斯風那麼好,至少目前是如此。當然,更比不上真正高級的薩克斯風。

我想像未來的表型互動即興創作者需要克服的問題,可能跟現代爵士薩克斯風樂手面對的問題不同。如果你必須觀看上百萬種行為的變型(例如觀察外星飛行烏龜如何在你的頭頂上振動翅膀),你需要觀察好幾年,才能選出最好的。

假設你看到幾百隻、甚至幾千隻烏龜,每隻都是透明的,它們形成了「烏龜行為雲」,而你需要從中選擇看起來最引人注目的行為。也許你可以配合你想突顯的烏龜動作,吹奏虛擬薩克斯風之類的樂器。

從表型互動的角度來看,我們需要學習如何設計「編輯器」,以便使用方便、可行的方式來傳達一個程式的功能範圍。人們會花數百年來解決這個問題,請記住我這句話。[17]

目前我們處理大量具體可能性的既定方法,是透過抽象概念。如今依然無解的問題是:有沒有一種更流暢的具體表達形式,可以取代抽象概念?現在只能在超越我們所知的使用者介面中想像,或許那存在未來的 VR 版本中。

17 不是所有的程式都會如此,只有表達行為範圍受限的程式才會如此。

瓦礫填滿了柏拉圖洞穴

電腦科學可以視為工程學的分支，或是一門藝術、技藝，甚至是科學。電腦科學確實可以都算，但我認為主要是應用哲學，或者更貼切的說法是實驗哲學。

電腦科學家對於生活的意義以及如何讓生活變得更好，有一些想法。他們把那些想法落實為型態，以指引大家的現實生活。電腦科學家通常是理想主義者。由於理想從未完全實現，你可以把電腦科學史想成一條布滿破碎夢想的大道。

我非常清楚，表型互動可能永遠也不會獲得充分的關注，現在才提起可能為時已晚。即使現在表型互動研究再次流行起來，那也會出現我始料未及的問題——沒有什麼東西是完美的。

然而，這就是電腦科學的心態——你需要不斷追尋。多年來，伊凡·蘇澤蘭一直在探索「非同步」電腦架構，那是沒有主時鐘的硬體系統，但寓意更深：那種運算根本上可以減少本地化和階層化。對伊凡來說，這項研究費時又費力。同樣的，泰德·尼爾森仍然與一群不斷來來去去的學生和追隨者，一起實踐「仙那度計畫」（Xanadu）——他於一九六〇年啟動的數位網路原始設計。我相信仙那度比全球資訊網更好，但是在計畫充分實踐以前，沒有人知道它是不是真的比較好。

電腦科學家的理想專案，並不是後來實際主導世界運轉的專案，但那些專案也有間接的影響力。那些零星的發明最後被嵌入奇怪的地方。相對於泰德的原始構想，全球資訊網可說是相形失色，但全球資訊網也算是受到泰德的啟發。

數學是一座愈來愈高的真理塔。相較之下，電腦科學比較像是戰役遺留下來的一堆碎片，而且那些戰役已遭眾人遺忘。這不是哀歎。兩者的另一個差別是，電腦科學可以創造財富，而且在電腦科學家把金錢變得一文不值之前，電腦科學仍會持續創造財富。

不過，財富帶來的一大副作用是，它使大家過度關注目前頂尖公司正在做的事情，而忽視了其他理念。電腦科學理想的豐富多樣性，在遵

閣的世界中並未獲得應有的關注。每個理想都代表著另一種我們原本可以嘗試的生活，或未來可能過的生活。

許多洞穴、許多陰影，但你不見得看得到

體驗簡單的表型互動實驗後，我的哲學觀也變了。首先，我意識到，把軟體視為真實的，是很大的錯誤。位元是真實的，因為它們在晶片中可衡量或可傳輸。人也是真實的，但位元因為有人類的存在才有意義。

我曾說：「資訊是異化的經驗。」也就是說，位元輸入電腦或是從電腦擷取出來時，基於人類的經驗，那些位元才有意義。少了人類的文化和詮釋，位元就毫無意義。

另一種說法是，對外星人來說，智慧型手機和熔岩燈並沒有差別，因為隨著內部型態的演化，兩者都會變燙。

我在費米悖論（Fermi Paradox）中，找到了支持這個觀點的依據。在我們檢視夜空時，怎麼可能看不見宇宙中其他生命的證據呢？也許那是因為當你們沒有共同的文化時，很難辨識其他的生命。我們覺得是雜訊的東西，對外星人來說可能是文學。[18]

一旦你明白位元本身沒有意義，改善電腦也變得更容易，因為剩下的唯一準則是「為人類設計」。

這種思維提升了人類的地位，我們人類肯定有特別之處，我可以接受這點。

18 在此釐清一點：我認為加密是一種文化形式，是詮釋位元的一種方法，所以我們無法偵測到外星人的加密訊號。但是爭論加密和外星語言之間的差異，沒什麼意義。

附錄三　人造神的對決

赫胥黎在《美麗新世界》（*Brave New World*）中，以名叫「感官電影」（Feelies）的虛構媒體科技，預示了 VR 的陰暗面。我在前面沒提到赫胥黎的願景，因為單單一本書，實在無法包山包海。我對此感到特別遺憾，因為我父親艾勒里住在加州南部時，曾和赫胥黎住了一陣子。此外，赫胥黎與迷幻藥文化的關係也很出名。我寫完這本書時，適逢川普當選美國總統。我因此覺得有必要寫下這篇內容，這篇附錄也呼應了赫胥黎的想法，但是多了當代的細節。我不知道本書出版後，讀者會怎麼看待這部分內容，但我還是把我當下的想法寫下來了。

不是人為，而是虛構

還記得第十九章〈我們如何播下未來的種子〉中，我寫道，即使有朝一日機器人和演算法搶走人類的所有工作，它們其實無法做任何事情嗎？機器人或雲端演算法中的所有資訊，最終都是來自於人。所有的價值都是從人衍生出來的。隨時隨地都有人對你進行分析以取得資料，那些資料會用來驅動多種機器學習方案，那些方案最終會導致你失業。

解釋這個原則的最簡單例子是機器翻譯，所以我向來以此為例。網路嚴重破壞了專職譯者的生計，就像音樂家、調查報導的記者、攝影師的遭遇那樣。

　　但是，如果你仔細觀察機器翻譯的運作方式，你會發現，演算法必須每天收集**數百萬**真人的現實生活翻譯內容，作為實例集。（大眾活動和流行文化每天都在改變，語言也是。）演算法**看似**自給自足，但它們的背後其實有許多隱藏的個體。演算法只是把那些個體提供的價值加以重新包裝罷了。拉開 AI 的簾幕，幕後是數百萬被利用的人。

　　我的意思不是說 AI 不好！我的意思是說，AI 根本不是什麼東西。當你畏懼 AI 時，只是擴大了以 AI 的名義所造成的傷害。畏懼大家想要使用的單純演算法，例如擔心演算法**難免**會造成失業或意義危機，根本是一種幻想。那就好像假裝演算法有生命，假裝演算法不必靠著竊取人類的資料，本身就有價值似的。減少這種傷害的唯一方法，就是不要再相信 AI 是一種新型生物，而是把演算法視為人們使用的工具。

　　機器翻譯服務很實用。害怕機器翻譯，進而廢除機器翻譯，只會適得其反。另一種符合道德而且能永續的理想作法，是頌揚及酬謝那些提供資料的人——這裡的資料是指翻譯的字句——有了這些資料，演算法才能運作。

　　一九八〇年代，我有許多朋友**喜歡**一種概念：假裝經濟無價值的未來。如此一來，每個人都將被迫接受純粹的社會主義形式，或其他的烏托邦體制。最近，這種想法在討論「基本收入模型」（Basic Income Model，簡稱 BIM）時，又再度出現。基本收入模型主張，一旦機器人開始接手所有的工作，所有的失業者都會獲得津貼。

　　（最近，在「另類右派」時代，我看到一些比較激進的駭客圈也在策畫同樣的策略，但這次他們想讓大家接受某種種族主義的獨裁政體。他們的想法是，當機器人導致每個人都失去工作時，一般人將無處容身。）

　　我懷疑基本收入模型是個陷阱。人們會覺得自己一無是處，荒唐可笑。當價值遭到選擇性的忽視時，經濟學開始產生破壞力。當人造的社會安全網可以任憑投機者玩弄時，就毫無安全可言了。那需要一個集權的超級政治單位來指揮整個方案，簡直是腐敗的溫床。

　　我在《誰掌控未來》裡提過這些擔憂，底下是我的論點摘要：AI

演算法或多或少依賴大數據的經常更新，程度因演算法而異。但整體而言，AI 專案都需要偷偷讀取大量的人類資料，而且不承認這些偷偷讀取的行為，更遑論為此付費。《誰掌控未來》主張，透過小額支付，可以把人類的隱性資料價值納入正規經濟中，以取代目前這種偷偷摸摸或物物交換的網路經濟模式[1]——這可成為基本收入模型的替代方案。這個提議的動機，不只是因為擔心基本收入模型可能使經濟退化為計畫經濟。改採普遍的資料經濟，除了可以抵制無法持久延續的政治集權以外，也可以強化個人創意和人性尊嚴。

我們可能直覺上認為，社會不會有那麼多收入足以發放給每個人。但別忘了，將來會有多種所謂的 AI 演算法同時創造小額支付。想像一種極端的情境：所有的活動都是透過 AI 演算法進行，也就是說，任何事情都不是人類直接執行的。人類資料創造出來的價值，至少和以前人類直接從事任務的價值一樣大。如果以前的人可以創造足夠的價值和價值多樣性，未來也會如此，只要把 AI 視為人力資本的重新包裝，而不是一種全然不同的資本來源就好了。

例如：假設未來我們還是需要刷牙，因為基因工程、奈米科技、或其他技術都不會完全淘汰刷牙這個任務；但因為那是未來，你不需要自己刷牙了，而是由機器人根據它監控數千人的刷牙方式，來推算出最適合你的刷牙方法，用完美的方式為你刷牙。如果我們繼續把那些偷來的資料餵入機器人的演算法中，機器人為你刷牙時，你會坐在那裡，感覺自己很沒用，受到控制，而且很荒謬。但是，如果你知道那些受到機器人監控的真人中，有些人是「刷牙天才」，他們提供的範例使你的牙齒

1　儘管美國菁英階層的財富增加是發生在大型網路電腦主宰一切的時代，但同一時期，發展中國家的赤貧人口也大幅減少了。雖然我不會主張數位科技可以解釋一切，但這個結果似乎和連接雲端的廉價手機有關。有一種假設可以解釋，為什麼一般人在某種情況下發展得比其他情況更好：使用低階手機發簡訊和打電話的人，是市場的一級參與者，也就是說，他們是從個人的觀點尋求機會，不受中央演算法左右。另一個例子是，在巨型網路公司崛起以前，個人電腦使小企業獲得較多的利潤，現在那些小企業普遍發展停滯。我們的演算法時代正在重演計畫經濟的謬誤。

現在看起來及感覺起來很好，而且他們也會因為提供資料而獲得報酬（就像你靠擅長的事情賺錢一樣），並因此有錢支付**你**在因人類創造力而日益成長的數位經濟中所提供的資料。你在這種世界裡，就不會覺得自己一無是處或荒謬可笑了。你做的任何事情都應該要有尊嚴，即使是刷牙這樣簡單的事情也一樣。

這種思維可能會遭到真正的 AI 信徒的抗議，但是為了追求永續經濟，我們或許可以接受這種思辨的形上學。

無重力的平庸

第十九章也談到一個迫切的問題，會導致網路體驗似乎變成「無重力」。其中一個後果是導致最早發生在 alt.Usenet 群組中，殘酷荒謬的言論大爆發，因為在網路發言的人，除了名聲外並無所得，言論文明講理與否，和他們的利害無關。

如今 VR 的一大問題是，願意馬上掏錢的客群顯然是遊戲玩家，而遊戲文化又經歷了「厭女動亂」。

這種現象就是所謂的「玩家門」（Gamergate）。仇恨言論的猛烈攻擊，完全蓋過了一些人對電玩中女性角色的設計不當所提出的不滿。女性主義的遊戲設計獲得宣傳時，反而會招來炸彈威脅或個人騷擾。那些敢參與遊戲文化的女性，除非是選擇男尊女卑的角色，否則她們都是冒著人身危險。玩家門破壞了一些人的生活，但有些肇事者甚至覺得自己才是受害者。

源自科技界的設計和文化無法解釋一切事情，但它們確實可以產生嚴重的影響。

多年來，玩家門只是數位文化中的一種紛擾，但到了二○一六年，玩家門的後遺症已經影響了選舉結果，尤其是美國的大選。玩家門變成

了「另類右派」的原型、預演與跳板。[2]

之前在 Usenet 上只激怒有限族群的問題，現在折磨著每個人。例如，每個人，甚至包括美國總統在內都對「假新聞」感到不滿。連有關「假新聞」的新聞也很快變成假的。「假新聞」（fake news）這個詞的刻意濫用，使它才出現幾個月，就出現意思反轉。[3] 如今暴躁的美國政府反而以「假新聞」來指稱真實的新聞。

幸好，我們還有比較精確的詞語可用。例如，本書開篇提到某家社群媒體公司以二十億美元收購了一家 VR 公司。據報導，[4] 那家 VR 公司的創辦人把為了爆紅而刻意散播的殘酷線上言論稱為「廢文」（shitposting）和「迷因魔術」（meme magic）。此外，有報導進一步指出，該創辦人在二〇一六年總統大選期間，投入鉅資去資助那種活動。當你真的花錢做某事時，你需要明確的詞彙來描述那件事。[5]

廢文顯然與劣質新聞或愚蠢見解完全不同。廢文是一種少見的言論形式，它只會阻礙言論，而不是鼓勵言論，就好像在敵方俘虜的牢房裡大聲播放惱人的音樂，直到囚犯崩潰為止。廢文阻礙了交流和思維，導致真相和深思熟慮的見解變得無關緊要。

如今政界不分黨派立場，都普遍呼籲科技公司對廢文氾濫的現象**採取行動**。Google 率先採取行動，Facebook 起初百般不願意，但後來也跟進了。這些公司現在試圖取締廢文，以避免助長廢文的傳播。這種作法值得嘗試，但我懷疑這樣做是否真的可以解決核心問題。

---

2 https://www.theguardian.com/technology/2016/dec/01/gamergate-alt-right-hate-trump. 我們需要謹記，科技不是這個時代的唯一力量（例如，還有部落主義〔tribalism〕），但科技是最普遍樂觀的力量，所以其特質會產生誇大的影響。

3 非歐威爾式的俚語成為主流。

4 http://www.thedailybeast.com/articles/2016/09/22/palmer-luckey-the-facebook-billionaire-secretly-funding-trump-s-meme-machine.html.

5 為什麼有人會花大錢去資助那些已經獲得鼓吹和贊助的活動（而且身分還會曝光）？本書舉的其他例子顯示，即使花很少錢也可以煽動混亂。這個例子顯示，即使是圈內人，他們也還在摸索門道。網路世界已經變得如此渾沌不明，沒有人能看清全貌。目前的最新現況是，幾乎沒有人保有隱私，但沒有人知道究竟發生了什麼事。

你想想，整個社會，不僅是美國社會，而是全世界，都需要請求幾家管控嚴格的公司，為正派的新聞報導提供可用的空間，這不是很詭異嗎？即使這些公司已經醒悟過來並積極處理廢文，他們難道不覺得他們的作法很奇怪又危險，而且不可能持久嗎？

我們真的想把公共言論空間的掌控權交給民營企業嗎？即使我們想那樣做，我們真的希望這一切不可逆轉嗎？誰曉得 Facebook 的創辦人離開後，那個平台是由誰來經營把關？數十億用戶真的能團結起來，一起撤離那個平台以示抗議嗎？如果不能，那用戶還有什麼力量可言？我們是不是選了另一種新的「政府」，只是換了一個名字，而且這個政府更漠視我們的利益？

多點觸控螢幕上的「看不見的手」

這裡有一個更深入的問題需要思考。科技公司對抗廢文的作法，其實是「演算法的新秩序」和「經濟動機的舊秩序」之間的奇妙對抗。

新舊兩股力量有很多的共通點。兩邊的死忠支持者不僅把它們視為人類發明的技術，也把它們視為超越人類的生物。以經濟動機來說，那是十八世紀興起的，當時亞當・斯密（Adam Smith）盛讚它是「看不見的手」。以演算法來說，類似的情況發生在一九五〇年代末期，「人工智慧」一詞被創造出來的時候。

看不見的手助長了廢文和其他劣化行徑的猖獗，解藥似乎只能靠人工智慧發威。所以，我們即將目睹新舊人造神之間的角力賽。

我們先來看「舊式的人造神」，也就是「看不見的手」如何影響網路世界的行為。

支持 Google、Facebook、Twitter 等公司營運的商業模式，通稱「廣告」，但這個模式其實和「廣告」不太一樣，依賴的是鉅細靡遺地管理人類的注意力，而不是依賴說服力。

這些公司想成為個人與世界之間的篩選器。這個活動聽起來很像廣告，所以才被稱為廣告，但它其實不是廣告。它是一切變得無重力後，

唯一剩下來的商業模式。

社群媒體和搜尋引擎的現有商業模式跟廣告不同，它們不是靠提供受眾最具**說服力**的資訊，而是靠提供最現成的**行動方案**，例如可供點閱的貼文或連結。

這種模式之所以運作得特別好，是因為「選擇成本」。科技公司藉由操縱你對「無限」的觀感來賺錢。例如，你為了使用它們的服務，光是閱讀及理解它們的服務條款，就要花無數的時間，所以你連讀都沒讀就按「同意」了。

同樣的，你無法看完數百萬條的搜尋結果，所以你認同 AI 演算法是闖蕩無限網路的唯一選擇。當選擇似乎無限多時，選擇的成本，更確切地說，是「我們認為」的選擇成本，也似乎變得無限大。所以那些所謂的廣告客戶才會向 Facebook、Google 等公司支付那麼多錢。它們使你不必付出無限大的支出，但那也表示你讓它們為你做出部分的決定。這種模式主要不是靠說服，而是以更直接的方式來影響行為。

同樣的設計也被套用在新聞上。

現在很多人透過社群網路服務來接收新聞。你可以開數個社群媒體帳號，每個帳號呈現出不同的樣貌，從而獲得不同的動態推送。但沒人有那麼多時間瀏覽全部的東西，況且開好幾個帳號也違反了你當初點擊「同意」的協議規定。所以，你必須相信智慧演算法能從無盡的新聞汪洋中，篩選出對每個人最好、最相關的新聞。

但是新經濟正在破壞調查報導。以前流向報紙的廣告和訂閱收入，如今大多流向科技公司。因此，相較於美國南北戰爭以前的時代，真正可靠的一手新聞來源很少。現在幾乎已經沒有在地的調查報導了。偶爾有一些部落客做實質的調查工作，但他們大多只能發表評論。

川普的前首席策士史蒂夫・班農（Steve Bannon）聲稱：「如果《紐約時報》不存在，CNN 和 MSNBC 就成了主流。《赫芬頓郵報》和其

他的一切都是靠《紐約時報》存在的……那是我們的切入點。」[6] 在新經濟崛起以前，他不會這麼說。調查報導與新聞評論是截然不同的，以前的調查報導不僅篇幅很大，也很多元。

但現在多數人已經陷入類似 Netflix 的錯覺中，[7] 以為主要的問題在於新聞的來源太多，多到難以整理歸類。

當調查報導幾乎快消失時，那些看似無限多的新聞又是從哪裡來的？那是由看不見的手，亦即舊式的經濟動機，所提供的。

爆紅貼文、推訊、迷因（meme）的世界，本質上是與現實脫節的，那些東西像流行音樂一樣誘人，沒有人會去查證流行歌曲是否屬實。但那不是重點，重點是，傳遞這些素材的裝置會追蹤每一刻是誰在閱讀或觀看那些東西。那才是重要的事實，而不是螢幕上呈現什麼內容。廢文比以前任何形式的傳播更貼近現實，但現實的傳遞是從讀者傳到伺服器，而不是從伺服器傳到讀者。

吸引大家關注的內容往往很誘人，但誘惑不是主要目的，所以這種情況才會令人困惑。我們必須把「使用者行為的改變」視為產品，把「內容」視為那個產品的原料。

網路世界裡，那些顯而易見的內容，諸如可愛貓咪、新生兒出生的公告、不可靠的消息等等都不是產品，而是產品的原料。我的意思絕對不是說，那些內容都不好。我喜歡貓咪，樂見志同道合的人相互聯繫。那些原料中確實有許多好東西。

但產品就不同了。產品限制了大家唾手可得的選擇，鼓吹使用者去購買某物、做某事或接受某種想法。

那些捏造希拉蕊假新聞的馬其頓青少年，靠著販售那些原料獲利，[8]

6　http://www.hollywoodreporter.com/news/steve-bannon-trump-tower-interview-trumps-strategistplots-new-political-movement-948747
7　我在第十九章「宗教的誕生」單元中談過這點。Netflix 利用 AI 推薦，來營造出它是從海量資料中為你精挑細選影片的幻覺，但實際上選擇並沒有那麼多。
8　https://www.buzzfeednews.com/article/craigsilverman/how-macedonia-became-a-global-hub-for-pro-trump-misinfo

他們帶動了流量。你網購鞋子或咖啡的那些商家付錢給科技公司，那些科技公司扮演守門人的角色，掌控了你的注意力。你在它們的導購之下消費，那才是產品。

再次聲明，我不是說社群媒體毫無正面價值。也許社群媒體增添了足夠的價值，所以有理由為此收費，但無論它們這樣收費是否合理，重點在於它們不像舊式的報紙那樣，只靠吸引使用者的片刻關注來獲得收入。它們是想盡辦法隨時吸引使用者的注意力。[9]

以《紐約時報》那種真正的新聞來源來說，我讀完新聞就結束了。如果《紐約時報》的商業模式要我順便看廣告，而我也被廣告說服了，那也沒關係。但是，如果它的商業模式是緊巴著我不放，以便在一天中管理我的選擇好幾個小時，那麼真正的新聞就沒什麼用處了。大家通常瀏覽過那些新聞，就覺得看完、沒事了──這太快了。

與新聞不同的是，社群媒體的動態消息需要讓使用者感到暴躁、不安、恐懼或生氣。那些東西讓人活在施金納箱中，可以管控我最容易按到哪個按鈕。

社群媒體目前的商業模式，是在使用者清醒時，使社群媒體成為使用者生活的一部分，連使用者半夜睡不著時也不放過。真正的新聞和深思熟慮的觀點無法達到那種效果。[10] 我們很少投入足夠的時間，對現實做冷靜的深思。

社群媒體為了緊緊抓住使用者的目光，需要想辦法讓他們生氣、不安或害怕。又或者，社群媒體也可以刻意把自己卡在使用者和他們的親朋好友之間，以製造他們的內疚感。最有效的情境是讓使用者陷入奇怪的漩渦，跟其他的使用者打筆戰或相互取暖變成同溫層。而且，一旦陷入那種漩渦就沒完沒了，那才是重點。

9　這裡需要釐清人口統計上的差異。老一輩的美國人顯然花大量的時間看電視，所以在那種情況下，電視主要是扮演守門人的角色，而不是說服者的角色。我的論點主要是針對比較年輕的世代，他們花較多的時間在連上雲端的裝置上。
10　這句話是寫在川普當選美國總統之前。

這些使用型態不是由社群媒體公司規畫或執行的，而是第三方有動機去做這些齷齪的勾當，就像那些馬其頓青少年是為了賺點錢而發布惡意的假新聞一樣。現在連美國人也想藉此賺點外快。[11]

科技公司確實從未要求使用者變得敏感、暴躁、偏執或充滿幻想。他們只不過是明白指出一個很單純的數學問題：如何吸引大部分的流量，占用最多的時間和注意力？使用者那些玻璃心的反應，只不過是那個數學問題的解決方案所衍生的部分副作用罷了。

值得注意的是，當使用者不覺得社群媒體是無重力的場合，而是專業價值的來源時，廢文也跟著減少了，例如 LinkedIn 就是如此。無重力的場合確實很輕鬆好玩，但是只要在裡面增添一點重力，至少可以激發出使用者本性中比較良善的一面。

為了完整勾勒出新舊人造神互動的全貌，這裡必須指出一點：社群媒體那種無重力的商業模式，只是以下趨勢的實例：現在的公司流行利用大型電腦來執行交易，並把風險與獎勵分開。另一個例子是金融公司把不良抵押貸款證券（MBS）包裝成金融商品販售，導致金融風暴，卻不想知道他們在賣什麼。這就好像 Google 也不想知道它的搜尋頁面顯示誰在二〇一六年的美國總統大選中贏得普選一樣。（選後最熱門的報導是，「川普比希拉蕊獲得更多選票」的假新聞。）因為他們若是知道了，就要承擔責任；不知道時，就像經營賭場一樣，風險由他人承擔。

要求 AI 自我修復的荒謬

如果新的人造神敵不過舊的人造神，那怎麼辦呢？或許社群媒體需要改變它們賺錢的方式。不改變的話，他們就只能靠那些糟糕的演算法，經濟動機的浪潮終究會摧毀那些演算法。

但我要澄清一點，以目前大家對科學的理解程度來看，我覺得採用

11 https://www.washingtonpost.com/news/the-intersect/wp/2016/11/17/facebook-fake-news-writer-i-think-donald-trump-is-in-the-white-house-because-of-me/

道德過濾機制也沒有效。那種機制只會遭到玩弄，創造出更多的操弄、謬論和腐敗。如果保護大家不受 AI 威脅的方法是發展更多的 AI，例如發展道德演算法之類的，那等於什麼都不做，因為那個概念本身就是荒謬的核心，是幻想中的幻想。

目前我們對於大腦中的概念，還無法提出科學化的描述。或許有朝一日可以做到，但現在還不行。所以，現在我們還無法勾勒出把道德嵌入演算法是什麼樣子。如今的演算法只能根據全球監視系統在網路上蒐集的資料，拼湊出一般人的作為。而且，我們正在把很多的一般人變成混蛋。

但是，假設科技公司以所謂人工智慧解決廢文的作法最終產生很大的成效，假設那些過濾廢文的演算法非常成功，大家因此都信任它們了。即便如此，根本的經濟動機依然沒變。

很可能到時候又會湧現另一種更好的手法來驅動流量，並導致使用者激動，整體結果依然與現在相去不遠。

美國的情報單位發現俄羅斯的情報單位干預美國大選的新聞，就是另一種引發軒然大波的手法。這個方法不只是發發廢文而已，更把維基解密變成「武器」，選擇性地散布只對某個候選人有害的資訊。

假設科技公司透過道德過濾器，阻止了這種選擇性的惡意資訊洩露，下一次可能是對某人或某事產生潛意識的被害妄想，以藉此抓住大家的注意力。

如果科技公司安裝過濾器以預防上述的狀況，總是會有其他的方法等著冒出來。我們希望演算法對社會有多大的掌控力？權限究竟要延伸到哪裡才肯罷休？別忘了，早在我們要求科技公司處理假新聞以前，我們就曾經要求他們處理仇恨言論和組織化的騷擾活動。於是，那些科技公司開始驅趕特定使用者，社會有因此變得更祥和嗎？

某個時點，**即使真的可以做到道德自動化**，可能還是有必要訴諸「經濟動機」那個舊的人造神。社群媒體的現有經濟模式**確實**還有其他的替代方案，例如，我之前提過，使用者可以靠他們在 Facebook 上提供的內容獲得報酬，也可以付費取得他人提供的內容，Facebook 可以從

中抽成。（我們知道這**可能**有效果，因為前面提過，「第二人生」之類的實驗已經試過類似的做法。）

毫無疑問，還有其他的潛在方案值得考慮。我主張採用實證做法，我們應該勇敢嘗試一些解決方案，例如付費取得別人的資料，並且即使結果可能令人失望，也要勇於接受。

我們不能放棄。

人類系統的人性用途

我的意思不是說，看不見的手永遠比想像的 AI 更有用，或 AI 永遠優於看不見的手。而是，大家應該停止期待**任何**現有的「人造神」是完美的。我把這些「人造神」更明確定義成「多人的組織系統」。

我們這個資訊時代喜歡思考類似電腦的人，那種思維模式不是最近才有的。那種思維向來喜歡全心投入某個系統，執行某個程式；尋求社會主義的天堂、絕對神權，或是無人納稅也不會崩解的純粹自由主義孤島。如果你能像電腦程式那樣思考，你可以透過現在掌控世界的電腦程式來獲得財富。

為了生存，人類也必須幫助那些在模糊情境中成長茁壯、從未誓言遵守任一社會組織原則的人。我們都需要宗教、市場、政治、雲端演算法、社會、法律、群體認同、國家、教育等系統，但它們都不完美。套用工程師的說法，那些系統都有失靈模式。人類存活下來的唯一方式，是以思考汽車或冰箱的方式來思考那些系統。即便是最可靠的系統（即便是雲端演算法！），偶爾也會出狀況，但純粹主義者很難接受這點。

如果將來商業可以把各種演算法的平衡拿捏得更好，我們的系統之間可能會有其他的制衡機制可以探索。即使演算法是最近才出現的大系統，那並不表示其他的系統就突然變得不重要了。

近年來，不斷有專家主張，AI 將在三分鐘內摧毀其他的一切系統，所以就算你比一般非技術人士更「瞭解」我們即將面臨的厄運，也只能享受那片刻的優越感。但那樣做是放棄自己的責任，尤其如果你是工程

師的話。

　　我們有很好的系統可以利用。如果我們不鄙視前人留給我們的價值，我們可以打造出一個有尊嚴、永續、極度高科技的社會，使它成為跳板，由此展開超乎想像的冒險旅程。但我們這些工程師需要學習一點謙卑，才能做到。

　　在最後幾頁，我一直很小心，不去假設 AI 是否會成「真」；意即無論以深層或廣義的層面來說都變得非常聰明；甚至意味 AI 將擁有意識，而對某些人來說（例如我）真實代表著有意識。無論 AI 是否在可預見的未來內，持續從人類身上需索大數據；或可能逐漸只靠少量資料運作，也就是說變得比較「獨立」──上述的論點都會成立。

　　例如，即使以後 AI 不像現在這樣依賴大數據，要求小額支付依然是比「基本收入模型」更永續、更有創意、更有尊嚴的替代方案。

　　即使以後大家普遍認同 AI 應該在未來「承擔所有的工作」，AI 演算法還是需要從人類收集資料，才能為人類服務，除非以後人類變得十分乏味又很好預測，或決定集體自盡。所以，就算你是非常熱中 AI 的怪咖，期待電腦不使用人類作家的措辭就為你寫出完美的書籍；即使如此，你也可以因此獲得報酬，因為電腦是從你這裡收集資料，去優化那個為你寫作的演算法。那筆交易中涉及了社會的權力和財富的分配，以及至少一點點的尊嚴。

　　我知道，反對者會說，到時候 AI 會直接殺了人類。每次我聽到這種常見的反駁，就好像穿越回以前那個小湘菜館，我要朋友想想那隻操作噴火坦克車的白老鼠的時刻。你可以把網路看成已經有生命的東西，你也可以把「美國選一個搞不清楚狀況的人當總統」解讀成網路毀滅人類的方式。你即使那樣想，也不會有超自然本體論的警察從天而降來斥責你。然而，認為人類有責任，是唯一讓我們有機會承擔責任的解讀方式。

　　請不要誤以為這本書是反對時髦當紅未來主義的保守派或傳統派論調。真要比誰更有未來前瞻性的話，我通常比未來主義者還要前衛。

　　我的未來主義是真實的，但很多人抱持的未來主義是虛假的。那種

完全脫離過去的未來主義——奇點或由 AI 掌控的未來——是虛假不實的。完全脫離過去只表示「重新開始」，使我們變得原始。事實上，我們已經證明，我們可以讓自己在網路上變得很原始。也許我們可以把自己變得夠原始，使演算法相較之下變得特別聰明。

附錄一結尾提到的「麥克魯漢坡道」，只是一種至少和「AI 至上主義」的幻想一樣豐富的未來想像，但它是真正展望未來，而不是退回過去。

有一種未來主義是假裝我們已經瞭解未知的科學，那也是虛假不實的。當有人假裝我們已經徹底瞭解大腦如何運作時，那就是偽未來主義者，只是證明他永遠都卡在現在的概念中。

每次聽到有人認為不久的將來 AI 肯定只需要少量的資料，不再需要大量竊取資料時，我還是會感到失望。

如果你聽過我對學生的演講，可能會聽到我舉本書前面提過的例子來提醒他們：在十九世紀末，大家曾信誓旦旦地宣告物理學已經臻於**完善**了。沒想到，二十世紀出現了廣義相對論和量子場論，而且那兩種理論還互不相容，所以我們知道物理學**尚未**完善。我告訴學生，科學是一種冷不防就教訓你的東西。我也說，如果無法承認未知的存在，就無法成為科學家。

我們的命運取決於還無法以科學術語定義的人類特質，諸如常識、善良、理性思考、創意等等。雖然 AI 神話認為我們以後可以隨時把智慧自動化，我們能不能至少認同一點：目前我們的系統只能**掌控**這些特質，還無法**生成**這些特質。

我們這個時代所面臨的問題是：我們能否透過充滿誘惑的資訊系統，誠實地看清我們自己和我們的世界？我們還要等情況惡化到什麼程度，科技文化才認為值得去挑戰那些近乎神聖不可侵犯的神話，把我們從混亂中解救出來？

謝辭

本書的部分內容改編自我在約翰・柏克曼的 Edge.org 網站上發表的文章或我的科學文集。其他部分是改編自我在《全球評論》雜誌或《紐約時報》上發表的文章。

內人蓮娜（Lena）在我寫書期間不僅支持及包容我，這段期間她抗癌所展現的堅毅和智慧更是令我動容。非常感謝！

謝謝莫琳・道（Maureen Dowd）的書信往來為我帶來很多靈感。

感謝薩帝亞・納德拉（Satya Nadella）、彼得・李（Peter Lee）、沈向洋，以及微軟研究院其他同仁給我的友情和支持。當然，本書的任何內容均不代表微軟公司的觀點。

感謝瑪莉・史維格（Mary Swig）和史蒂夫・史維格（Steve Swig）在 The Shadows 提供的寫作小屋。

感謝美國編輯吉莉安・布萊克（Gillian Blake）和英國編輯威爾・哈蒙（Will Hammond）的巧手協助，尤其是在我拖稿的一年間以及遇到困難時所展現的耐心；也感謝我的經紀人，尤其是杰・曼德爾（Jay Mandel）。感謝亨利・霍特（Henry Holt）公司的艾蓮諾・恩布里（Eleanor Embry）對原稿細節的仔細關注。

感謝以下諸位閱讀初稿：麥可・安卓洛（Michael Angiulo）、湯姆・安瑙（Tom Annau）、傑瑞米・拜蘭森、史蒂芬・巴克萊（Steven Barclay）、莫琳・道、喬治・戴森（George Dyson）、戴夫・艾格斯（Dave

Eggers）、馬爾・鞏薩雷斯・法蘭柯（Mar Gonzales Franco）、艾德華・
佛倫克（Edward Frenkel）、艾利克斯・吉伯尼（Alex Gibney）、肯・高
柏格（Ken Goldberg）、喬瑟夫・高登李維（Joseph Gordon-Levitt）、蓮
娜・藍尼爾、馬修・麥考利（Matthew McCauley）、克里斯・米爾克（Chris
Milk）、珍・羅森塔（Jane Rosenthal）、李・斯莫林、瑪莉・史維格、
葛蘭・威爾（Glen Weyl）。

圖片來源

　　本書的所有圖片皆由作者提供，除以下內容由所列來源授權使用外，於此記錄誌謝：

第 13 頁　Photographs by Kevin Kelly, used with permission.

第 15 頁　© AP Photo / Jeff Reinking.

第 60 頁　左圖：© Mark Richards. Courtesy of the Computer History Museum.
　　　　　右圖：Courtesy of the Inamori Foundation.

第 121 頁　Courtesy of Steve Bryson.

第 144 頁　Photographs by Ann Lasko Harvill, used with permission.

第 145 頁　左圖：Photograph by Ann Lasko Harvill, used with permission.
　　　　　右圖：Photograph by Kevin Kelly, used with permission.

第 150 頁　© Linda Jacobson.

第 152 頁　Photograph by Walter Greenleaf, used with permission.

第 155 頁　TK

第 156 頁　Reproduced with permission. Copyright © 1987 *Scientific American*,
　　　　　a division of Nature America, Inc. All rights reserved.

第 157 頁　Photograph by Dan Winters. Courtesy of *Scientific American*.

第 158 頁　Courtesy of Wikimedia Commons.

第 165 頁　© REX / Shutterstock.

Hermes 018

VR 萬物論
一窺圍繞虛擬實境之父的誘惑、謊言與真相

Dawn of the New Everything: Encounters with Reality and Virtual Reality

作者：傑容·藍尼爾 Jaron Lanier
譯者：洪慧芳
特約編輯：賴芊曄
責任編輯：張雅涵
封面設計：林育鋒
版型設計：許慈力
內頁排版：新鑫電腦排版工作室
校對：許景理

出版者：英屬蓋曼群島商網路與書股份有限公司台灣分公司
發行：大塊文化出版股份有限公司
台北市10550南京東路四段25號11樓
www.locuspublishing.com
TEL: (02)8712-3898　FAX: (02)8712-3897
讀者服務專線：0800-006689
郵撥帳號：18955675　戶名：大塊文化出版股份有限公司
法律顧問：董安丹律師、顧慕堯律師
版權所有　翻印必究

總經銷：大和書報圖書股份有限公司
地址：新北市24890新莊區五工五路2號
TEL: (02)8990-2588　FAX: (02)2290-1658
製版：中原造像股份有限公司

初版一刷：2019年12月
定價：新台幣 480 元
ISBN: 978-986-97603-4-8

Printed in Taiwan

國家圖書館出版品預行編目（CIP）資料

VR萬物論：一窺圍繞虛擬實境之父的誘惑、謊言與真相 / 傑容‧
藍尼爾(Jaron Lanier)著 ; 洪慧芳譯. -- 初版. -- 台北市 :
網路與書出版 : 大塊文化發行, 2019.12
384 面 ; 17*23 公分. -- (Hermes ; 18)
譯自 :*Dawn of the new everything : encounters with reality and virtual reality*

ISBN 978-986-97603-4-8（平裝）

1. 藍尼爾 (Lanier, Jaron) 2. 傳記 3. 虛擬實境 4. 美國

785.28   108018926